外语·文化·教学论丛

Within and Beyond the Classroom:
Service Learning in Chinese EFL Context

超越与回归
——服务性英语学习

蔡　亮　著

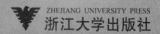

ZHEJIANG UNIVERSITY PRESS
浙江大学出版社

序

蔡亮，浙江大学宁波理工学院一位年轻的英语教师。几年前，他接触到了国外有关"服务性学习"的教学理念，并率先在自己的课堂上进行了尝试。2008年，他结合浙江大学宁波理工学院 P^3 实践教学体系建设和英语教学的特点，设计和策划了"服务性英语学习"主题活动"用声音叙事"，并且以三种不同的模式导入专业英语实践教学之中。教学改革获得了初步的成功，相关教学成果得到浙江省及宁波市主要领导的肯定和批示，教育部及各级媒体也给予很大的关注。

蔡亮同时以自己的教改实践为基础，撰写并完成了其博士学位论文。我是他的博士论文指导教师，本书就是在该论文的基础上扩展而成的。

"服务性学习"在中国相对来说还是个比较新的概念。但在美国的许多高校，服务性学习已是学校教育的一个重要组成部分。服务性学习融课程教学、社会服务和系统反思于一体，不但能促进学生对专业课程的深刻了解，满足社会真实需求，还能培养学生的社会意识和发展与职业相关的技能。服务性学习，究其实质，是一种体验式的学习模式。对学生而言，是一种学习策略；对教师和学校来说，是一种教学手段和资源。

本书至少在三个方面为服务性学习理念在中国外语教学环境中的应用提供了可贵的探索：

首先，就英语教学而言，本书所呈现的三种"服务性英语学习"模式为中国英语教学环境下实践服务性学习提供了可供参考的范例。

在"前导研究"与"核心研究"两个部分中，蔡亮详细介绍了"服务性英语学习"活动"用声音叙事"如何以三种不同模式与英语课堂教学结合：（1）导入课程的服务性学习；（2）成为课程重要组成部分的服务性学习；（3）成为课程的服务性学习。作者详细记录了三种模式的诞生和实践过程，包括教学大纲修订、教学计划制订、教学实验策划、活动组织开展、学生表现评估等各个环节。同时，作者以实验组和控制组的形式对自主性学习与服务性学习进行比较，使服务性学习作为一种全新的学习方法在中国外语教学环境下有了一个参照的框架。

其次，书中关于"服务性英语学习"所创造出的真实语言交际环境的讨论为解决外语教学中真实交际场景缺乏的问题提供了有益的启发。

语言学习是个潜移默化的过程。大量的语言实践是确保外语能力提高的前提。当服务性学习成为语言课程的重要组成部分后，学习者在真实情景中学习语言和获得信息的可能性就大大提高。蔡亮的实验证明，这种教学方法融入真实的语言交际环境、文化环境和社会发展环境，将语言学习和学生人文素质的培养结合在一起，对学习者的学习动机和学习策略起到了极大的引导和促进作用。

再者，就学习者学习效果而言，本书所提供的案例显示"服务性英语学习"可以让学生在实践中获得全方位的发展。

蔡亮设计的"用声音叙事"活动可以称得上是一个极具创意的"服务性英语学习"范例。活动证明在语言课程中导入服务性学习，不但提高了学习者的语言应用能力和跨文化交际能力，而且增强了学习者的社会使命感和服务社会的意识，充分体现了大学的"育人"使命。

"服务性英语学习"研究在中国的实践还刚刚起步，和课程教学的结合也非常有限。然而，作为一个全新的概念，服务性学习在中国英语教学应用的成长空间巨大。我相信，随着本书的出版以及相关成果的推广，这种教学方法将逐渐显现出其巨大的发展潜力。它将逐渐为更多的教师和学校接受并取得更多的实践成果。

是为序。

束定芳

上海外国语大学教授、博士生导师
2014 年 5 月于上海

前　言

　　兴起于美国的服务性学习以其学术性反思与满足社区需求的功能获得教育界的持续关注。(Hale, 2005)服务性学习,作为加强高等教育与公共社会联系的重要策略,正在被多个国家确定为教育目标,并被引入主流课程之中。作为第二语言或者外语的英语教学与服务性学习的结合也逐渐获得发展契机。

　　三种理论一脉相承构成了服务性英语学习的理论基础。首先,以 Dewey 为代表的经验主义哲学思想认为教育终极目标的实现必须建立在个体真实的生活经历之上;其次,生态系统理论关注教育环境对学习者的影响,将个体与塑造个体的环境结合;第三,语言交际能力理论强调语言使用能力对于语境的依赖,重视个体的语言经验和真实社会生态环境中的语言学习。

　　语言学习的服务功能和社区服务的教育功能通过英语课程与服务性学习的结合实现。服务性英语学习是基于经历的语言学习方法,为学习者提供了与真实世界交流的机会,并且在个体、学校和更广阔的语言坏境建立起有意义的关联。当前,对于服务性学习在中国英语教学环境下的应用,学界缺少建立在实证基础上的可行性论证。

　　本研究的主要目的在于:第一,考察融入课程之中的服务性学习在英语作为外语的中国英语教学环境下对语言学习者的影响,以此证明服务性英语学习在中国实践的可行性;第二,比较学习者在服务性英语学习和自主性学习环境下的收获,着重考察服务性英语学习下学习者在语言综合应用能力、学习动机与学习策略、非语言能力等方面的发展,从而证明服务性英语学习的有效性。研究同时考察服务性英语学习下的学习过程和学习环境。

　　实证研究案例来自浙江大学宁波理工学院,是基于英语专业实践教学的系列实验,研究者根据服务性学习理论设计学习项目、开展相关教学活动。服务性英语学习项目"用声音叙事"鼓励学生访问在宁波的外籍人士,调研外籍人士对宁波的整体印象,并且提出提升宁波国际化形象的建议;项目以三种不同模式与英语课堂教学结合,教学要求和评估方式有所不同。学习模式一:导入课程的服务性学习,学生访问外籍人士,口头呈现访谈经历;学习模式二:成为课程组成部分的服务性学习,学生访问外籍人士,完成日志记录,以团队形式撰写报告;学习模式三:成为课程的服务性学习,学生走访外籍人士或者外资企业,个体撰写可供公共服务部门参考的调查报告。

研究包括前导研究和核心研究两个部分，研究受试对象为浙江大学宁波理工学院外国语学院113名大学二年级英语专业学生。前导研究从2009年4月至2009年7月，涉及学生47名，其中27名学生参加模式一，20名学生参加模式二，实验前后学生都会接受问卷调查以检查服务性学习与课程结合的效果。

核心研究开展时间为2010年7月至2011年7月，涉及实验组和控制组的66名学生。实验组33名学生参加作为课程的服务性学习，即模式三，学生参加"用声音叙事"真实访问活动；控制组33名学生参加课程计划内的专业实践课程，该课程具有自主性学习性质，以常规方式在校内进行教学。在教学活动期间和之后，所有学生接受系列问卷调查以比较两种学习方法的效果。

研究采用定量研究与定性研究相结合的方法。数据收集包括问卷调查、学生访问、实践观察、学生日志分析、学生调查报告分析、课程评价等。本研究对收集到的数据进行多元统计分析，以确保对中国专业英语教学环境下服务性学习效果的检验更为系统有效，结果发现：

（1）以不同模式导入课程的服务性学习，学习者的受益程度不同。实验组模式一前后测对比发现，学习者语言学习和应用提高程度最显著；实验组模式二前后测对比发现，学习者文化学习方面提高有显著性差异。实验组模式三在多项指标超过控制组，学习者对教学模式的满意度和学习模式的满意度比控制组学习更高。数据显示在学习者背景相同的情况下，服务性英语学习的课程融合度与学习者的受益程度正相关。

（2）真实的语言交际环境促进学习者语言综合应用能力的提高。实验组在语言综合应用能力方面比控制组更有优势：在语言技能发展中，学习者听力、口语表达、写作、翻译、语言理解能力都存在显著性差异；实验组学习者的文化意识各项指标均高于控制组学习者，包括母语文化意识、目标语文化意识、跨文化交际意识存在显著性差异；服务性英语学习下，学习者情感态度的变化较之控制组更为突出，如目标语学习态度、对待目标语使用者的态度，英语交际自信心出现显著性差异。

（3）个体成就感激发学习者内在学习动机，交际环境的不确定性激活学习者学习策略的使用。实验组在学习动机和学习策略方面较控制组更具优势。服务性学习下的学习者学习动机高于自主性学习模式下的学习者，在内在动机、学科价值方面存在显著性差异；服务性学习下的学习者在学习策略较之自主性学习方面提高明显，在练习、融会、组织化三个方面存在显著性差异。

（4）服务性英语学习促进学习者非语言能力发展。服务性学习下学习者的公民意识均高于自主性学习模式下的学习者，归属感、奉献意识、荣誉感都存在显著差异；服务性学习下学习者的成长意识均高于自主性学习模式下的学习者，在思想的成长意识和对世界的认识方面存在显著性差异。服务性学习下的学习者所涉及的22项多元能力均强于自主性学习模式下的学习者，决策、适应、发现等能力发展存在显著性差异。

作为服务性英语学习的评估环节，本实证研究中学习者成果丰富，以实验参加者为主体出版著作两部，发表各类文章 20 多篇，成果得到浙江省主要领导的重要批示和教育部的肯定，活动先后被多家重要媒体报道，如《中国教育报》、《光明日报》等。

　　本研究的核心目的在于描述中国环境下服务性学习在英语专业实践教学中的应用，并进一步探讨与服务性英语学习相关的因素。结论认为服务性学习研究在中国的实践刚刚起步，和课程教学的结合非常有限，然而，作为一个全新的概念，服务性学习在中国英语教学的应用空间巨大。首先，服务性英语学习下，对话关系的形成创造了真实的语言环境，这可以弥补英语学习中交际不足的缺陷，有效提升学习者的语言综合应用能力；其次，课堂教学与文化的密切互动有助于学习者实现对母语文化、目标语文化和多元文化的建构；再者，个体体验促进学习者的反思能力，这种能力最终会激发学习动机和改进学习策略；此外，服务性英语学习的育人功能有助于培养学习者的社会责任感和多元能力发展。

　　实证研究将"服务性学习"策略与中国外语教学环境相结合，以不同模式在课程设计中导入服务性英语学习，创新人才培养模式，证明了服务性英语学习的可行性。实证研究沟通课堂的语言学习与社会的语言学习，从而最大限度地培养人才的专业能力和社会适应度，这对英语专业人才培养具有很强的示范意义。实证研究证明，服务性英语学习不但提高了学习者的语言应用能力和跨文化交际能力，而且增强了学习者的使命感和服务社会的意识，充分体现了大学教育的"育人"本质。

　　本研究中三种不同服务性学习模式的应用，证明服务性学习在英语教学中的应用是可行的、有效的。服务性英语学习源于课堂，超越课堂，又回归课堂，这个学习过程构成了学习者基于经历的语言学习循环。本研究希望，通过实证研究的具体分析，可以促进服务性学习与中国英语教学环境的结合，并为有志于此的英语教育工作者提供可供批评的借鉴。

超越与回归——服务性英语学习

4

Preface

Originating in the United States of America, Service Learning, featuring its academic reflection and integrated analysis of community needs, continues to receive sustained attention from various institutions of higher education. (Hale, 2005) In addition, as an important strategy to strengthen contact between higher education and the public, Service Learning is being identified as a national education goal in many countries and introduced into the curriculum as a mainstream pedagogy. Therefore, the integration of English teaching and Service Learning has gradually gained opportunities for further development.

Service Learning as an applied English methodology is based on three closely related theories. Firstly, Pragmatism Theory advocated by Dewey and his colleagues states that the realization of educational goal should rely on real individual life experience. Secondly, Bronfenbrenner's Ecological System Theory focuses on the influence that education environments have on learners, stressing language learning in individual experience and contact with the real world. Thirdly, Communicative Competence Theory insists the capability of language depends on the context, emphasizing language learning through authentic language experience in the real social context.

Language learning bears the function of servicing the community, and community service has its educational function of promoting language learning; Service Learning as an applied English methodology refers to an experiential learning method, providing learners with opportunities to interact with the real world, and establishing a meaningful association among individuals, schools and the larger linguistic environment in a whole. The combination of Service Learning and language classroom can achieve a balance between the two. However, there is a lack of empirical research on the application of Service Learning to English teaching in China; thus, the need to examine the feasibility and effectiveness of Service Learning in the Chinese EFL context is urgent.

This study has two purposes: One is to examine the feasibility of Service Learning in the

Chinese tertiary EFL context with its efficacy on the development of learners' overall language acquisition, and the other is to examine the effectiveness of Service Learning in the Chinese tertiary EFL context by comparing learners' achievement under Service Learning and autonomous learning, with emphasis on the development of learners' linguistic competence, learning motivation and strategies, and multi-skills as well. This study also investigates the learning process and learning environment with the Service Learning approach.

The empirical research was based on Service Learning experiments and EFL education in Ningbo Institute of Technology, Zhejiang University. In accordance with the Service Learning Theory, researcher incorporated course objectives related to students and community partners, designed program, and conducted classroom teaching, academic reflection and evaluation. Students were required to interview Ningbo expatriates with regard to their impression of Ningbo, then coming up with suggestions to improve the city's international image. The above mentioned project, named "Beyond the Voices", had been integrated with language classroom in three models: Model One was to incorporate it into English course as a single project, in which participants interviewed expatriates and presented their verbal reports in class. Model Two was to make the project an important component of the course, in which participants kept diaries and composed group reports after their interviews. Model Three was to establish the project a Service Learning Course, in which participants interviewed expatriates or foreign-funded enterprises managers, composing individual written reports on the basis of their experiential learning experience.

The study consists of two parts, the pilot study and the main study. The participants involved in this study are 113 second-year English Majors with similar educational backgrounds. The pilot study involved 47 students, with 27 for Model One, 20 for Model Two. Authentic service-oriented activity, "Beyond the Voices", was introduced into the English curriculum. Participants took pre-test and post-test questionnaires in terms of the outcome of their Service Learning project experience.

The main study included 66 participants, with 33 in the treatment group who were taught with a Service Learning Model Three, where students attended "Beyond the Voices", 33 participants in the control group were in the regular English major class, "Specialty Practice One", an Autonomous Learning class. All participants took a series of questionnaires during and after the experiments so as to compare the outcome of the teaching modes.

Both quantitative and qualitative methods were employed in the data analysis. Data was collected from a series of questionnaires, participants' diaries, interviews with participants, participant reports, teacher's observation logs, and course assessment. Multivariate statistical analyses were conducted to process the data collected to guarantee a more efficacious examination concerning the efficacy of integration of Service Learning in English teaching in the Chinese context. It was found that:

(1) Participants benefited in different ways when the Service Learning Model was integrated into different English courses. The pre-test and post-test in Model One showed there was a remarkable improvement in language learning and application. The study in Model Two found a significant improvement in cultural awareness. The treatment group in Model Three gained advantages over the control group in many ways, such as the course satisfaction and learning satisfaction. Statistics indicated there was a positive correlation between the intimacy of Service Learning with courses and participants' degree of benefit.

(2) Authentic language environment may promote learners' comprehensive language competence. The treatment group gained more advantages than the control group in the development of comprehensive language competence; significant growth can be found in such skills as listening, speaking, writing, translation and language understanding. Cultural awareness in Service Learning context gained greater development than the control group, In addition, significant differences may be found in the construction of native language culture, target language culture, and cross-culture awareness. As for affective factors, the treatment group exceled over the control group in the attitude toward target language learning and target language learners. Moreover, significant differences were also found in confidence of speaking English in public.

(3) The sense of achievement stimulated learners' intrinsic motivation, and the uncertainty of the communicative environment activated learners' use of learning strategies. The treatment group gained greater development than the control group with regard to learning motivation and learning strategies. Among comparative indicators, significant growth was found in intrinsic motivation and task values. Compared to autonomous learning, significant growth was also found in Service Learning in terms of cognitive strategy, including rehearsal, elaboration and origination.

(4) Service Learning as a teaching methodology advanced learners' non-linguistic development. Participants in the treatment group gained greater development in civic responsibility and psychological growth. Service Learning was found to be superior to autonomous learning in all the 22 multi-skills compared, among which decision-making ability, ability of adaptation and exploration achieved significant growth.

As part of the Service Learning assessment, a rich outcome has been achieved, among which two books, composed mainly by the participants with the guidance of the teachers, are brought out, and more than 20 articles published. The study together with the project was highly praised by principal leaders in Zhejiang province and gained recognition from the Ministry of Education in China, the related activities had been reported by major medium in China, such as *China Education*, and *Guangming Daily*.

The core purpose of the report is to describe the practice of Service Learning in the English curriculum in the Chinese context, and to further explore factors relevant to the study of Service Learning as applied English methodology. It is therefore concluded from the study that the integration of Service Learning into Chinese EFL contexts has tremendous room for growth in China's English teaching applications, although research in Service Learning in China is in its infancy, and its integration with curriculum is limited. Firstly, the authentic learning environment created by Service Learning can make up for the drawbacks in English teaching due to limited opportunities for students to communicate in authentic context in English, and it develops learners' comprehensive language ability. Secondly, the active interaction between classroom teaching and society can advance learners' cultural awareness, including native language culture, target language culture and intercultural awareness as well. Thirdly, the "learning by doing" concept advocated by Service Learning can stimulate language learners' motivation and improve learning strategies. Finally, Service Learning cultivates learners' personal growth through service and community engagement, including social responsibility and multi-skills.

The case study links language learning in classroom context with that in social context, thus maximizing the cultivation of talents' professional competence and social fitness. This service-oriented language learning, which is also a personnel training mode, has a very strong potential for wider application. Empirical studies have shown that Service Learning not only improves learners' language competence, intercultural communicative competence, but also enhances learners' sense of mission and commitment to the community, which fully reflects the nature and spirit of university education.

The three Service Learning Models in the research proved to be feasible and effective in their integration with English curriculum. Service Learning as an applied EFL methodology is a practice within and beyond the language classroom. The learning process constitutes learners' language learning cycle. It is hoped that the detailed findings of this study would serve as a trigger for the integration of Service Learning into English for English teachers within Chinese contexts.

目　录

第 1 章　绪　论

1.1 选题缘由 3

1.2 研究的必要性 4

　　1.2.1 导入以真实活动为驱动的学习方法 5

　　1.2.2 将服务性学习融入英语教学中 6

　　1.2.3 加强中国外语教学环境下的服务性英语学习实证研究 8

1.3 研究意义 8

　　1.3.1 理论意义 8

　　1.3.2 实践意义 9

　　1.3.3 教学法意义 10

1.4 本研究基本概念 11

　　1.4.1 服务性英语学习概念与要素 11

　　1.4.2 服务性英语学习与真实性原则 12

　　1.4.3 中国英语教学环境下服务性英语学习概念 12

　　1.4.4 "用声音叙事"活动：服务性英语学习的中国案例 13

1.5 本书结构 13

第 2 章　服务性英语学习理论与实践背景

2.1 服务性英语学习的理论背景 17

　　2.1.1 引　言 17

　　2.1.2 经验教育理论 17

　　　　2.1.2.1 经验教育 17

　　　　2.1.2.2 体验学习 20

　　2.1.3 生态系统理论 21

　　　　2.1.3.1 Bronfenbrenner 的生态系统理论 22

　　　　2.1.3.2 生态系统理论与服务性学习 27

　　2.1.4 交际能力理论 29

超越与回归——服务性英语学习

2

　　　　2.1.4.1 交际能力理论概述 29
　　　　2.1.4.2 交际课堂的真实性 31
　　　　2.1.4.3 服务性英语学习与真实性原则 33
　　2.1.5 总　结 34
　2.2 服务性英语学习的实践背景 35
　　2.2.1 引　言 35
　　2.2.2 服务性学习在语言教学中的应用 36
　　2.2.3 服务性学习在外语教学中的应用 38
　　2.2.4 服务性学习在 ESL 英语教学中的应用 40
　　2.2.5 服务性学习在中国及中国 EFL 教学的研究现状 42
　　2.2.6 总　结 44

第 3 章　研究设计与研究方法
　3.1 前导研究 47
　　3.1.1 引　言 47
　　3.1.2 研究问题 47
　　3.1.3 研究设计 48
　　3.1.4 研究对象 48
　　3.1.5 研究方法 49
　　3.1.6 数据收集与分析 49
　　3.1.7 前导研究发现与结论 58
　3.2 核心研究：定量研究与定性研究 63
　　3.2.1 引　言 63
　　3.2.2 研究问题 64
　　3.2.3 研究设计 64
　　3.2.4 研究对象 68
　　3.2.5 研究方法 69
　　3.2.6 数据收集与分析 71

第 4 章　结果与讨论
　4.1 服务性英语学习模式与自主性学习模式比较分析 75
　　4.1.1 引　言 75
　　4.1.2 两种模式下的学习过程比较分析 75
　　4.1.3 课程活动性质与学习过程 78
　　4.1.4 两种模式下学习环境的比较分析 85

　　　4.1.5　课程活动性质与学习环境 …………………………………… 91
　　　4.1.6　总　结 ……………………………………………………… 95
　4.2　服务性英语学习下语言综合应用能力分析 …………………………… 99
　　　4.2.1　引　言 ……………………………………………………… 99
　　　4.2.2　语言技能发展分析 ………………………………………… 100
　　　4.2.3　语言知识发展分析 ………………………………………… 103
　　　4.2.4　文化意识发展分析 ………………………………………… 106
　　　4.2.5　情感态度变化分析 ………………………………………… 110
　　　4.2.6　总　结 ……………………………………………………… 114
　4.3　服务性英语学习下学习动机及学习策略分析 …………………………… 119
　　　4.3.1　引　言 ……………………………………………………… 119
　　　4.3.2　服务性学习模式下的学习动机分析 ……………………… 120
　　　4.3.3　服务性学习模式下的学习策略分析 ……………………… 123
　　　4.3.4　总　结 ……………………………………………………… 127
　4.4　服务性英语学习模式下的非语言能力发展分析 ………………………… 131
　　　4.4.1　引　言 ……………………………………………………… 131
　　　4.4.2　公民意识发展分析 ………………………………………… 132
　　　4.4.3　成长意识发展分析 ………………………………………… 134
　　　4.4.4　多元能力发展分析 ………………………………………… 136
　　　4.4.5　总　结 ……………………………………………………… 141
　4.5　服务性英语学习下的课程模式满意度分析 …………………………… 144
　　　4.5.1　引　言 ……………………………………………………… 144
　　　4.5.2　两种课程模式满意度比较分析 …………………………… 146
　　　4.5.3　两种课程模式学习满意度比较分析 ……………………… 149
　　　4.5.4　总　结 ……………………………………………………… 152
　4.6　服务性英语学习模式评价 ……………………………………………… 153
　　　4.6.1　学习者评价 ………………………………………………… 153
　　　4.6.2　教育专家评价 ……………………………………………… 156
　　　4.6.3　家长及外籍人士评价 ……………………………………… 158
　　　4.6.4　政府评价 …………………………………………………… 159
　　　4.6.5　同行评价 …………………………………………………… 160
　　　4.6.6　媒体评价 …………………………………………………… 161

第 5 章　结　论
　5.1　引　言 …………………………………………………………………… 167

超越与回归——服务性英语学习

超越与回归——服务性英语学习

◆
4

5.2 主要发现 167
    5.2.1 服务性英语学习的课程融合度与学习者的受益程度正相关 167
    5.2.2 学习环境的真实性促进学习者语言综合应用能力的提高 168
    5.2.3 个体成就感激发学习动机，交际环境的不确定性激活学习策略使用 ... 168
    5.2.4 服务性英语学习促进学习者非语言能力发展 170
5.3 结 论 172
    5.3.1 "对话"关系的形成创造真实语言交际环境 173
    5.3.2 文化接触有助于学习者实现母语文化、目标语文化和多元文化建构 177
    5.3.3 个体体验促进学习者反思能力发展 179
    5.3.4 解决问题中凸显服务性英语学习的育人功能 182
5.4 启 示 185
5.5 本研究的局限性与进一步的研究方向 188

参考文献 191

附 录 209

后 记 244

索 引 247

图表目录

图 2-1 Lewin 实验室法与行动研究图 ················· 20

图 2-2 Bronfenbrenner 生态系统理论模式 ················· 22

图 2-3 美国 "5C" 外语学习标准图 ················· 38

图 3-1 实验组 P1 前后测增长趋势对比图 ················· 59

图 3-2 实验组 P2 前后测增长趋势对比图 ················· 60

图 3-3 实验组 P1 前后测 "语言学习和应用" 方面对比图 ················· 61

图 4-1 服务性学习课程设计模式 ················· 145

图 4-2 "用声音叙事" 网络舆情信源统计图 ················· 162

图 4-3 "用声音叙事" 网络舆情原始来源统计图（截至 2012 年 1 月 2 日）······ 162

表 2-1 Dewey 教育思想中教育意义与功能诠释 ················· 19

表 2-2 服务性学习对学习者的积极影响 ················· 29

表 2-3 美国加利福尼亚州立大学社区服务性学习里程碑 ················· 35

表 2-4 美国 "5C" 外语学习标准详解 ················· 39

表 3-1 实验组 P1 前后测 "语言学习和应用" 总分分组描述量表 ················· 50

表 3-2 实验组 P1 前后测 "语言学习和应用" t 检验结果 ················· 50

表 3-3 实验组 P2 前后测 "语言学习和应用" 总分分组描述量表 ················· 50

表 3-4 实验组 P2 前后测 "语言学习和应用" t 检验结果 ················· 51

表 3-5 问卷前后测 "语言学习和应用" 总分平均数与标准差 ················· 51

表 3-6 两组学习者问卷前后测 "语言学习和应用" 总分平均 ················· 52

表 3-7 实验组 P1 前后测 "非语言因素" 总分分组描述量表 ················· 52

表 3-8 实验组 P1 前后测 "非语言因素" t 检验结果 ················· 52

表 3-9 实验组 P2 前后测 "非语言因素" 总分分组描述量表 ················· 53

表 3-10 实验组 P2 前后测 "非语言因素" t 检验结果 ················· 53

表 3-11 两组学习者前后测 "非语言因素" 总分平均数与标准差 ················· 53

表 3-12 两组学生前后测 "非语言因素" 总分平均表 ················· 54

超越与回归——服务性英语学习

表 3-13 实验组 P1 前后测"情感态度"总分分组描述量表·············54

表 3-14 实验组 P1 前后测"情感态度"t 检验结果·············54

表 3-15 实验组 P2 前后测"情感态度"总分分组描述量表·············55

表 3-16 实验组 P2 前后测"情感态度"t 检验结果·············55

表 3-17 两组学习者前后测"情感态度"总分平均数与标准差·············56

表 3-18 两组学习者前后测"情感态度因素"总分平均·············56

表 3-19 实验组 P1 前后测"文化因素"总分分组描述量表·············56

表 3-20 实验组 P1 前后测"文化因素"t 检验结果·············57

表 3-21 实验组 P2 前后测"文化因素"总分分组描述量表·············57

表 3-22 实验组 P2 前后测"文化因素"t 检验结果·············57

表 3-23 两组学习者前后测"文化因素"总分平均数与标准差·············58

表 3-24 两组学习者前后测"文化因素"总分平均·············58

表 3-25 实验组 P1 前后测"语言学习和应用"方面对比·············60

表 3-26 实验组 P1 各指标前后测对比·············62

表 3-27 实验组 P2 各指标前后测对比·············62

表 3-28 "专业实践一"控制组与实验组教学大纲对比介绍（以 2011 年为例）···65

表 4-1 两组学习者学习过程各环节分组描述量表·············76

表 4-2 两组学习者学习过程各环节分组独立样本 t 检验·············77

表 4-3 控制组课程难易度对学习过程影响分析·············79

表 4-4 实验组课程难易度对学习过程影响分析·············79

表 4-5 课程难易度对学习过程影响对比·············80

表 4-6 实验组学习者对活动性质态度总分平均·············80

表 4-7 控制组学习者对活动性质态度总分平均·············81

表 4-8 两组学习者对活动性质态度对比·············81

表 4-9 活动服务性对控制组学习过程影响·············82

表 4-10 活动服务性对实验组学习过程影响·············82

表 4-11 活动服务性对两组学习者学习过程影响对比·············83

表 4-12 活动交际性对控制组学习过程影响·············84

表 4-13 活动交际性对实验组学习过程影响·············84

表 4-14 活动交际性对学习过程影响对比·············85

表 4-15 两组学习者学习环境各环节量表·············87

表 4-16 两组学习者学习环境独立 t 检验结果·············88

表 4-17 实验组学习者学习环境总分平均·············89

表 4-18 控制组学习者学习环境总分平均·············89

表 4-19 两组学习者学习环境总分平均·············90

表 4-20 活动真实性对控制组学习环境影响························91

表 4-21 活动真实性对实验组学习环境影响························92

表 4-22 活动真实性对两组学习者学习环境影响对比·············93

表 4-23 活动互惠性对控制组学习环境影响························94

表 4-24 活动互惠性对实验组学习环境影响························94

表 4-25 活动互惠性对两组学习者学习环境影响对比·············95

表 4-26 实验组学习者语言技能总分平均分量表··················100

表 4-27 控制组学习者语言技能总分平均分量表··················101

表 4-28 两组学习者语言技能对比·······························101

表 4-29 学习者语言技能总分平均分量表························102

表 4-30 两组学习者语言技能独立样本 t 检验结果···············103

表 4-31 实验组学习者语言知识总分平均·······················103

表 4-32 控制组学习者语言知识总分平均·······················104

表 4-33 两组学习者语言知识对比表····························104

表 4-34 两组学习者语言知识总分平均分量表···················105

表 4-35 两组学习者语言知识 t 检验结果·······················106

表 4-36 实验组学习者文化意识总分平均·······················107

表 4-37 控制组学习者文化意识总分平均·······················107

表 4-38 两组学习者文化意识对比·······························108

表 4-39 两组学习者文化意识总分平均分量表···················109

表 4-40 两组学习者文化意识 t 检验结果·······················110

表 4-41 实验组学习者情感态度变化总分平均···················111

表 4-42 控制组学习者情感态度变化总分平均···················111

表 4-43 两组学习者情感态度变化对比··························112

表 4-44 两组学习者情感态度变化对比量表·····················113

表 4-45 两组学习者情感态度对比 t 检验结果··················114

表 4-46 "用声音叙事"活动参与学习者实践成果一览（2010 年至今）·····115

表 4-47 MSLQ 学习动机标准····································120

表 4-48 学习动机组统计量表····································121

表 4-49 学习动机独立样本 t 检验·······························121

表 4-50 实验组学习动机各指标平均数及标准差················122

表 4-51 控制组学习动机各指标平均数及标准差················122

表 4-52 两组学习者学习动机对比·······························123

表 4-53 MSLQ 学习策略标准····································124

表 4-54 两组学习者学习策略组统计量表·······················124

超越与回归——服务性英语学习

8

表 4-55　学习策略独立样本检验 ························· 125

表 4-56　实验组学习策略各指标平均数及标准差 ··········· 125

表 4-57　控制组学习策略各指标平均数及标准差 ··········· 126

表 4-58　两组学习者学习策略各指标对比 ················· 126

表 4-59　公民意识组统计量表 ························· 132

表 4-60　公民意识独立样本检验 ······················· 133

表 4-61　实验组公民意识总分平均 ····················· 133

表 4-62　控制组公民意识总分平均 ····················· 133

表 4-63　两组学习者公民意识对比 ····················· 134

表 4-64　成长意识组统计量表 ························· 134

表 4-65　成长意识独立样本检验 ······················· 135

表 4-66　实验组成长意识各指标总分平均 ················· 135

表 4-67　控制组成长意识各指标总分平均 ················· 135

表 4-68　两组学习者成长意识对比 ····················· 136

表 4-69　多元能力组统计量表 ························· 137

表 4-70　多元能力独立样本检验 ······················· 137

表 4-71　实验组多元能力各指标总分平均 ················· 138

表 4-72　控制组多元能力各指标总分平均 ················· 139

表 4-73　两组学习者多元能力对比 ····················· 140

表 4-74　课程模式满意度组统计量对比 ··················· 146

表 4-75　课程模式满意度独立样本检验 ··················· 147

表 4-76　实验组课程模式满意度各指标总分平均 ··········· 147

表 4-77　控制组课程模式满意度各指标总分平均 ··········· 148

表 4-78　两组学习者课程模式满意度对比 ················· 148

表 4-79　两组学习模式满意度组统计量表 ················· 149

表 4-80　两组学习模式满意度独立样本检验 ··············· 150

表 4-81　实验组学习模式满意度总分平均 ················· 150

表 4-82　控制组学习模式满意度总分平均 ················· 151

表 4-83　两组学习者学习模式满意度对比 ················· 152

表 4-84　"用声音叙事"系列活动媒体报道收集（截至 2012 年 2 月 6 日）······ 163

表 5-1　实验组学习者语言交际内容 ····················· 174

表 5-2　实验组学习者思维能力发展 ····················· 175

表 5-3　实验组学习者语用策略使用案例 ················· 176

表 5-4　实验组学习者持续性反思案例 ··················· 180

第 1 章

绪 论

1.1 选题缘由

兴起于美国的"服务性学习"（Service Learning）以其学术反思与满足社区[①]需求的功能获得教育界的持续关注。（Hale，2005）这种学习策略将学生与社区通过特殊的教育目标与公共目标结合起来，这两种目标都强调校园与社区的关联。（Thomson，et al，2008）作为加强公共社会与高等教育相联系的重要策略，服务性学习从诞生之日起就被赋予了强烈的历史使命感，并且已经被多个国家确定为教育目标。

我国教育界重视教育服务社会的理念，《国家中长期教育改革和发展规划纲要（2010－2020 年)》（以下简称《纲要》）明确提出高校要增强社会服务能力。《纲要》认为："高校要牢固树立主动为社会服务的意识，全方位开展服务。"高校需要"积极推进文化传播，弘扬优秀传统文化，发展先进文化"。《纲要》同时指出："鼓励师生开展志愿服务。"在明确的教育目标指导下，高等教育迫切需要解决的问题就是服务社会的载体和方法，这种方法应该渗透到人才培养的教学层面和课程层面，应该是调动了广大教师和学生主动性的系统工程。

中国内地高校第一个服务性学习大学课程设立于 2008 年天津南开大学。[②] 另外，云南大学和华南大学等高校也以不同形式在课程体系中导入服务性学习概念；浙江大学宁波理工学院在新闻写作教育方面作出了有益的尝试。（蓝采风，许为民，2011）在中国香港特别行政区（如岭南大学的服务研习计划）和中国台湾地区（如东海大学的服务教育），服务性学习都被广泛应用于课程教学，并且在教育实践中取得了一定成果。

我国高校外语专业教学重视外语教育的社会服务功能，外语专业本科教育改革将"为 21 世纪的社会主义市场经济体制服务"视作一项重要任务，教育改革基本思路提出外语教学要"打破纯语言、纯文学人才培养模式"，实现教育思想观念的转变，这其中就包括"要处理好教学、科研和社会服务三者之间的关系"；教育改革基本思路中还提出"培养复合型外语人才"的目标，鼓励外语专业"因地制宜，因校制宜，自主确立人才培养模式"，"努力培养出服务于本地区经济建设和社会发展的……高质量的复合型外语专业人才"。（高等学校外语专业指导委员会，1998）《高等学校英语专业英语教学大纲》（以下简称《大纲》）以一个前提、三种知识、三种能力、三种素

[①] 由于社会学者的研究角度不同，社区尚无统一的定义。1955 年美国学者G.A.希莱里对已有的 94 个关于社区定义的表述作了比较研究。他发现，其中 69 个有关定义的表述都包括地域、共同的纽带以及社会交往三方面的含义，并认为这三者是构成社区必不可少的共同要素。据此，社区为生活在同一地理区域内，具有共同意识和共同利益的社会群体。

[②] 《中国青年报》2008 年 3 月 20 日（记者李新玲）报道南开大学首开"志愿服务学习"课程。搜索结果网页地址：http://www.youth.cn/zqw/xw/zyz/200803/t20080320_669493.htm。

质来概括 21 世纪我国高等学校英语专业人才的培养目标：

> "要在打好扎实的英语语言基本功和牢固掌握英语专业知识的前提下，拓宽人文学科知识和科技知识，掌握与毕业后所从事的工作有关的专业基础知识，注重培养获取知识的能力、独立思考的能力和创新的能力，提高思想道德素质、文化素质和心理素质。"（高等学校外语专业教学指导委员会英语组，2000）

作为中国外语规划的战略思考，李宇明（2010）指出需要未雨绸缪地考虑到外语规划中"公共服务领域的外语问题"、"社区外语服务"问题，比如外侨聚居区的外语服务，这也为语言服务与教学策略的结合提供了可能。作为一种全新的概念，服务性学习在中国英语教学应用的成长空间巨大。首先，服务性学习创造的真实语言环境可以弥补传统英语课堂教学中交际不足的缺陷；其次，课堂教学与社会的密切互动可以推进英语实践教学改革，促进学习者语言实践能力的提高；再者，服务性学习所主张的"做学"理念可以帮助语言学习者学习在解决问题中提供学习动机和学习策略；此外，服务性学习的育人功能有助于培养学习者的社会责任感和多元能力发展。作为一个教学和学习策略，服务性学习融社区服务、课程教学和系统反思于一体，可以促进学生对课程内容的更深刻了解、满足社区真实需求、培养公共意识和发展职业相关技能。（Thomson，et al，2008）

更为重要的是这一研究见证了一位中国英语教师和他的学生如何将真实语言实践活动逐渐过渡为服务性英语学习的全过程。基于研究者本人在过去四年的实践和行动探究经历，研究试图呈现对服务性学习在中国英语教学环境下的可行性操作检验，为有志于此的同仁提供可供批评的参考和思考。

1.2 研究的必要性

"I hear and I forget, I see and I remember, I do and I understand."一语在西方广泛流传，且一直被奉为是对体验式语言学习的经典注解（Knutson，2003），这句不止被 Knutson 错引为孔子的名言其实出自《荀子·儒效篇》："不闻不若闻之，闻之不若见之，见之不若知之，知之不若行之，学至于行之而止矣。行之，明也。"而在 Benjamin Franklin 的转述中，荀子的名言又出现了另外一个版本："Tell me and I forget. Teach me and I remember. Involve me and I learn."（Al-Qawasmi, et al, 2006）两种表述，异曲同工，语言学者对这句话的钟爱是因为其揭示出语言学习的一个规律，即在语言学习中，学习者需要积极的个体参与，敢于冒险和尝试，积极验证假设并且做出自己的计划和决定。（Wilhelm，1999）为了成功和有意义的语言学习，学习者甚至应该将自己置于超过现有语言水平的环境之中。（Krashen，1985）

当今时代，语言、文化及生活多元社区的形成使得交际能力的提高成为社会需求和语言教学的必须考量。（Brown，2001；Boyle & Overfield，1999；Shumer，1994）Du Pre（2003）认为高等教育之挑战是理解历史、明晰和接受其历史责任，并且在当下的社会环境中创造出"合适之未来"（appropriate future）。要创造合适的未来，高等教育就需要通过把握时代脉搏不断地完成自我革新，这种改革包括整合地域特点、满足国家社会发展和应对全球化的挑战。（转引自 Thomson，et al，2008）在语言教育领域，学习者对于没有足够语言熟练度的抱怨，在一定程度上凸显了改革语言教学方法的必要性。（Frye & Garza，1979）传统教学模式下生硬的记忆与背诵之苦让学习者渴望在课堂所学与现实世界之间建立起联系。（Hale，1999）可见，理论与现实的疏离直接导致了学习者应用能力的下降，学习者期待可以拥有使之全身心投入的学习经历，这种需求恰恰反映出问题的实质，即与个体经历相关、与生活相关、与社会相关和与未来职业相关的教学是有利于语言习得的，但也是目前教学环境所无法提供的，而这种情况在英语作为外语的学习中尤其明显。

在中国，英语教育因为没有充分满足交际的目的而受到诟病。（戴炜栋，2001，2009；胡文仲，2009）研究者意识到学习环境和学习过程的重要性，袁平华（2008）实验"以内容为依托"的中国外语教学模式，庞继贤、范捷平（2005）倡导自主性语言学习与中国外语教学的结合——前者力图在课堂教学中创造有利于语言输入的真实学习环境，后者主张学习过程中学习者主动性的发挥，二者所强调的也正是服务性学习埋念所主张的。这种教学方法对于创造真实交际环境和激发学习者学习动机具有明显的优势。（Zlotkowski，1999）通过应用所学专业知识服务社会，学习者获得提高语言实践能力的机会，因此，服务性学习的兴起和发展可以为中国英语教学和学习提供某种借鉴。《纲要》明确要求高等教育"支持学生参与科学研究，强化实践教学环节"。虽然英语课堂本身具备一定的实践性，但是语言课程的实践环节无法满足学习者对真实情景下提高语言技能的迫切需求。当前高校英语教学与社会经济、科技发展的需要存在严重脱节的现象，学习者的实践体验和主动反思没有充分参与到语言学习活动中。（陈丽芳，2004）需要强调的是，只有通过内在的反思和体验，学习者才能真正成为学习活动不可替代的主体。（谢维和，2001）

1.2.1　导入以真实活动为驱动的学习方法

Piaget（1972）认为个体经验积极地参与了智力发展过程的建构，也就是说个体的知识建构是一种有意识的学习经验的参与，Little（1991：4）将这种个体有意识的

"独立行动、批判性反思、决策的能力"称为自主性学习，Kohonen（1999：44）持相同的观点，认为"自主语言学习者"就是"建立在个人语言运用经历基础上的有意识地对任务不断反思"。范捷平（2004）指出，外语自主学习是一种学习者有意识地计划、监控、实行和测试反思的学习过程。作为一种充分调动学习者积极性和主动性的教学和学习方法，自主性学习被许多学校引进，包括建立一些自主性学习中心，还有些学校通过网络的形式完成教学。然而在没有解决课程依托、教师介入和教育管理等问题，在交际环境缺乏的情况下，自主性学习所倡导的学生的"决策权和选择权"只是一个美丽的梦想，其实际效果也是差强人意的。因此，如何克服外语教学中真实交际环境缺乏，以及满足学习者实践能力提高的需求，都是外语教学应该认真思考的问题。

哈贝马斯（2005）认同知识的实践意义特征，指出知识一开始就指向实践的。束定芳（2004）指出个体的主动建构，或者说个体的自觉，是来自真实的经历，因为语言学习是个潜移默化的影响过程，作为生活和学习的语言只有在真实环境下的应用才能更好掌握，大量的语言实践是确保外语能力提高的前提。

Norstrand（1966：5-7）也认为外语教学中训练的精妙无法替代与目标语使用者的真实接触和交流，否则学习就失去了本来的意义。二语学习对真实情景的忽视不可能全面发展学习者的语言能力、实现人际交流和知识分享，而个体经历与信息分享是语言学习的重要因素。因此，交际式的学习、交互式的学习或者语境依托式的学习越来越显示出其必要性。然而，在社区需求与学习者需求面前，外语教学要突破传统思维去全面实施跨越式的革新难免缩手缩脚，但是要系统性地提高外语水平，学习者必须去经历和体验课堂之外的真实语境。因为知识的获取和能力的培养不能单纯依靠外在的强制和训练，而必须依靠学习者的自觉和认同，没有个体的自觉和自我意识的培养，教育的成功无从谈起。（陈丽芳，2004）在一个英语使用相对匮乏的环境中，如何去创造语言实践环境，培养学习者的自觉意识，加强以真实活动为驱动的教学势在必行。

1.2.2 将服务性学习融入英语教学中

有学者认为成功的语言学习需要有意义的情境，这种"情境"被 Frodesen & Eyring（2000）应用到语法教学中，借助交际活动，学习者对语法的形式、意义和使用获得深刻理解，也就是说，对于语法形式的学习必须通过意义和有意义的活动才能实现。那么什么是有意义的活动？如何选择这样的活动？Richards & Rogers（1986：72）解释说：

> "学习活动的选择依据学习者在何种程度参与到有意义且真实的语言
> 应用中，而不是仅仅机械地使用那些语言的形式。"

这样的标准无疑给语言课堂出了一个大难题，体制和课程的限制使得教育工作者在创造真实活动时羁绊颇多——学习者语言熟练度、活动的难度、教育评价体系，包括教育者本身的能力都是实现真实交际环境无法回避的问题。如何创造一个真实的语言交际环境？Minor（2001：2）呼唤语言课堂与服务性学习的融合，因为在这样的结合中：

> "语言活动不再呆板、孤立或枯燥，活动本身就是对真实问题的真实反
> 应，（这样的活动中）学习者学习对那些重要的，与个人相关的问题，并且
> 作出表达。"

在美国，将服务性学习融入语言课程目标已经成为一种共识。（Jacoby & Associates，1996；Eyler & Giles，1999；Minor，2001；Elwell & Bean，2001；Erin & Hale，2007）在这一潮流中，作为第二语言或者外语的英语课程教学与服务性学习的结合已经逐渐获得发展契机，一些学者率先通过应用服务性学习的方法来帮助学习者获得语言交际能力的提高（Arries，1999），提升语言学习的动机（Brack & Hall，2006），提高学习者对其他文化的理解（Morris，2001），对语言使用者态度的改变（Alan，2006），发展批判性思维（Eyler & Giles，1999），等等。

大量实验证明：作为课程组成部分的服务性学习比一般意义上的教学活动更能促进学习者预期目标的实现。这些成功的案例为中国的英语教学者带来启示的同时也提出了更大的挑战，那就是在缺乏真实语言交际环境下，作为外语的英语教学和学习如何与服务性学习结合。对于这样的困惑，Frye & Garza（1991）倡议，在本土课堂中引入目标语使用者和必要的学习材料可以促进与真实语言情景的接触，用语言去服务就是解决问题的好办法。然而，令人尴尬的是，在中国，我们既有"学以致用"、"知行合一"的学习传统，也有"助人为乐"的道德传统，但是在课程教学与服务社会之间却没有找到那个完美的平衡点；更为重要的是，中国的学习者有着更为迫切的提高语言交际能力的现实需求，因此，探讨如何将服务性学习融入中国的英语教学和学习中势在必行。

1.2.3 加强中国外语教学环境下的服务性英语学习实证研究

在美国，随着服务性学习被确定为国家教育战略，过去几十年里服务性学习在英语教学领域的实践和研究不断推进，这股潮流也越来越影响到 ESL 教学领域。（Wurr，1999；Wurr，2001；Heuser，2000；Minor，2001；Elwell & Bean，2001；Hagan，2004；Hale，2005；Whittig，2007；Wurr & Hellebrandt，2007）这些研究关注英语为非母语或外语学习者在参加服务性学习课程或者项目的收获，研究聚焦在新移民和新留学生，或者一些专门在母语国家进行短期学习的游学者、学者。研究讨论更多集中在服务性学习所创造的真实社会环境下的语言学习、文化学习和公民意识成长等。这些研究随之拓展到非洲（南非）的语言教学中，然而不可忽视的事实是这些研究都集中在有英语语言环境的国家和地区，在更广阔的 EFL 教学领域研究触及很少。

服务性学习与语言课程的结合在外语教学环境下的实践目的是创造真实的语言学习环境，但是困难同样来自于真实语言环境的缺乏，这也是在英语为外语教学环境下实施服务性学习的巨大挑战。在中国，教育领域对于服务性学习的关注只是在起步阶段，介绍性的文献多过实践性的研究，服务性学习与课程结合的讨论热情颇高，但是实践案例却不多，即便是应用也多集中在医学、社会工作等领域。就英语教学而言，学界缺少在中国外语教学环境下实践服务性学习的可行性论证，呼声之高与实证研究之少形成了鲜明的对比。因此，在外语课程中尤其是在拥有巨大空间的英语教学领域开展服务性学习的实证性研究势在必行。

1.3 研究意义

1.3.1 理论意义

以 Dewey 为代表的经验主义哲学思想为服务性学习奠定了坚实的理论和实践基础，除此之外，Wurr（1999）认为构成服务性学习的文献还应该包括批判教育学和教师行动研究。服务性学习涉及哲学、心理学、社会学、教育学、社会语言学等众多的学科，其理论吸收了包括建构主义、认知心理学、社会学习理论、生态系统理论等众多理论精华。在美国，服务性学习作为一种教学和学习策略，被广泛地应用于教育领域的各个层面。语言教学领域只是其中的一个分支，而其称谓因为具体应用的不同而出现变化。就 ESL 领域的应用而言，名称有 Service-Learning as an Applied ESL Methodology（Hale，1999），Service-Learning in ESL（Whittig & Hale，1999），Service-Learning as ESL Program (Mnior, 2001), Service-Learning as ESL Curriculum (Aroson,

2011)。本研究采用"服务性英语学习"的提法，主要强调作为语言学习策略的服务性学习对个体经历的影响及其创造真实语言环境的功能，同时关注个体与环境的积极互动，这也就是本研究在理论中所探讨的经验教育理论、生态系统理论与交际能力理论的结合。

"服务性英语学习"的提法在形式上和"自主性语言学习"或"外语自主学习"的提法类似。（庞继贤、范捷平，2005）其目的是在语言习得、英语学习上对服务性学习理论展开更为广泛的探索。唯如此，这种学习方法方可与中国的传统哲学、与中国的具体社会环境、与中国语言学习者的文化背景结合，为形成有中国特色的服务性学习理论做准备。国外对于服务性学习在 ESL 领域应用的实证性研究已经很多，但是在 EFL 领域的应用范围研究不多，倒是西班牙语作为外语与服务性学习的结合在美国成效显著。目前对于中国环境下的服务性学习应用于英语教学实践的理论研究探讨很少，中国学习者面对服务性英语学习时的具体表现有何特殊之处？语言学习、真实环境、文化学习以及学习者情感等因素在服务性学习中究竟扮演着什么角色？这些都是本研究试图从理论上探讨的地方。

1.3.2 实践意义

服务性学习是基于经历的学习方法，为学习者提供了与真实世界交流的机会，提供可以转化和应用知识成果的策略，并且在学校、社区和社会三者之间建立起有意义的关联。虽然服务性学习的定义不断地演变，其实质就是强调学术课程的内容设计要与服务社区相联系。服务性学习项目可以满足社区的需求、促进公民责任的发展、服务课程、提高了社区服务的教育功能，服务性学习涉及有规划的时间里反思自己的服务经历和学习过程（National and Community Service Trust Act, 1993[①]）。

服务性学习的重点在于课堂教学与社区经历的联系以及学习者的自我反思。服务性英语学习对学习者语言学习能力提高的讨论多集中于第一语言习得和 ESL 环境中，本研究从真实服务性活动导入语言课程开始，比较服务性学习以不同模式与中国 EFL 教学结合时学习者的受益程度差异，同时分析学习者在语言综合应用能力、学习动机、学习策略、文化认知、非语言能力等方面的表现，研究试图在个案的"记录式镜头"呈现中衡量服务性学习在英语课程教学中的应用和其对学习者的影响。

服务性学习呼吁提高学校与未来生活社区之间的互动，因此严谨的规划与评估对

---

① 在 20 世纪 90 年代，美国的教育学者们开始把服务学习整合于学科课程，并且主张通过立法的形式加以推行，如 1990 年出台的《国家与社区服务法》中的"服务美国"（Service America）计划和 1993 年制定的《国家与社区服务信托法》中的"学习与服务美国"计划，均要求中小学校开设服务学习课程，并对服务性学习概念做了定义。

活动的实施和成功非常关键。本研究通过提供完整的实践方案来应对这一挑战，方案探讨服务性学习如何在满足中国环境下英语作为外语学习者的需求同时被融入课程之中。本研究包括中国环境下英语学习者参加服务性学习项目的实验与比较，个案研究中共涉及学生 113 名，其中实验组学生 80 名，控制组 33 名，实验组学生参加不同模式的服务性英语学习项目：一是导入课程的服务性学习，二是成为课程重要组成部分的服务性学习，三是成为课程的服务性学习。控制组学生参加常规教学。数据收集包括问卷调查、学生座谈访问、实践观察、学生日志分析、报告撰写、课程评价和文本分析等，研究观察真实活动驱动的服务性学习对学习者语言综合应用能力、学习动机与学习策略、文化认知及多元能力培养等因素的影响。

1.3.3 教学法意义

本研究是基于课堂教学与服务性学习法结合的研究，目的在于探讨中国外语教育环境下实践服务性学习的可行性和有效性。研究通过实践案例分析的形式，调查服务性学习方法对英语学习者的影响。从广义上讲，服务性英语学习是自主性学习的一种形式，但是，当与英语课程教学结合时，二者会呈现出各自不同的特点。这种特点不是证明孰优孰劣的，而是为了在语言学习和语言课程教学方法的"大家庭"中多一种选择，这个"成员"的引荐必须——也唯有通过实证研究的形式，才能为学界接受和认可。

服务性学习非常符合后现代认识论以及当前教育改革中对拓展知识获取渠道的探索，这方面的研究也可以看作是在教学研究方面完成从实证主义向后现代认识论的转向。（Wurr，2001）服务性学习作为一种教学方法意在通过积极参与有意义、有规划的服务经历来促进学习，学生通过反思活动，提高对课程的理解，获取通识知识，发展公共意识、自我意识以及实现对社区的承诺，其社会意义和道德教育功能已经取得广泛认识。（APCO Associates，1999）在中国开展服务性学习或者同类学习的趋势已经具备，然而在英语课程与服务性学习的融合中，可行性如何？有效性体现在什么地方？在哪些方面可以提高学生的语言学习？有哪些需要注意的因素？这些都是本研究试图通过质与量结合的研究方法作出探讨的问题。

1.4 本研究基本概念

1.4.1 服务性英语学习概念与要素

1. 教师观察记录

在众多的服务性学习定义中，课程与服务的结合被视为关键，Bringle & Hatcher（1995：112）认为服务性学习是"以课程为基础的教育经历，这样的经历中，学生可以参与有组织的、满足明确社区需求的服务活动；通过反思服务活动来获得对课程内容的进一步理解、对学科的更广认识，以及提高公民责任感"。

社会服务与服务性学习都强调参与社会服务，但是前者没有特别规划具体学习目标，而服务性学习是通过系统的设计、规划、指导、反思及评估而形成设定的学习目标，是服务与课程学习的相互结合。（Waterman，1997）成功的服务性学习具备以下这五个特点：活动的互惠性、真实性、反思性、体验性和交际性。（Thomson，et al，2008）

判断一个课程是否为服务性课程，要以下面三个标准进行考察：（1）课程为社区提供的服务必须与各方相关且有意义；（2）课程中有意义的社区服务不仅仅服务社区而且要促进课程学习，提升学习者学术发展；（3）课程中包含有目的公民学习。（Zlotkowski，2000）

2. 服务性英语学习课程设计

实践服务性学习在语言课程中的应用以及设计服务性学习课程的经历促使许多语言教师成为将服务性学习视为一种语言学习方法的倡导者。在外语教学与学习方面，这种课程设计（1）试图弥补传统语言课堂缺乏交际环境的缺陷；（2）需要将语言学习者通过体验式的学习与社区联系在一起；（3）在与社区互动的过程中有规划地为学习者创造可以参与到真实世界的环境。

因此，中国外语教学环境下的服务性英语课程就是：以英语课程为基础，将服务性学习策略融入课程和学习经历之中，教师有规划地设计满足社区需求的服务性英语学习项目，学生有组织地参与真实环境下的语言服务活动，通过反思服务活动来获得对课程和英语学习的深入理解，发展对语言文化和跨文化的认识，以及培育公共意识和社会责任感。

◆

1.4.2 服务性英语学习与真实性原则

真实性是服务性学习最基本特点，在服务性学习情景下，一个学习者有机会在与更多的人和环境接触中学习语言，因此获得拓展"在语境中使用语言"的角度。Frye & Garza（1992）认为"提供与目标语言与文化接触的真实活动机会的益处不可低估"，这关系到学生语言发展的过程，即真实活动可以进一步提高深入学习语言的动机。同时，服务性学习也关系到另外一个"关系"，即传统语言学习课堂所欠缺的"形成关系"的机会，虽然一些语言课堂应用课外学习伙伴导入的概念，但是与服务性学习相比较，学习者更倾向于这种在形成"与教师"关系、"与社区"关系、"与课程关系"、"与自我关系"的方法中真实地应用语言。（Hale，1999）

Wilkins（1976：42）指出简单的非正式输入胜过标准课堂练习的一个优点是与不同语篇类型和不同的语用情景的接触，就语言使用与交际功能而言，课堂语言使用相当有局限性，Wilkins 同时指出课堂语言学习太过关注用语言进行报告和描述而非通过语言做事情，一言以蔽之，就是缺乏真实语境下的应用。

Wurr（2001）认为当与语言课程结合的时候，服务性学习可以成为有效的教学策略，通过综合语言学习的各个方面，服务性学习可以激励学习者学习动机并获得自我能力的加倍成长。同时，服务性学习为语言学习中的文化学习提供了真实环境，学习者在真实丰富的第二语言环境中获得语言使用的熟练度，这样的环境不仅有助于实现语言学习要求，而且有助于消除社会存在的文化与语言障碍。

1.4.3 中国英语教学环境下服务性英语学习概念

在中国英语教学环境下，服务性学习的概念涉及教学实施的几乎所有方面，如教育政策、教学大纲指导思想、教学目标、教学对象、教学内容、教学手段、教学过程和环境等等，甚至包括社会、政治和文化因素。这种教学方法与课程的结合首先面对的就是教育政策的问题，在缺乏具体明确的政策性条文下，中国的语言教师到底有多大的自主权选择这样的教学方法，这其实涉及教师行动研究的一个范畴。Strevens（1980）看来真实语言环境的缺失和语言教师的为非母语背景是一个普遍现象，然而英语为非母语教师的优势就在于对所教育体制、社会环境、学习者文化背景的熟悉。因此，采用适合当地标准的教学政策正是英语为非母语教师的强项。本研究中研究者即充分考虑了当地及所在高校的教育改革政策。

服务性教学与中国英语课程的融合需要语言教师结合当地特定地域和条件进行，在相应的教育政策出台之前，服务性英语学习需要考虑：（1）语言课程与课程改革的关系；（2）课程与现行教学政策的关系；（3）学习者真实需求与所在城市真实需求的关系；（4）教学目标实现与人才培养目标的关系；（5）学校与社区伙伴的关系；（6）个体语言发展与个人思想成长的关系；（7）语言与文化、跨文化的关系；（8）语言学习动机与社会环境的结合；（9）活动参与与活动反思的关系。以上所提各因素也构成了在中国英语教学环境下实践服务性学习的一些基本要素。

1.4.4 "用声音叙事"活动：服务性英语学习的中国案例

"用声音叙事"活动是浙江大学宁波理工学院外国语学院根据服务性学习理论，结合学校实践教学体系、社会实践体系建设设计的服务性英语学习案例。研究者为"用声音叙事"活动的发起人和设计者，研究者尝试以"用声音叙事"主题活动为载体将服务性学习以不同的模式应用到英语专业实践教学中，模式一：导入课程的服务性学习；模式二：成为课程重要组成部分的服务性学习；模式三：课程成为服务性学习课程。

"用声音叙事"活动结合英语专业特点，融入服务城市特点，以在宁波的外籍人士为访问和服务对象，调研宁波国际化形象和改善投资软环境，建言地方政府。活动以"一项课程实验、一次专题调研、一次系列寻访、一场主题论坛、一本建言书稿、一种文化传播模式"为基本内容。四年来，活动已经访问了来自 50 多个国家和地区的近 700 多位外籍人士，走访外资企业 70 多家。累计参加学生人数达到 400 多人次。积累和整理了 100 万字的文字材料和大量现场采访的影音资料。以研究者为主的教师团队指导学生发表作品 20 多篇。师生集体创作《用声音叙事：筑梦宁波》、《用声音叙事：我的企业在宁波》由浙江大学出版社出版。活动得到省、市领导重要批示和教育部肯定，活动被近 100 家平面和网络媒体报道，社会效应显著。

1.5 本书结构

本书由五章构成。

第一章描述研究的理论意义、现实意义和教学法意义，对本研究的选题缘由和必要性作出概括描述，对本书结构进行说明。

第二章为研究背景，包括理论背景与实践背景两部分。理论背景中回顾与本研究相关的文献，包括经验教育、生态系统理论、交际能力理论等；实践背景介绍服务性学习策略在语言教学中的应用，重点探讨在 ESL 和 EFL 领域的应用以及真实性原则与服务性学习的关系所在。

第三章为研究方法与研究设计，包括前导研究和核心研究两个阶段。前导研究主要说明服务性学习的可行性和其对核心研究的启示；核心研究中描述研究过程、研究方法、研究问题和设计、参与者背景介绍、数据收集和分析。

第四章为全面数据分析的研究报告，基于服务性学习模式与自主性学习模式的比较分析，探讨两种模式下学习过程和学习环境的特点以及对学习者的影响；探讨服务性学习模式下学习者语言综合应用能力发展；学习者学习动机、学习策略及多元能力发展；分析服务性英语学习的课程与学习模式满意度；评价服务性英语学习模式。

第五章为结论，主要依据实证研究中定性和定量发现，讨论中国外语教学环境下实践服务性英语学习模式的主要发现，并得出相应结论，同时探讨对中国外语教学的启示。

报告的核心在于描述中国环境下服务性学习在英语课程中的应用，分析服务性英语学习模式下学习者在语言综合应用能力、学习动机与学习策略、非语言能力等几个方面的收获，并进一步探讨与本研究相关的服务性英语学习因素。

第 2 章

服务性英语学习理论与实践背景

2.1 服务性英语学习的理论背景

2.1.1 引　言

对高等教育服务功能的探讨已经成为当前世界范围内教育发展的核心关注点，因此，服务性学习从诞生之日起就不可避免地成为讨论的焦点，这种可以超越课堂学习的教育方法越来越被视为实现教育服务功能的途径。这种被赋予强烈使命感的教育方法通过"服务的课程"来整合社区需求和教育目标，意在让学习者的社区服务成为一种互惠式学习，这种学习方法将社区的教育需求与教育的社区服务完美结合在一起。（Zlotkowski，1996）

此概念虽然起源于美国，而其关联公共参与、教育理论的探讨已经远远超越了美国环境。对于作为教学方法的服务性学习的讨论和研究在美国之外尚处在发展状态，一些国家的学者通过不同环境中服务性学习应用的比较研究分析，探讨如何以不同的教育模式来加强不同高等教育环境下与公共社会之间的联系。本研究文献综述包括了支撑本研究的理论：经验教育、生态系统理论以及交际能力理论。

2.1.2 经验教育理论

2.1.2.1 经验教育

"Service Learning"一词诞生于 1966 年的橡树岭联合大学（Oak Ridge Associated Universities），是用来描述诸如关注社会热点或者创造更公平社会的体验式学习经历的。（转引自 Pollack，1997：209）为了更深刻地认识服务性学习这种教学方法，我们重新追溯到 Dewey 的经验教育。Dewey（1938）认为教育的终极目标（个体的或者社会的）的实现必须建立在个体真实的生活经历之上，经验教育因此要求学习者参与可以反思和分析的活动。Kolb（1984）指出当学习者以有意义的方式有意识地处理经历的时候，经历可以成为学习的刺激因素。经验教育中的学习被视为调动学习者的认知和情感特征，在不断的循环经历中以深刻的方式理解和解读学习。

经验教育理论的成型归功于多位学者的共同努力：包括 Dewey，Lewin，Piaget（1954，1970，1980），Inhelder & Piaget（1964），Freire（1970），Sheckley & Keeton（1997）。Dewey（1938）经验教育学说对于服务性学习的重要意义在于：经验教育强调体验可培育好奇心、强化创新、发挥才智与道德能力。Dewey 经历为导向的研究理论与哲学观点对于美国大学服务性学习的应用提供了广泛的标准，虽然他的经验学习定义并没有明确谈到服务二字，但是这种学习方法强调的一些基本构成要素，如经历、反思、分析与应用，恰恰也是服务性学习关注的重点。（Wurr，2001）

Dewey 指出经验学习的意义在于教育要善于利用学生的经验并将其整合到课程中，因为"学校科目中相互联系的真正中心不是科学、文学、历史或者地理，而是儿童自己的社会活动"。（转引自赵希斌、邹泓，2001）经验与反思是联系学习与行动的两个重要工具，在分析经验主义的教育价值时，Dewey 将"连续原则"和"互动原则"公式化，两者的合并代表了他对经验的核心观点。

对于"连续原则"，Dewey 指出每种经验都要受到先前经验的影响和制约。Dewey（1938）认为所有的经验都有经验延续，可以看作硬币滚动的轨迹，既是线性的也是循环性的，之前的经历通过反思、假想形成以及主动经历被应用到新的经历中去。（转引自 Wurr，1999）学生的经验构成中既包括与环境相互作用的过程也包括与环境相互作用的结果，因此经验教育的价值在于经验将不仅仅影响学生的发展，同时还将影响学生和周围环境的关系。（赵希斌、邹泓，2001）对于教育者，Dewey 的建议是：

> "了解如何利用已存在的环境、社会，这样才能从中提取有价值的东西从而实现经验的构建。"（因为）"教育本身就是一种生存形式与生活过程，而不是一个为了未来的生活作准备的过程，因此教育一定是一种持续的经验重构，一种创造性的民主过程和参与过程。"（Dewey，1938：35）

Dewey 提出的"互动原则"主要针对学习者与环境的互动，Dewey 认为学生的经验来源于学生和环境的相互作用，学习不能脱离环境，学习者从给定的情景中通过反思和新情景的应用来探索有用的知识，也就是"学习源自个体与环境互动"。（Giles & Eyler，1994：79）"互动原则"认为学生对于周围事物的观点和反应要受到他们的态度信念知识和情感的影响。

经验教育有两点对服务性学习非常有启示，一是其对社区重要性的重视，二是对个体在与社会进行有意义互动中互惠关系的重视。互动原则只是 Dewey 对社会力量的一个考虑，Dewey 在 1900 年的《学校与社会》和 1916 年的《民主主义与教育》指出个体与社会力量之间的必要平衡性，虽然关注社会，但是他更关心个体与所在社区之间的互动，而服务性学习理论以及模式也承认这点，并且在实践中整合了社会文化对意义和经历的建构影响。（Sheckley & Keeton，1997）服务性学习重视学习对社区的互动，在服务性学习的标准中有"激发社会责任感与社区承诺意识"、"促进社区服务与学术课程的融合"的表述。（转引自 Pollack，1997：176）

此外，Dewey 崇尚教育的道德功能，他谴责机械都市社会中社区精神的缺失，他把教育当作可以治疗社会病的重要方式，通过在课堂中重建社区感：

"当学校向每个小孩介绍和训练他们在小社区的社会成员身份,以服务精神沉浸于课堂,攻以有效的自我定位的工具,建设更大的美好、有益、和谐社会方有了最大之保障。"(Dewey, 1938: 65)

由此可见 Dewey 对教育的最终目标是积极参与课堂,社区和民主来创造一个更道德的社会,这样的社会以实用主义和人性原则为准则。同时,教育也意味着个人的成长和对自我的认识。作为 Dewey 教育哲学的实验园, Dewey 办了 8 年的芝加哥实验学校,其目的"在于检验用作假设的某些思想",包括反省能力的培养,课程的社会精神和儿童生活的民主化等思想。(梅休,2007)这些思想都体现在 Dewey 对教育意义与功能的诠释中:

表 2-1 Dewey 教育思想中教育意义与功能诠释

	具体诠释
教育的意义	教育是生活必需品:教育是人类生活的需要。生活的延续依赖不断的创新,生活也被赋予创新的责任,创新的过程中,经验的彼此分享以及公共经验的形成成为思想与文化传承的方式,这也就是教育过程的作用。
教育的功能	教育的社交功能:教育的历程是社会结构中的人怀着社交目的参与社交活动、熟悉社交方法与材料、获得社交技能与情感浸淫的过程。
	教育的引导功能:成年人对年轻人引导以帮助其适应个体与群体冲突的过程就是教育的引导功能。
教育与成长	教育是成长:经验的学习是个人潜力的激发和接受他人的激励帮助,经验学习让个体学会控制环境、尊重环境、发展能力。
教育的目的	学习者接受教育达到自我成长就是目的,能否为学习者提供不断成长的机会以创造成长的可能是衡量学校的标准。
教育的方法	教育的方法是基于实验的思考方法:发现问题、观察情景、形成假设、以实验验证假设就是思考的过程,学校需要培养实验的思考方法。
教育的内容	从做中学(learning by doing),教育的方方面面要服务于实践知识。

(Dewey, 1990)

Dewey 教育思想表明学生的经验是教育的核心,学生从课程中直接学习,也从参与的活动中(间接)学习。学生不但在经验活动中学到了在课程中不能提供的知识和技能,而且获得了把课堂上所学的知识应用于实际并将各学科知识有机地联系在一起的机会。(赵希斌、邹泓,2001)将这种教育思想应用到语言学习上,语言意义就生成于言语行动中,通过真实的言语行动,个体的语言和经验在与社会生活的连续互动

中打破了所谓学科的界限，这种行动既是主观世界的体验行为，也是主观世界在客观世界中获得的沟通行为。（肖绍明，2010）

2.1.2.2 体验学习

Dewey 体验学习模式（Dewey's Model of Experiential Learning）认为学校与社会不可脱节，提出"课堂作为社会缩影"的概念："教育即生活。生活是经验继续不断的重组和改造。"（Dewey，1916）经验的获得依赖实际的行动和活动参与（Dewey，1938）；Dewey 思想源于实用主义哲学的提出（Peirce，1877，1878；James，1898，1904，1907）。实用主义主张以经验为本体，在环境与人的交互作用中，人受环境影响发生反应，反应回到环境之中，人和环境都处在动态变化之中，教育就是连续经验的积累和转化改变的过程。（Wurr，2001）Dewey 的教育学说深刻地影响着美国的教育：指引教育改革的方向，推动教学方法的革新，肯定教育的指导功能。他的体验学习模式后在 Lewin 处得到发展。

Lewin（1951）的实验室法与行动研究（the Lewinian Model of Action Research and Laboratory Training）将体验学习分为四个阶段，如图 2-1。

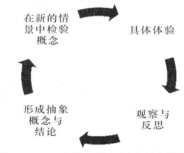

图 2-1 Lewin 实验室法与行动研究图

依据 Kolb（1984）对图 2-1 的阐释：当下的具体经验是作为观察与反思的基础，观察与反思又将经验抽象化为概念和结论，概念和结论在行动中得到检验，从而指导创造出新的经验；循环的形成始于具体经验，成于反馈机制（feedback），也就是说，具体经验以共同参与的当下获得经验为主，这也是 Kolb 对体验学习模式形成的贡献。

既然大多数教育者认同反思性思考对学习的重要性，那么该如果鼓励反思性思考？服务性学习和批判教育学通过社会互动主义的框架，即知识的社会建构进行反思。传统学校中课程的单一指向与真实生活环境的剥离只会带来一系列次级技能，在社会互动主义的框架下，单一和剥离被活跃的学习者社区所替代。在这样的社区中，所有参与者通过支架原则奉献力量在集体知识库的创造中彼此激励（Wood, Bruner & Ross, 1976）。所以，无论是课堂还是课外，经验都是学习的重要源泉，学习者从新经验中解读、学习，并且在某种程度上按照新的经历去行事，并且将之与已有经验、未来经验联系，所以詹姆斯有言：

> "一个经验能够行使的唯一职责就是导向另一个经验里去；而我们能说
> 的唯一的完成就是达到某个所经验的目的。当一个经验导向和另一个经验所
> 导向的同一目的，那么它们在职责上就是一致的。"（詹姆斯，2006：43）

Dewey 经验主义为体验学习打下哲学基础，Lewin 的体验学习循环为体验学习搭起行动架构，在与不同教育课程的结合中，体验学习成为不同领域认识世界和获得知识的工具，因为可以从需求分析入手，诊断和设计课程，形成行动方案，进行实践行动和反馈。

体验学习认为学习是经由经验的不断转换而创造知识的过程：（1）学习是适应的历程（the process of adaptation），不是结果也不是内容；（2）知识是转换的历程（a transformation process），知识处于持续地创造和更新的过程；（3）学习以其目标及主题的知能来转换经验；（4）了解知的本质才能了解学习。（Jacoby，2003）

Deans（1999）所以将 Dewey 看作服务性学习的奠基人，是因为其哲学思想为服务性学习在理论和应用上搭建起坚实的基础；体验理论的一种应用方式为：有用的知识通过回忆与实践，须在社区的背景下获得，否则容易遗忘也不便转化为新的经验。学习情景的关键因素在于个体在情景中的互动，而互动的目的必须是在经历中通过反思成就学习，反思会促使探究和问题解决欲。

学习者在具体情景的互动中或使信息得以验证和沉淀或使新思维得以激活，而新思想的获得会成为进一步经历的基础，在新的经历中新的问题又得以呈现，这样就构成了学习的螺旋式循环。许多中外学者指出 Dewey 的实用主义教育思想是主观唯心主义经验论，过分强调直接体验生活，有轻视理论和书本知识学习作为间接经验的嫌疑，甚至美国 20 世纪 50 年代教育的落后也被归咎于这种思想的盛行。然而，在一些教育脱离现实生活的当下，重新认识经验教育有非常积极的作用。服务性学习就是这样一种体验教育，是公共社区服务与有规划的刻意学习的结合。（Jacoby，2003）

2.1.3 生态系统理论

个体的学习与发展可以在包括学校在内的更广阔的环境下进行，这种思想一脉相传地见于包括体验学习（Dewey，1933；Lewin，1951；Kolb，1984；Boud，et al，1993）在内的诸多理论之中。Piaget（1954）视学习为学习者与环境和经历的积极互动；根据儿童语言学习实验提出的社会发展理论强调社会互动对于认知发展的重要性，儿童文化发展首先出现在社会交往层面，即人与人心理间平台，然后才出现在个人内部心

理，可以说，高级心理功能产生于社会文化情境中。（Vygotsky，1962：57）Vygotsky（1930，1978）的社会发展理论强调社会交往和动态群体中的学习和发展，认识发展理论被广泛地应用于其他的理论形成。Vygotsky 的社会发展理论成为情景学习的重要理论组成，与 Bandura 的社会学习理论互为补充；同样，建构主义和发生认识论也在与 Vygotsky 社会发展理论的比较中获得发展。（Bruner，1986；Piaget，1970）

2.1.3.1 Bronfenbrenner 的生态系统理论

受到 Vygotsky 和 Lewin 理论的重要影响，Bronfenbrenner（1979）基于个体与环境的互动，包括了被动的影响和主动的适应，提出了生态系统理论（Ecological Systems Theory）。（Wertsch，1985）生态系统理论认为在这一系统内，个体从四个层面受到环境的影响，即微系统、中系统、外系统和宏系统，个体处于这个环形系统包围中心，系统及系统内部的各要素从不同的角度影响着个体的发展。Bronfenbrenner 的生态系统理论对环境中复杂的"层"进行定义，每个层都对个体的发展产生影响，见图 2-2。

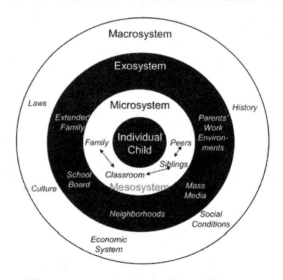

图 2-2 Bronfenbrenner 生态系统理论模式

微系统（Microsystem）是生态系统的核心层，离儿童最近，包含与儿童直接接触的结构关系，有家庭、学校、邻居或者其他环境。（Bronfenbrenner，1979；Berk，2000；Paquette & Ryan，2001）

中系统（Mesosystem）为儿童提供与微系统之间的衔接和过渡，起到中介的作用，参与到微系统内部的多个关系互动，从而形成了与各个微系统联系的环境。中间系统包含影响学习者发展的多种因素之间的互动，如家庭与社区、家庭与学校、家庭与教师等。（Bronfenbrenner，1979；Berk，2000；Paquette & Ryan，2001）

外系统（Macrosystem）：指向更广阔的社会制度，宏系统通过与一些儿童微系统相互作用间接影响个体发展。（Berk，2000）儿童不直接参与这一层，也不直接感知与其本身系统互动的各种影响。（Bronfenbrenner，1979；Berk，2000；Paquette & Ryan，2001）

宏系统（Exosystem）：儿童发展环境的最外层，这个广泛的思想体系包括文化价值观，习俗和法律。它贯穿所有其他层之间的互动并且形成了层叠式的影响。个体会因为微系统内某个关系的信仰，观念而受到影响，比如学校的责任感和使命感，家庭教育生活习惯会让自我认知受到挑战。（Bronfenbrenner，1979；Berk，2000；Paquette & Ryan，2001）

Bronfenbrenner 的理论框架将社会学与发展心理学结合，将个体与塑造个体的环境结合，试图在更广阔的社会环境下理解人的发展。（Russell，2000）结构层内部各关系和结构层之间的互动，是这一理论的关键。个体处于一个动态的系统之内，影响个体学习经验和能力发展的因素是多元和变化的，个体发展是多种因素的综合作用下的结果，外部环境的变化，包括刺激都会影响个体在学习表现。Bronfenbrenner（1989:201）在以上四个系统之外提出时间系统（Chronosystem）的概念，这个系统涉及与个体环境相关的时间因素，系统内来自外部或者内部的任何环节在时间维度上的变化都可以影响个体发展，包括如个体某个时期的内部生理变化。用 Bronfenbrenner 的生态系统理论解析学习者的发展体现出一种支持和理解。Bronfenbrenner 生态系统理论对于教育的启示是要充分重视教育环境对学习者的影响，以及学习者对待这种影响的反应，因为教育环境具备了以下的特点。

1. 教育环境的多元性

Bronfenbrenner 的理论对于分析人类发展的生态提供了可探索的框架，这种复杂理论提示我们人类生态的复杂性，关系互动网络的复杂性，包括教育环境的复杂性。生态系统理论各层、各个要素的互动形成了影响学习过程和学习发展的复杂性，因此，影响个体学习发展的教育环境也呈现出多元化的趋势。这些因素中有来自微系统的家庭背景、亲子关系；中系统的学校氛围、课程性质、考试焦虑，甚至教师民主程度；外系统的社区环境、文化价值、文化差异、政治制度、宗教习俗等。各种错综复杂的关系网络一起构成了个体成长的学习环境，这种环境有来自校园的，更有来自更大范围的社会影响和文化影响。多元的教育环境为个体成长提供了更多的可能和网络平台，但是这种复杂性也会让教育者有了抱守所谓单纯的理由。保守的态度限制了个体成长的空间，教育环境在物理空间的局限期待突破和敞开胸怀的态度。小威廉·多尔（2011）因此大声呼唤以开放的态度对待这种教育环境的多元和复杂：

"我们倡导利用系统的复杂性来工作，对那些尚未看到的事情开放，对那些尚未出现的事情开放。在利用复杂性工作的过程中，我们开始认识到我们的知觉、文化意识以及语言的限制。因为我们不能知道或知觉所有的事情，我们坚信：歧义性、不确定性以及对不可预料性的开放性必定是我们的思维和教学的一部分。"

利用教育环境的复杂性会赋予教育和课程多维的视野和多元的评价机制。多元教育环境的形成需要把视线投放到"围墙"之外的领域，对社会组织采取开放甚至是欢迎的态度。Johannisson（1987）把个体与社会的关系形成归纳为利益和社会两个原因，利益促进了互惠关系的形成，社会涉及个体情感；Christensen（2010：106）认为生态系统理论下社会关系各方应视彼此为资源，于是利益和社会这两个动因的结合就可以创造多元的教育资源，而这一切都是为个体的发展。她说：

"为了激励个体的行动，仅仅给以欣赏是不够的，社会组织还要表现出足够的信心，让个体明白并且创造新的可能。唯如此，个体才能为了自己和社会组织的利益而行动。"

更广阔的环境形成了一个教育"生态环境"。（Sefton-Green，2004）这是一个由包括了家庭环境、学校环境、社会文化环境、跨文化环境等多元系统组成的综合环境，封闭的环境是切割个体社会交往的机会，开放的环境是对个体学习空间和交际空间的拓展。何刚（2011）将个体与环境的看作"主题化的交往"，这种社会交往以场合与事件为核心要素，是"话语交互作用的过程"。主题的多元化就意味着话语交际情景的多元化，如果涉及不同文化的参与，社交话语就有了文化解读的必要，这也为语言学习者的跨文化交际能力发展奠定了基础。也有学者主张将开放的环境纳入"非正式学习"环境的考虑范畴，意指自然的、偶发的、课程框架之外没有教师参与的学习。（Heath，1991；Eshach，2007；侯小杏，陈丽亚，2011）以生态系统理论视角观察，非正式的学习注意到了学习伙伴关系的形成，却忽视伙伴关系的持续性，非正式学习无法解决课程依托的问题，也就无法解决与正式学习的衔接，至少在学术发展方面容易造成脱节。

2. 教育环境的动态性

Bronfenbrenner 生态系统理论强调个体自我的生物系统构成也是一个促进发展的主要环境。直系家庭和社区环境是直接的环境，是培育儿童生态系统的因素，这些因素与社会情景的互动催化和指导孩子的发展。任何一个层的变化，或冲突将波及整个系统内的其他层。因此，研究儿童的发展，不仅看孩子周围的环境，而且在孩子与更大环境的相互作用。（Paquette & Ryan，2001）Drakenberg（2004）在 Bronfenbrenner 五个系统的基础上提出外宏系统（Ex-macro）的概念，认为环境事件及其生活变故对人的影响是跨越一生的，这种影响还包括社会历史环境，这与时间系统所强调的时间观念是一致的。当时间的跨度被打破的时候，教育就具备了动态的特点，教育的视线也可以跨越到未来的时间，当下的教育就会影响到学习者未来的表现。

教育环境的动态还表现在个体的自主性和主动性发挥，Christensen（2010）认为相对于环境对个体内部的影响，Bronfenbrenner 更关注个体处理来自于具体环境影响的能力和动力。Christensen（2010）认为个体发展不是以孤立的，而是环境依托的。不断变化的环境以及与环境之间的互动对于个体发展非常重要，从家庭到社会和时间都对个体发展产生影响，而影响是持续的、动态的。这对儿童和成人都是一样，这一观点摆脱了对个体学习的单一视角观察。Fleener（2005）认为学习需要去看，去互动，去与社会、物理的和心理的意义环境产生共鸣，说：“学习是转型的、动态的、复杂的过程……应该视学习为对我们社会和社会生活密切相关的复杂、动态的关系。”她强调动态教育环境下个体的主动性和创造性发挥，说：“存在于时空中的自我，并非要占有空间，而是要创造空间，‘在世存有’①。”

Bronfenbrenner 视系统内的各个关系，家庭、校园、社会、文化等诸多因素为环境的一部分，视各个因素之间的互动为人的发展进程的一部分，教育因此得以从生物和生态进化的视角看待个体成长，横亘在课程之间、学科之间的界限也被打破，从而创造一个动态的教育环境。

生态系统理论中的时间系统指出外在系统随着时间而变化，教育环境的动态特征决定了教育不是一成不变的，任何系统内环境因素的变故都会从积极和消极两个方面影响学生。如何促成积极的教育环境，教师的“动”非常关键，行动探究也因此主张教师把普通的教学事件转变为交流和学习任务，并在社会和认知的支持下，调动学生的兴趣和能力，这在 Vygotsky（1978）看来就是“最近发展区”。Freire（1970）基于 Dewey 的“社区即学校”的概念和 Vygotsky 的“知识社会建构”思想提出教师和学生可以通过协同探究的过程，他称之为提问探究（problem-posing）：

> “提问为现存的课程带来了交互式参与和批判探究的思维，并将之拓展到可以反思学生生活的课程。”

3. 教育环境的对话性

提问是解答的前提和基础，有问有答就形成了交流和对话。Bronfenbrenner 在微观系统中提出影响双向论，即在这个层面上，儿童受影响也施加影响，所以存在趋向

---

① “在世存有”出自 Heidegger, M. 1996. *Being and Time: A Translation of Sein und Zeit.* trans. J. Stambaugh. Albany, NY: State University of New York Press.

儿童和背向儿童的两个方向，关系的影响存在一定的互逆性。在微观系统内，双向的影响对孩子的影响最大。同样，在外部层次的互动也可以影响到内部结构。这一特点为个体与其他相关方的对话提供了基础，对教育的启示在于个体与教师的对话、个体与社区伙伴的对话、个体与社会的对话等。

中系统是联结个体所处的两个环境之间的层次，在教育体系内，可以是连接个体的学校系统与社会系统，个体的教师与学校，个体的课程体系与教学体系，个体的教师与同学等；这种关系的启示在于个体所处的两个微系统的对话。Russell（2000）据此主张应该为成功的学校和人生提供一系列的学习支持，这就是互惠学习，这种支持强调的是互利互惠，基于为个体发展创造良好环境的目的，学校和社区可以形成伙伴关系。各方关系摆脱局限，通力合作，整合和创造支持学习发展的资源。他试图通过学校社区对话关系的形成，来以非正式的学习形式来弥补学校在资源不足的缺陷。然而如果没有教育思想的改变，即便这种主张也还会面对资源不足的现实问题，比如课程如何设置来实现这种对话。社会也注意到这种对话的必要性，在 1987 年卡内基基金会的一份的报告（《大学：美国大学生经历》），专门有一整章关于学校服务项目基地介绍，报告总结说：

> "今日之大学生迫切需要认清所学与所在社区的关系，因此建议，作为大学经历必不可少的一部分，每个学生要完成一项服务计划，包括社区与校园志愿者活动。"（Boyer，1987：218）

对话不可忽视教师的因素，在整个教育生态系统内部，教师是学习者的对话伙伴，更是参与学习者与其他系统内部对话的中间人。这更涉及教师采用什么样的教学方法的问题，因为对话是教师行动探究的重要组成部分。Zheng & Davison（2008）以三位不同年龄、背景的中国中学英语教师为案例，通过质的研究，讲述教师与课程设置、教学环境、教学实践等因素的"对话"来说明教师教法是一个复杂的、动态的、可变化的实体。

谈到教师与学生对话的关系形成就不能不提批判教育学的贡献，其突出特点就是鼓励对话式教学和批判性意识，即：通过师生对话，激发学生的"自我"意识，使他们认识到自己是创造知识的主体，变被动为积极的对话参与；通过观察、体验、调研、分析和判断来质疑已有知识，并学会用自己的语言表达自己的想法，从而形成批判的技能。（Wurr，1999）这种自我意识既包括教师对自我身份的认识也包括学生对自我身份的认同，这对学习者自主性的形成有着重要的影响。（庞继贤、叶宁、张英莉，2004）

2.1.3.2 生态系统理论与服务性学习

Bronfenbrenner 提出生态系统理论的时候,正值美国服务性学习迅速发展的时期,服务性学习的发展也在客观上实践和验证了生态系统理论,这种实践与理论的互动有其内在的必然。Corey 和 Lewin 从行动研究的理论和实践环节推动着各自对于教育的认识,这其中不难看出 Dewey 对 Lewin 的影响,特别是教育与民主价值的结合引领着 Lewin 将经验看作组织学习的原则。（Kolb,1984）

作为教育与社会的对话,大学与学习者积极寻求与社区的互动,以建立一种"平等伙伴的共同合作",美国实习与体验教育协会（NEIEE）与七十多个组织在 1989 年 Wingspread 会议上联合制定为"结合服务与学习的美好实践原则",后统称为 Wingspread 原则。这种系统内的互动出现在教育系统的各个层面、学校校长层面、全美 100 多位大学校长组成的校园契约协会；学习者层面,学生组成了校园视线（COOL: Campus Outreach Opportunity League）等,开展和辅导学生参加（救济贫民、灾民的）施舍处服务、帮助庇护无家可归者等活动以兑现对社区服务的承诺。1988 年 Youth Service America（YSA）和 The Campus Outreach Opportunity League（COOL）发起"国家青年服务日",与此同时,作为对服务经历的反思和学习,大学教育者也开始将社区服务融入到课程之中。[①]

生态系统理论下,作为学习者的个体处于一个复杂、多元和对话的系统内,个体也在各层的频繁互动中得到发展,直到 1993 年美国国会通过了《国家与社区服务信任法案》对 1990 通过的首部联邦立法进行强化,建立了国家服务联盟（Corporation for National Service）。[②] Bronfenbrenner 生态系统理论关注系统内部关系作用下个体的发展,各种关系一起形成了个体成长的环境。于是,我们看到在宏系统内,具有美国国家意志的服务学习文化,体现高校价值的服务学习文化,以及有更多其他社会组织参与创造的服务学习的环境和氛围,这些都从不同的"层"渗透到个体所处的微系统。

Bronfenbrenner 生态系统理论成为 Lerner（1986）建立环境发展理论的基础。Furco（2002）环境发展理论指出人类生活中多层次组织间存在的各种双向关系（例如,生态、心理、社会群体和文化）（Bronfenbrenner,1977,1979；Lerner,1986,1991）,环境发展理论为服务性学习的实践者和研究者提供理论框架设计、实施、评估服务性学习多层次变化过程的理论,检验学习者作为个体在服务性学习经历过程受到的影响,以及个体发展受到来自我和环境的多元影响。

Bronfenbrenner 生态系统理论直接影响了"生态批评理论"（Ecocritical Theory）的诞生,该理论将个体置于彼此互动的社会环境各层,以批判的思维来观察社会环境

---

① 网络资料来源地址：http://www.altiusdirectory.com/Society/youth-day-service.html

② 1990 年法令由布什总统签署,1993 年法令由克林顿总统签署。

对于教育的责任承诺和履行。(Bronfenbrenner，1979；Bronfenbrenner & Crouter，1983) 另外，教育还应该去解决问题，包括教育的问题、社会的问题。早在 Dewey 时代教育就被视为社会化进程的主要方式，为了适应社会诉求，高等教育必须在教育的结果和课程设置方面进行系统的改变。服务性学习超越了传统的预设知识和技能习得，因为这种方法允许对教育改革的批判性教学法，包括了对话、反思和社会行动。这些元素已经为世界范围内的一些社会学者和强烈支持与持续比较。(Freire，1970；Bringle & Hatcher，1995，1996；McLaren，1998；Arca，2006)

当知识分子迈出校园，与超越大学围墙的公众真实互动时，他们便克服了标志其身份的象牙塔封闭。他们与知识的服务对象一起创造知识……学术可以在两个方面实现其目标：服务学习和行动主义研究。(Cushman，1999：330)

理解生态系统理论对服务性学习的支撑在于其强调系统内伙伴关系的建立和对话关系的形成。理解生态系统理论模型如何应用于服务性学习，我们应该考虑以下的一些问题：(1)服务性学习下学习者学术发展与师生关系的联系；(2)服务性学习下与学习者发展需求紧密联系的因素；(3)服务性学习下处于微系统的个体与学校的关系，即考察个体+学校的互动；(4)服务性学习下处于在社区网络的中系统，即考察个体+学校+社会的关系；(5)服务性学习下处于社会文化网络的宏系统，即考察个体+学校=社区+社会文化的关系。

与 Bronfenbrenner 生态系统理论相呼应，Bereiter & Scardamalia（1994）根据社会建构主义的提出"知识构建共同体"（Knowledge Building Communities）的概念，认为教育框架内的知识构建需要作为社会活动。活动中新思想和新信息被引进共同体，这个共同体共享推进知识之目的，承认共同体内各方贡献。"知识构建共同体"模式强调共同体内成员的信息收集，支撑成员间的信息交换，鼓励学习者与专家之间的社会或专业交往，这样着眼于未来的知识可以通过合作学习的形式获得。知识构建共同体认为要设计符合教育情境的教学模式，学习者可以在活动中主动参与合作学习和评估同伴表现。"知识构建共同体"对于学校而就是"学习共同体"，是以学校为中心并同所在社区积极互动，整合整个公共空间里的一切教育创造。(钟启泉，2009)"学习共同体"形成的标志是参与者基于共同理想共同支撑知识的社会协作性建构，这个共同体的要素包括了与社会关联意义的课程、学习者整合知识的关联性，以及课程所构成的学习者共同体。(钟启泉，2001)以学习者为主体的共同体为"学习者共同体"，学习者共同参与探究活动，分享信息、协商见解、贡献知识、承担社会责任。(裴新宁，2001)

以圣地亚哥大学（The University of San Diego）为例，该校基于课程的服务性学习是重要的教学形式，在 2003 年的时候在近 100 个课程中导入服务性学习，每学期开课近 35 门，每年有超过 1000 名学生参与服务性学习课程，其中基于课程的服务性学习的特色为团队合作法，即在教师、学生和社区伙伴之间建立伙伴关系。每个团队都各司其职，教师参加课程计划，修订课程计划，与班级负责人紧密合作；学生负责人提供服务性学习信息，对班级成员提供帮助，联络教师，同时，他们注册成为领导论坛成员学习理论和实践知识；包括学校、机构、公司组织为大学提供基地，学生中设有与社区伙伴的联络人，负责学校外课堂拓展。

　　这种体现了多元、动态和对话的服务性学习又可以给学习者带来什么呢？服务性学习对于学习者的重要影响可以通过表 2-2 概括。

表 2-2　服务性学习对学习者的积极影响

优　点	来　源
有助于实现课程目标	Eyler & Giles，1997；Astin & Sax，1998；Strage，2000
对学习成绩有适度和积极影响	Markus，Howard & King，1993
可以提高学习者与教师、学校的互动	Reardon，1998
学习经历积极影响学生的社会和情感发展	Eyler & Giles，1996；Rhoads，1997
个体在反思学习中获得自我的成长	Dunlap，1998；Eyler，et al，2001
对包括自我效能感、自尊感和社会能力的自信感有强有力的影响	Waterman，1993
学习者在社会责任感上有明显的提升	Giles & Eyller，1994；Parker & Dautoff，2007
使学生在更大社区成为有贡献的公民	Eyler & Giles，1996；Sapp & Crabtree，2002
学习经历使得学习者贡献社区的同时可以反思自己的经历，角色和作为社会公民的责任	Bonsall，Harris & Marczak，2002；Ward & Wolf-Wendel，2000

2.1.4　交际能力理论

2.1.4.1　交际能力理论概述

　　梳理 20 世纪 70 年代至今的语言学习理论尤其是交际能力理论可以为分析个体经验、学习环境与语言学习三者之间的关系提供思路。Hymes（1972）为代表的交际能力理论发展强调语言使用能力对于语境的依赖，这也成为交际法教学重视学习环境的理论依据，随着对交际能力的不断构建（Canale & Swain，1980）、分解（Bachman，

1990)、丰富（Riley，1996）和修正（王德春，1995；陈昌义，2003），作为交际主体的人的作用也得以凸显。几乎同时期发展起来的认知语言学为语言学习注入了认知的概念，这种全新的体验哲学理论强调认知能力构成并且影响着语言能力的发展。（王寅，2001，2002）其思想的实质是语言交际主体的"心理现实性和相关文化、语言特征"在语言能力发展中被充分关照。（束定芳，2009）语言交际使用者的心理和文化现实其实又反映出语言学习中学习者个体的需求和个体所处的社会环境的现实，因此交际能力的发展是建立在个体经验和社会环境的基础上的，这也是对经验教育和生态系统理论的呼应。

重视个体的语言经验构成了交际能力发展的一条线索。语言经验首先是获取语言知识的手段，在实验主义浩瀚的典籍中，Dewey（2005：26）说"要把知识和实践两者都视为在经验存在中获得善果的手段"。戴忠信（2004）认为个体体验是处在特定生存境况下具有特定身心能力的个体在与外在世界（自然的和社会文化的）交互作用过程中所获得的一切。个体的语言经验是个体与真实语言世界的交往，伽达默尔（2002：159）认为：

> "我们语言的世界定向是周围一种交往过程而产生的，这个交往使得由它所形成的那些独立的语言单位、词语及其意义，反过来融入到达成相互理解的运动之中。"

相互理解的结果应该是什么？詹姆斯（2007）指出通过个体和集体理智与合作性的互动解决冲突，解决方法需认可参与者的贡献，这种重构的结果是善行得到改善。这里的善行指向善果，也就是指各种优越的结果。戴忠信（2004）从个体体验的角度分析外语言语交际能力的形成过程，主张（1）在与社会文化环境的交互活动中研究个体的社会交往过程；（2）在个体生存与生活的社会交往活动中研究语言习得过程；（3）在个体关于世界知识的背景下研究词语形式的学习过程。他深信这种视角将是21世纪语言研究与语言习得研究的趋势。

重视个体在真实的社会生态环境中的语言学习构成了交际能力发展的另外一条线索。20世纪70年代末80年代初诞生交际法教学是为了满足社会对外语言语交际能力的真实需要。之后，在结合了诸如社会建构主义心理学理论、人本主义心理学与教育学理论等理论，交际法教学也逐渐成为外语教学实践的主导。这种教学方法注重以学生为中心，关注学生的学习需要与学习动机等，尤其是个体在真实的现实生活中经历的语言由社会化而达到内化的过程中的那些需求和动机。Kramsch（2002）语言社会化(Language Socialization)理论从生物与生态学视角研究自然环境下的语言学习，认为个体的语言学习过程是个体社会化过程的组成部分，这一观点对母语与第二语言学习过程都适用。Harris（1998）和 Davis（1998）倡导语言研究的整合途径（Integrationist

Approach），认为人类交际是创造性活动，人类的交际主要决定于运用已有知识生成关于正在发生事件的语境，而不是对习惯规则的掌握。（转引自戴忠信，2004）伽达默尔（2002：180）格外强调语言的环境作用，"应该承认，一切语言性的世界经验所经验到的是世界，而不是语言"。并且进一步突出在真实世界获得经验的重要性：

> "劳动的世界、功能的世界，是我们在掌握劳动过程时作为我们人类自
> 我发现的道路来经验的。"

Gardner（1988）也指出二语习得既是语言现象也是一种重要的社会现象，获取第二种语言的过程促使学习者对自己形象的再评估，这种评估会加强语言背后两种社会和文化观点的成功组合，于是"语言课堂的目的不仅是转达信息"。在追求实现语言目标以外，语言课堂还有一个真实的社会目标，这也形成了交际课堂的一个显著特征：真实性。

2.1.4.2　交际课堂的真实性

真实性原则源于 ESP 课程设计，其核心是需求分析，体现在学习者、文本和活动三个方面，列于首位的是学习者需求分析。对学习者需求的分析往往是为课程设计做必要的准备，指的是课程活动的设计要满足学习者的特殊需求。（Hutchinson & Waters，1987）学习者需求分析是一个复杂的过程，Tarone & Yule（1989）将之分解为两个过程：一是"确定学习者需求"的过程，二是"满足学习者需求"的过程。前一个过程的掌握是实施后一个过程的基础，只有充分了解学习者需求才能实施满足需求的努力并且坚定地使学习者成为语言教学的中心。Brown（2001）在介绍交互式课堂的作用时也强调要对课堂中的真实交流给予足够的重视；教学大纲的设计应该使学生有机会使用与日常生活情景有关、与社会生活目的有关的语言。当语言的使用是以真实交流为目的，英语学习就更加有意义也更富有成效。

"真实交流"对于实现交际性的重要意义体现在语言习得的过程中，Krashen（1982）认为习得是为开发学习者为"真实交流"而运用语言的能力。交际课堂对语言能力的开发关注教学目标的真实性、手段的真实性和过程的真实性，而外语言语交际能力指运用外语的社会交际能力，外语言语交际能力形成与发展的基础是真实个体体验，体验越真实对语言习得越呈现积极影响。"真实"构成了对个体体验理论和社会交往活动中个体语言社会化思想的一个语境满足。Latulippe（1999）强调课堂对学生的意义："无论在什么情况下，都应该为学生创造语境丰富的情景（context-rich situation）。"Christison（1999）认为："有意义的二语课堂活动可以为学生在短时间内、事半功倍地（in a shorter time with less effort）创造获取更多信息的语言学习机会。"（转引自 Hale，2005）

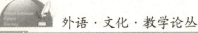
首先，真实性活动要具有合适性。Widdowson（1990）认为交际法教学可以实现课堂中的真实，"为学生配备了创造非排练的语言表现的工具"，这种非预演的语言实践活动保证了自然交流中真实信息的再现或重复，于是当学习者离开教室步入真实情景时，焦虑感与陌生感随之降低。交际课堂重视活动的安排，但是并不意味着对真实文本的否定和抛弃；相反，课堂中真实材料可能刺激学习者，使其最终高度参与课堂活动，并且产生丰硕的成果。Widdowson（1990）认为当读者能够理解文本作者真实的意图、并且作出适当的反应的时候，真实性就得以实现。适当反应的作出来自适当活动的驱动，因此交际课堂从文本到活动的转向的一个主要挑战就是：课堂活动如何有效地将文本、活动、学习者结合在一起。

Grellet（1981）倡导课堂教学中原封不动地照搬真实语料，但是对于语言程度低的学习者，真实语料的吸引度与实施效果会大大降低。Hedge（2000）也认为真实语料有时并非交际课堂的合适材料，比如口语化很强的现实生活文本就不一定是教授语法的合适材料。因此课堂教学者可以通过需求分析、文本加工、活动化解等策略来保证活动的合适性。

其次，真实性活动具有社会性。Peacock（1997）认为真实性语料是通过加工以在语言社团中实现某些社会目的，这种真实文本的社会目的取向的观点同样见于Nunan（1989：54），他认为真实性语料是任何非以语言教学为目的之自然语料，真实语料的原始目的是对外部世界的反映，也就是其社会性。

真实性语料往往可以激活已有信息，语言学习者的世界知识在协助成功解读材料的同时受到材料社会目的导向的影响，学习者对文本的认知有可能跨越文本所涉及的领域、话题、知识结构而拓展到更为广阔的社会空间。在交际课堂中，以学习者为中心的教学活动不仅仅需要采纳文本来传授语言，更需要通过活动开发学习者责任感，提供学习者独立思考的机会，连接学习者的个人知识与框架，帮助学习者形成自立意识，交际课堂中真实性活动的社会性是对文本跨越的实践，这种跨越是一种通过活动参与的过程超越。

再者，真实活动具有探究性。对学习者而言，学习是一个主动而能产的过程，学习者构建意义的源头和目标恰恰是通过他们所经历的思想、目的、事件来实现。一个语言社团中具备一定已有知识的学习者在与其他社团成员思想交易中提取真实经历、完成对已有知识的验证，这种内向的对已有知识的坚定与外向的对语言社团的贡献都可以使学习者获得满足感和成就感。学习者参与真实活动需要调动其真实经历，也需要一定的探究活动（Inquiry-based activities），探究活动强调感受与参与真实活动的重要性，这个过程包括：（1）形成团队，选择话题；（2）交易思想，分配任务；（3）搜索、选择、排列信息；（4）设计课堂活动；（5）组织活动，产品的呈现；（6）学习者自评，互评，教师参与测评。活动的实施过程同样是教学者与学习者的互动过程、是教学与学习的互动过程。（Breen，1985）

2.1.4.3 服务性英语学习与真实性原则

Newmann & Wehlage（1993）认为真实教学包括以下 5 个标准：高阶思维、知识深度、真实世界关联性、对话交际持续性、对学生成就的社会支持。真实教学活动的参与过程超越了文本提供的既定信息而发展成为学习者高层次认知水平为主的综合性能力培养，包括创新、批判、问题求解和决策制定的能力。因此教学活动对课堂物理环境的突破就在于活动所具备的行动意义与社会意义。维多利亚大学与澳大利亚国立学校对"真实性学习"的一个联合研究认为"真实性学习"是"能够使学生在课堂和真实世界中智慧而强力地行动（act knowledgeably and powerfully）的社会实践"，真实性活动对学习者的意义价值在于学习者在人际或组际的交流中主动生产，活动参与者主动选择学什么和如何学，真实性活动可以完成从对话向产品成果的转变。（Hobart，2005）

Rilling & Dantas-Whitney（2009：1）主张真实性的概念要超越对课堂材料和活动的讨论，将之与更广阔的视阈结合，如学习者认知、参与、合作、解决问题、批判性分析，以及为特殊交流的目的语言发展，这就涉及对课堂物理空间的突破。

服务性学习下学习者在真实语境中使用语言的机会得到最大程度的拓展，而学习环境和学习过程的改变也促进着学习者学习动机的提升和学习策略的转变。谈到提到服务性学习与语言学习真实性的关系，有一本书无法忽略，即《语言课堂内外的真实性：儿童与青少年学习者》（*Authenticity in the Language Classroom and Beyond: Children and Adolescent Learners*）。书中案例记录了来自美洲、拉丁美洲、欧洲、非洲和亚洲不同地区教育者通过真实的服务学习来应对语言课程的挑战。这些真实的语言教学实践考关注不同年龄群体学习者的特质和独特需求，正是真实性将语言学习经历和年轻学习者日常生活联系起来。然而，本书对真实性的定义不是一成不变的，这种多元不是某地实践经验和规范的外部强加。相反，此书为我们提供了一个动态的真实性概念，在如教师、社区成员、学习者，语言接触和更大的社会背景许多因素的共同作用下真实性被不断地定义和重定义。通过描述和反思，对于真实在何种特定的语言环境下起作用，本书作者们做了各自的分析。（Rilling & Dantas-Whitney，2009）

Rilling & Dantas-Whitney（2009：1）认为服务性学习是行动的真实，服务性学习有能力将学生在社区参与中建立移情和文化理解，同时学习者获得语言和学术能力的发展，真实的案例显示当学生走出课堂进行服务学习的时候，学习为学校和社区建立起有意义的关联。**Barbara & Cheryl**（2010）描述了一项真实的服务性学习项目，项目中一组大学生访问社区内一个七年级 ESL 课堂，并且进行每周的课程辅导。这个项目将服务学习的优点与跨级同伴指导联系起来。对于两组学生而言形成了互惠的关系，项目的结果是大学生的团队领导技巧得到培养，同时七年级学生也得到了来自大学也提供的课程咨询和学习支持。**David & Kim**（2010）介绍了一个高中 ESL 学生的服务性学习项目，作为移民后代的学习者探索自身的过去，了解移民和难民问题，通过课堂材料准备、电影制作、户外演讲等形式进行学习。研究结论显示真实服务性学习项目有助于学习者的成就感、自信心和骄傲感的提高。

2.1.5 总 结

服务性学习是经验教育新分支的观点已经形成共识，研究者们强调服务性学习的理论基础在于经验教育，并将这一领域与 Dewey，Lewin，Piaget 和 Kold 等的相关研究建立起紧密的联系。（Giles & Eyler，1994；Bringle & Hatcher，1995；Saltmarsh, 1996；Sheckley & Keeton，1997；Mitchell & Humphries，2007）服务性学习融合了课堂的学习经验和社区的服务经验，学习者在经历实践和主动反思中体验学习。Bringle & Hatcher（1995：112）因此说：“在经历与反思的循环中，学生应用技能与知识帮助他人；在教室中，学习者反思人、社会、组织以及他们在服务中经历的社区。”

语言学习是一个动态的过程，它发生在与他人的交往和互动中（Skehan，1998），这种互动可以是课堂中的，也可以是课堂外的，生态系统理论将语言学习的环境拓展到更广阔的空间，学习者与教育系统内各因素通过互动的累积最终促进交际能力的提高。交际的概念也促使外语学习者日益重视口语能力的提高——英语口语交际能力是指一个人通过听、说进行交际的能力，它是一种外在的能力，是语言能力的外化。英语口语交际要求学生综合学过的语言知识和语言材料进行创造，而对于未来职业的语言环境使用预期，也让中国环境下的语言学习者认识到发展这种能力的必要性。

作为服务性英语学习的理论背景，文献在回顾经验教育、生态系统理论和交际能力理论的过程中发现服务性学习可以实现三者在理论上的交叉和重叠，服务性英语学习可以在个体经验、学习环境与语言学习三个方面形成契合，并且以与课程结合的形式兼顾到体验学习、环境创造和语言交际能力发展的关系。个体学习的社会性，知识建构的体验性，语言学习的真实性，这些理论通过基于体验的教学方法来对教学者和学习者授权，教学者和学习者再以不同的方式建构对于社区问题的理解。尤其重要的是，以行动为出发点，以个体化的实践经验为手段，教师可以成为课程的设计的参与者、研究者和开发者，而不仅仅是他人理论的追逐者，职业的快感会以更积极的方式反作用于教育活动；同样重要的是，基于语言实践教学的应用，这些理论对中国外语教学环境下应用服务性学习的实践和评估可以形成了相对全面的标准和借鉴。

2.2 服务性英语学习的实践背景

2.2.1 引　言

1990 年《国家与社区服务法案》（National and Community Service Act）被美国国会的批准标志着服务性学习以法令的形式成为这个国家的教育方针。根据法案，服务性学习项目为：

（1）服务性学习中，学习者通过参与和认真准备的服务经历，达到学习和发展的目的；服务经历需满足社区的真实需求；服务经历需协调学校与社区之间的协作。

（2）服务性学习与学习者的课程设置融合或者在有组织的时间里提供学生思考、讨论和真实服务活动见闻的体会。

（3）为学习者在所在社区提供运用所学技能和知识的真实情景机会。

（4）通过超越课堂、进入社区的拓展式学习，提高校园内习得知识，同时培养和发展学习者关爱精神。（National and Community Service Act，1990）

服务性学习的提法为人们所接受的原因在于这一概念强调要在课程学习与社区服务之间形成了平衡。（Avashia，2002；Hellebrandt & Varona，1999）目前，美国 50 个州都有学校在实施这种服务学习。作为国家教育战略实施的一部分，服务性学习注意这一理念的广泛性与延续性，参加服务性学习也覆盖了从小学到大学的几乎所有的年龄层次。（Littlefield，1999）服务性学习的开展更成为美国高校教育质量评估的一项指标性内容，对服务性学习融入课程教学的重视成为全美各高校的普遍现象。以加利福尼亚州立大学为例，表 2-3 为该校的服务性学习的若干里程碑式时刻记录。

表 2-3 美国加利福尼亚州立大学社区服务性学习里程碑[①]

美国加利福尼亚州立大学（California State University）服务性学习：里程碑	
1997 年	开发社区服务计划，并强调学习贯穿整个体系。
1998 年	成立校长直接负责的社区服务性学习办公室，领导和协调校园社区服务性学习启动工作。
2000 年 3 月	学校董事会通过历史性决议，每个学院院长要确保所有学生有机会参加社区服务或者服务性学习。
2004—2005 年	各校园在 1800 门课程中导入服务性学习概念，涉及参加学生 6.5 万名；学生服务时间 3000 万个小时，以学年为基础将社区服务课程从"本科第一年的经历"（First-year experience）到大四顶峰体验（Senior capstone）甚至到研究生项目。

---

① 资料来源：www.aacu.org/meetings/civic_engagement/.../Botelho3.pdf，搜索时间 2011 年 8 月 11 日。

2.2.2 服务性学习在语言教学中的应用

因为课程本身的实用功能，服务性学习被广泛地应用到理（Rama & Zlotkowski，2007）、工（Jamieson，2002；Amy，2005）、商（Godfrey & Grasso，2000）、医（Sarena，et al，2000）等领域。Battistoni（2002）指出服务性学习应用到文学、艺术等领域课程设计中一个普遍目标是：提升公民与社会责任心。显然这种普遍目标强调了服务性学习的道德培养。Slimbach（1995）归纳了几种服务性学习的学术目标与人类目标，包括：

（1）提高学生对社会问题的意识和理解，以及他们对待此类问题的回应；

（2）使学习者能够在通常交流的场景之外从社会的不同片段学习；

（3）通过与相应社区关系的建立打破了种族与文化的壁垒；

（4）使学习者获得体验学习的方式；

（5）教育学生明白服务、耐心、跨文化、独立、人文等意义；

（6）教授学习者自我评估、对学校、社会制度以及他们对社区的贡献和影响等问题进行批判性分析的能力；

（7）在与另外一中文化接触中学习语言。（转引自 Hale，2005）

在服务性学习融入课程教学的潮流中，与语言课程的结合成为一种必然。在以上的目标中，我们可以寻找到服务性学习与语言和文化学习关联的部分，如体验式语言学习和跨文化交流、语言与思维发展等。随着服务性学习成为语言课程的重要组成部分，学习者在真实情景中学习语言和获得信息的可能性大大提高。在语言课程中导入服务性学习是将这种学习策略应用到语言学习的过程中让学习者通过参与语言服务活动获得学术与思想的共同发展。

作为一门学科，写作始终是服务性学习与语言教学结合中比较活跃的领域，原因是这个课程的实践性强且有相当的社会需求。Arca（1997）称"服务性写作"（Community Service Writing）是将社区服务作为内容和教学法应用到基础写作的教学中，以社区服务作为课堂讨论与课程写作任务的中心。Dorman & Dorman（2005）认为"基于社区的写作"（Community-based Writing）可以让学生在复杂而不可预测的情景下体会社区的真实需求，从而激发一种自主式学习方法。Dobrin & Weisser（2002）认为学习者的"公共写作"（Public Writing）就是创作可以产生有意义的文本，这些书面语篇有引起社会各个阶层的观众参与公共利益的可能。

Adler-Kassner, Crooks & Watters（1997）呼吁写作课程通过服务性学习与真实的世界结合，因为真实中的写作为训练和发展写作技能提供了有意义的途径。学习者因此而积极参与，获得学术的满足感。（Brack & Hall, 2006；Bordelon & Phillips, 2006）

Bacon（1997）基于服务性学习教学经历归纳出社区写作的优点：（1）真实的读

者和目的使得写作有意义；（2）获得结识新人和新环境的机会；（3）对社会问题的关注和有价值的信息；（4）最终成果的荣誉感；（5）从事学术创作的机会；（6）写作的合作性；（7）写作真实服务社区；（8）动机高涨，充分参与到写作过程。Bacon 同时指出这种形式的不足之处，如为了满足委托人或者教师的要求，学生无法真实传递自己的声音。

Watters & Ford（1995）探讨服务性学习在写作中应用的概念与模式，包含了课程内容与标准、课程效能评估等。Hugg and Wurdinger（2007）设计的服务性写作模式中，尝试以不同的方法让学习者接触真实写作环境以为未来的超越作准备。Brack & Hall（2005）介绍亚利桑那州大学一个写作课程的服务性项目，该课程的目的一是解决学术课程中课业空洞的问题，二是帮助一个社区学校的学生解决写作能力严重缺失的问题。Hertzberg（1997）以自己任课的服务性写作学习课程，描述社区写作，对于这种教学方法的目的，他认为：

> "就课堂本身而言，我们的目标在于检验文化知识获取的方式，只有在这样的情景下我们才检验教学理论和实践。"（Hertzberg，1997：60 转引自 Wurr，2001）

有学者认为个体体验相关的话题会促进学生写作能力的提高，并以之为切入点研究服务性学习（Cooper & Julier，1995；Trimbur，2000；Deans，2000）。学习者写出社区服务中的服务经历成为写作课堂与服务性学习结合的 个有效模式，Dean（1999：24）认为社区相关经历的写作强调不同程度的个人反思、社会分析和文化批评等。

与社区伙伴的合作写作也是服务性写作的一种模式，如北卡罗莱那大学"代际合作写作课程"（Intergenerational Collaborative Writing），学生以写作的形式与 Seymour Center 老年市民建立合作关系，课程规定 30 小时的服务学习，包括在老年中心调研、计划和开展活动。课程要求学生帮助老年人撰写传授小技能的生活指南册子，历史事件的叙事、关于老年人的简单回忆录，课程的最终成果会编印成书给每位参加者。整个课程中一个叫 APPLES 的学生组织会协助组织学生、教师和合作的社区机构，其目标是通过参与强化课程和亲身经历促进学生公民意识成长同时满足社区需求。[1]

服务性学习与语言教学的融合是朝着让学习者，即未来员工充分参与到日益多元的文化环境和多语言工作环境的自然过渡。当语言与文化被刻意地融入到课程设计，学习者不仅仅获得更高的语言熟练度，还在语言和文化方面获得了为跨出课堂后人生的储备。在学术课程相关的服务性学习中，学生通常与不同文化、性别、种族、年龄、国籍、修养、语言、教育背景的人接触，学习者使用目标语，应用文化知识进行交流，

---

① APPLES Service-Learning Courses Spring 2010　网址：www.unc.edu/apples/students/courses/.../Spring_2010.doc

超越与回归——服务性英语学习

哪怕是使用母语或者应用母语文化知识，都可以获得对语言和文化的深入理解。这样的课程安排既满足了服务的需求也重视了学习的内涵，学习者知识的吸收不会仅停留在潜意识层面。

2.2.3 服务性学习在外语教学中的应用

服务性学习为学习者提供了可以在现实生活中应用课堂所学理论与语言学知识，进一步发展其语言实践能力。（Zlotkowski，1999）再者，如果学习者基于未来职业目的而竭力实现与语言社区融合，服务性学习的经历为这样动机的学习提供了必需的在场的经历。（Hale，1999）

外语教学领域的服务性学习基本依据美国外语教学委员会（American Council on the Teaching of Foreign Languages）制定的美国《21 世纪外语学习标准》（National standards in foreign language education project，1999），又称为美国"5C"外语学习标准，即 Culture（文化理解体验能力）、Connections（触类旁通联系能力）、Comparisons（语言文化比较能力）、Communities（在多元文化社区中学以致用能力），Communication（沟通和交际能力）的简称。"5C"的核心是 Communication，被看成是美国的外语学习目标。

图 2-3 美国"5C"外语学习标准图

5C 标准从实际交际需要出发，提出了外语运用的三种模式：语言沟通交际模式（the Interpersonal Mode）、理解诠释交际模式（the Interpretive Mode）和表达演示交际模式（the Presentational Mode）。这一由美国外语教育协会、法语教师协会、德语教师协会和西班牙语与葡萄牙语教师协会等 4 个全国语言教育协会历时 3 年合作开发，面向全国 K-12 年级（幼儿园到十二年级）所有学生的外国语学习标准，详解见表 2-4。

表 2-4　美国 "5C" 外语学习标准详解

标　准	内　容	标准细化	要　求
目标一: 交流（外语环境中交流）	交际是外语学习的核心，无论是面对面的交流还是书面交流或者是阅读文学经典。	标准 1.1 语言沟通 Interpersonal Communication	学生以交谈方式，询问或提供信息、交换意见、表达感情。
		标准 1.2	学生明白和领会不同题材的书面与口语的表述。
		标准 1.3 表达演示 Presentational Communication	学生能将不同主题的信息、想法及理念，充分表达给听众或读者。
目标二: 文化认知（对目标语文化的认识和了解）	通过外语的学习，学生获得对目标文化的认识和理解。不掌握使用语言的文化语境就不能真正掌握语言。	标准 2.1 文化实践	学生能表达对目标语社会习俗的了解与认识，并且在环境中能应对得体。
		标准 2.2 文化成果	学生能表达对目标语文化，诸如习俗、艺术、历史、文学、音乐等的知识和了解。
目标三: 融会贯通（与其他学科的融合中获取信息）	外语的学习融会于其他知识的学习中，这是单纯使用英语所无法达到的。	标准 3.1 触类旁通	由于学习目标外语，而加强或扩展其他学科的知识领域。
		标准 3.2 增广见闻	目标语的学习使学生获得特殊观点与体认。
目标四: 多元比较（发展对语言与文化本质的认识）	比较: 通过与所学外语的比较与对比，学生深入了解语言实质和文化概念并意识到认识世界的多种方法。	标准 4.1 语言对比	学生比较目标语与其母语，而促进对语言本质的了解。
		标准 4.2 文化对比	学生比较目标语文化与其本国文化，而达成对文化本质的了解。
目标五: 社区应用（参与国内外多元文化社区）	参与: 学习外语以便参与国内外多语文化社区，并认识语言的语境合适性和文化合适性。	标准 5.1 学以致用	（校内或校外应用目标语）
		标准 5.2 学无止境	学生将目标语语言文化溶入日常生活，充实生活；增进乐趣。

　　Zlotkowski（2010）呼吁在社区实施的服务学习项目中导入学科标准，可以说美国 "5C" 外语学习标准的建立对教师和学生都有积极的启示。对教师而言，标准成为检验课程的工具，可以判断学生熟练度的成果，可以指导课程发展和日常教学，标准成为公共关系的工具和评估的工具；对于学生而言，美国 "5C" 外语学习标准让学生

意识到外语的学习不仅仅是对语言本身的学习，而是包括了交际、文化认知、实践应用在内的广泛学习，同时标准将这种外语学习的目标具体化，从而形成学生自我评估的工具。（陆效用，2001；赵中建、贾爱武，2002）

Lear & Abbott（2008）在商务西班牙语教学中应用服务性学习策略，将课程教学与真实商务活动结合，结果发现学生的 5C 学习标准全部可以实现，这也呼应了未来雇主所期待的学生在学术知识、口语交际、自我认知、批判性思维、全球化知识方面的能力。服务性学习对"5C"外语学习标准的实现从一个侧面反映出这种学习方法对语言学习的作用，从 Honnet & Poulsen（1989）发出高等教育通过课程将服务与学习融合在一起的倡导，服务性学习就开始了在外语教学领域的应用，包括外语习得环境下的俄语教学（Leaver，1989）、英语教学（Wurr，1999；Wurr，2002；Minor，2002；Heuser，2000）等的应用，以及与语言学习密切相关的跨文化教学领域（Berry，1988；Varas，1999；Tonkin，et al，2004），其中较为活跃的是美国的西班牙语教学（BEEbe & De Costa，1993；Caldwell，2007；Darci & Díaz-Greenberg，2007；Alice & Sigmon，2010；Abbott & Lear，2010）。

Hellerbrandt & Varona（1999）探讨西班牙语服务性学习概念与模式，介绍与一个当地西班牙语社区合作的服务性学习项目——该项目以不同的方式应用外语学习标准中所涉及的目标。项目显示尽管当地西班牙语居民不多，依然有机会在服务性学习与语言学习之间建立联系，课程"为超越社区的辅导"（Tutoring for Community Outreach）激励西班牙语专业大学生与当地西班牙语少年学生的互动，项目实现了外语学习标准中的至少两个目标，而这两个目标按常理在大学西班牙语水平内是难以实施的。

2.2.4 服务性学习在 ESL 英语教学中的应用

在美国，对英语作为第二语言学习的讨论颇多，这种讨论首先是对美国 ESL 学习者身份的辨析，大体分作三类：第一类是在美国生活学习多年的移民；第二类是刚刚来到美国进入美国校园的国际学生或者其他来美学习的母语为非英语的群体（Peirce，1995；Holten，2002；Wurr，2004；Aroson，2011）；第三类是被美国一些学者称为 Generation 1.5（1.5 代）的人群，他们出生、移民美国或者与亲戚在美国生活，但是在家庭环境中说的却不是英语，他们的背景与经历可以说是介于第一和第二代美国人之间。（Peirce，1995）事实上这类人群是英语为第一和第二外语课程的主要学习者，同时显示出 ESL 学习者所处的语言文化社区的复杂性，ESL 学习者这种独特的经历提示二语习得领域与服务性学习的结合有非常多的因素需要探索。（Wurr，1999）

二语习得过程中，学习者交际能力的提高课程教学在文化合适、语言合适的情景下开展。Seltzer（1998）认为将服务学习应用于 ESL 课堂应该遵循 Wingspread 原则和美国国会在 1990 年颁布的四个标准：（1）满足社区需求；（2）课程目标的服务结合；(3)在大学与所在社区之间搭建桥梁；(4)体现学生的反思。(转引自 Wurr，2001)这一思路更多地强调了对服务性学习设计理念的沿袭和传承，却没有充分考虑语言教学和学习的特点，更没有考虑不同社会环境下语言学习所产生的诸多问题。

研究服务性学习与二语言课堂的结合显示，这种方法可以促进学习者的语言学习效果。(Hellebrandt & Varona，1999；Heuser，1999；Wurr，1999)Hale(2005)和Hale & Alexandria(1997)探讨服务性学习导入传统 ESL 教学中的效果，结论显示服务性学习是英语及英语文化习得的有效方法，学生的语言交际能力，特别是语言流利度，以及对文化概念的了解远超过传统课堂可以带来的效果。Elwell & Bean(2001)也认为 ESL 学习者参与服务性学习可以促进语言能力的发展，他们以服务性学习项目实验论证这种学习方法对 ESL 学生的实质性帮助。Whittig & Hale(2007)认为与二语课堂结合服务性学习可以激发学习动机，提高学习者自信心提供和真实的语言交际环境。除了提供意义的语言学习情景，服务性学习对学生的个人成长产生积极影响。Grassi，Hanley & Liston(2004)以母语为西班牙语的学生为例证明了 ESL 学习者的学习动机和自信心在参与服务性学习项目后出现显著提高，他们将服务性学习看作二语学习的革新式学习方法，并描述了服务性学习在 ESL 和 EFL 课程中的应用趋势。

Wurr(2001)考察和比较亚利桑那州大学服务性教学对英语为母语和非母语的大学生写作的影响。学生参加与写作课程结合的服务性学习项目，课业为正式与非正式的论文，然后分析学习经历对学生在写作、批判性思维、社区理解、自我等因素的影响，结果显示服务性学习对参加者的自我认知有积极影响。对于英语为非母语的学生，他们完成课业时比英语为母语的学生面临着更大的挑战，学习经历对他们的批判性思维和写作能力的影响不是很明显。Wurr 同时指出 ESL 课堂与服务性学习的结合可以将学生与社区联系在一起，并且让双方同时受益，学生得到了在真实环境下与母语为英语的人进行交流的机会，再者学生了解到美国人生活的真实图景，更为重要的是，人与人的接触让学生得到远远超过了课程学分的收获。

Micheline(2004)描述和评估了自己参加的人类多元课程服务性学习，此项目旨在帮助临床心理学博士人员提高多元文化能力，这个 ESL 项目设计思路是心理学博士为患者提供一系列语言学习服务，包括 ESL 课程和个别辅导。Micheline 以 Berry(2001)文化适应理论框架检验自己的文化身份、偏见、态度等因素的变化，并据此评估 ESL 项目，对于多元文化融合是跨文化接触的最佳结果这一结论她表示认可。

Minor(2001)认为服务性学习在两个方面满足了第二语言学习，一是实现有意义的学习情景，二是对人类价值的培育。在他所任教的美国圣心大学(Sacred Heart University)自 2000 年起就将服务性学习作为 ESL 课程的组成部分，每周 ESL 学习者会去当地的食物救济站(soup kitchen)、幼儿园、辅导机构、老年中心和仁爱之家提供服务。学生准备食物，帮助健身中心教师，与小孩分享关于母国的事情，指导学生数学和计算机知识。回到教室的时候学生会讨论包括经历、情感以及自我感悟的话题；

同时他们还会阅读和研究关于服务对象的书籍（无家可归者、福利机构、老年人问题、孩子教育）。在这样的服务性学习活动中，语言任务不枯燥或单一沉闷，学生根据个体相关经历对重要问题表达思想，语言活动是对真实问题的真实反应。

Seltzer（1998）介绍了格兰德勒社区学院（Glendale Community College）中低水平 ESL 学生参与的服务性学习项目。学习者在当地敬老院成为老年人的聊天伙伴，参加课程的学生既有当地移民也有留学生，他们希望通过聊天来更深入了解美国。语言技能课程包含了为学生创造在真实环境下锻炼听力和口语机会，创造志愿机会让学生可以与社区的成员一起工作。

Heuser（1999）将服务性学习作为教学法导入 TESL 课堂，认为这种教学法可以丰富 ESL 学习者在语言和跨文化方面的学习内容，案例是社会学与 ESL 课堂的结合，参加者为一组在美国学习的大学二年级的日本学生，课程模式为（sheltered-content mode）①。所有学生在指导教师的陪同下参加为期两天的密集社区服务帮助流浪少年和无家可归者。课程评估形式是基于自己经历的口头和书面报告，要求将思考从具体过渡到抽象，从个人过渡到社会。Heuser 承认依靠有限的接触去反思如此复杂的社会问题，这对学习者的能力和业已形成的思维观念都是巨大的挑战。

服务性学习可以拓展为行动研究为导向的社会行动。服务性英语学习是教师和学生共同参与的行动探究，教师可以提取自己和学生参与经历的文本，然后分析师生对学习活动的反思，这就形成了分享经历的对话关系。学习者的反思被许多学者称为学习者带到课堂的那些个体的、文化的、有意义的"声音"，这些"声音"参与到更大的可以改变社会议题的力量中。对学生"声音"的记录描述出服务性学习对二语习得的强大转型影响（transformative effects），这些声音代表并且验证着服务性学习成为一种第二语言学习的动态教学法。（McLaren，1989；Soo Hoo，1991；Walsh，1991 转引自 Hale，2005）

2.2.5 服务性学习在中国及中国 EFL 教学的研究现状

目前，服务性学习在我国是个全新的概念，也越来越多地引起一些学者和教育者的关注，但是研究绝大多数停留在综述性介绍层面。（赵立芹，2004；周加仙，2004；赵希斌、邹泓，2001；赵立芹，2005；吴华清，2003；王涛，2006；丁文祥，2009；张荷皎，2009）对公民教育的重视和对我国教育领域的启示探讨，如师范教育（赵立芹，2004），吴华清（2003）《服务学习简述》要素和步骤；梁春芳（2003）《在服务中学习——体验中成长》介绍了服务学习的基本理念、实验模式和实施效果；陈志辉（2007）的《美国中小学服务学习的实施与评价研究》介绍了中小学层次的服务学习涵义、产生背景、实施与评价形式；王文岚（2004）的《社区服务学习：一种行之有效的社会实践活动》介

---

① 该模式为 CBI 教学模式中的一种：保护模式（the Sheltered Content Instruction），即教学安排中关照学生的多种需要。

绍了服务学习的原则和应该注意的问题、高校服务学习研究，等等。刘宝存，王维和马存根（2005）的《美国高等学校的服务学习》介绍了服务学习的内涵、实施模式和影响；高风彦，包睿欣和李会霞的《美国高校服务学习产生及发展动力初探》从美国高校服务学习产生的背景入手，介绍了服务学习的发展状况，分析了服务学习的基本内容以及推动服务学习发展的基本因素；刘宝存（2005）的《美国研究型大学服务学习的基本模式》从服务学习与课程关系的角度，介绍了美国研究型大学服务学习的几种模式。

　　提到服务性学习在中国的实践绝不可忽略了一所大学的努力：香港岭南大学。[①]岭大袭服务社会之优良传统，开香港乃至中国服务学习之先河，将服务学习的概念纳入课程当中，率先为学生提供"服务研习"教学模式，鼓励学生、学系及教师通过服务社会而获得知识、品德、专业及个人的发展。服务研习是把学术知识及社区义务工作合二为一的教学方法，与其他的学习模式和一般的志愿工作不同。通过积极参与不同类型的义工服务，提供更多独立思考及反思的机会，深化学生在书本理论中学习的知识，并同时建立大学与社区联系，让学生不但能够追求学术成就，把自己的专业知识回馈社会，亦从中培养学生终身服务的态度、批判分析能力及领导才能，使其成为一个真正全人，以面对现今世界的挑战。《服务研习手册》通过回顾岭南大学服务研习计划的发展历程，记录服务研习计划的核心步骤及重要成果，传授服务研习计划的评估方法，为内地实施服务研习计划提供了参考框架，对于内地服务研习的推广与完善具重要意义。（香港岭南大学服务研习手册，2007，2008）在第四届服务性学习国际会议召开之际，蓝采风和许为民（2011）出版的《服务学习：在高等教育中的理论与实践》成为中国内地较早的系统介绍服务性学习相关理论的著作。

　　对于服务性学习在外语课程中的应用，中国学者在小学和初中英语教育的实践研究有过尝试。在高校外语教育方面，陈丽芳（2004：118-119）探讨服务学习应用于我国大学 EFL 教育的现实依据，指出普遍存在的应试教育现象扼杀了外语学习的灵活性和学习者的主动性；并从三个方面探讨大学 EFL 教育引入服务学习的可行性：教师与学生的关系、课堂与服务关系、学校与社区关系。何静和陆效用（2007）"美国 SHINE 项目对于我国 ESL 教学的借鉴作用—将服务学习纳入课程学分制度的探讨"建议将服务性学习引入中国高校外语教学。陈佳铭（2009）尝试通过设计教学实验来验证这种方法在中国大学 TEFL 教育中的可行性，陈佳铭发现服务学习能激发学习外语的持久动因，通过知识获取和技能培养双向互动，外语学习者的主体性将会在服务的满足感和对学习的不满足感中确立。王洁、赵飞、戈芮卿（2011）从理论和实证两个方面探讨服务学习与我国高校英语教学相结合的可能性和潜力。张萍（2011）建议在中国大学英语教学中引入服务学习的理念，形成课程教学与社区服务的结合。袁建萍（2011）建议在高职商务英语人才培养中引入服务性学习理论。蓝采风和许为民（2011）对中

---

①.香港岭南大学校训：作育英才，服务社会（Education for Service）。

国服务性学习情况做了介绍，将"用声音叙事"作为服务性学习与外语教学的结合案例，案例并没有提供服务性学习与英语课程结合的具体过程，也缺乏对学习者收获的科学论证。作为高校英语专业教学与服务性学习结合的成果，蔡亮（2011）《用声音叙事：筑梦宁波》出版，活动基于服务城市的理念，师生访问外籍人士，记录外籍人士对宁波的印象及提升城市国际化形象的建议；蔡亮（2012）《用声音叙事：我的企业在宁波》将视野集中于城市投资软环境以及高校的跨文化人才培养两个方面，一种高校与社区及社区成员的对话关系逐渐在实践和探索中形成。

文献梳理发现，服务性学习与中国高校语言课程的结合处于蓄势待发之态，研究已经从早期的引荐和综述逐渐转为实证研究。行动式的案例研究虽然零星，但也为学界认识服务性学习与中国英语教学结合的特点，认识学习者学习过程的特点打开了一道"门缝"；然而，比较服务学习在美国的发展历史以及其在外语教学的应用，中国英语教学中实施服务性学习有些诸多困难，抛开明确的教育政策支持，仅就语言环境匮乏一点就令许多教师裹足不前，但是这也恰恰说明研究的必要性，因为在中国外语教学环境下实践服务性学习的核心目的就是创造真实的语言交际环境，这一教学策略学习者在服务经历的体验中与自我生态系统的互动，这个过程就是语言学习的过程，是体验的、互惠的、着眼未来的语言学习。

2.2.6 总 结

服务性学习是一种有效的学习方法，服务性学习与其他教育方法不同之处在于服务性学习无法在课堂、校园、学科的局限内实现，服务性学习涉及高等院校与社区之间的伙伴关系，也可以在多角度影响学生，服务性学习可以盘活理论帮助学生认识理论知识与实践的关系，如 Hale（1999）所言是"创造一种在场的经历"。

文献梳理显示大多数国外研究专注于对学习者经历和收获的描述，而忽视了语言环境、社会环境和文化环境的因素，而且一些结论过度依靠主观描述性的研究材料，缺乏用控制组实验和跟踪调查的证明。同时，对于服务性学习在英语作为外语的教学环境下的研究非常少见。在英语作为母语环境下的服务性教学模式并不完全适用于英语作为外语教学的环境，因此，英语作为外语课程的教学工作者将面临着更大的挑战，语言教学工作者需要认真地从语言学、社会学、心理学、人类学、跨文化学、教育资源等视角，从满足学生、课程和社区需求等方面出发合理规划课程。这样服务性学习才能在个体体验中通过与环境的互动实现对语言习得和个人成长的目标。总之，中国英语教育工作者需要以实证研究的方法证明服务性学习中国外语教学环境下的可行性和有效性。

第 3 章

研究设计与研究方法

3.1　前导研究

3.1.1　引　言

对研究者个人而言，服务性英语学习概念的形成有一个逐渐发展的过程。2008 年 4 月，在浙江大学宁波理工学院实践教学体系建设的背景之下，研究者根据语言学习真实性原则，尝试在英语专业"综合英语"课程中导入真实语言活动，其活动形式为：利用课程中所学的对话策略进行真实访问，访问对象是宁波街头随机选择的外籍人士，内容为外籍人士对宁波的印象，要求学生自己设计问题，每位学生访问外籍人士一名，以团队的形式三人一组配合完成访问，并以三分钟音频或者视频的形式记录访问全过程，然后参与者以课堂呈现和口头讲解的形式分享经历并且反思学习。课业作为实践教学环节的评估纳入到平时成绩的考核之中。活动设计目的是：从真实语境入手解决英语教学中语言交际缺失的问题，通过语言实践与和经历反思让英语专业学生更好地理解课程中的相关语言技能，为进一步开展此类教学活动探索可行的方法和思路。

简单的语言实践活动所带来的冲击远远超过最初的设想：学生巨大的参与热情，过程实施中的艰辛，语言交流中的文化冲突，外籍人士对宁波的发展建议，学习者对自我、宁波甚至中国及中国文化的重新认识，学习者的合作精神，学习者自信心与语言熟练度等问题全面体现出来。很快这个活动被一些其他同事所采纳，并拓展到日语专业的语言实践中，这个结果也让研究者重新思考这个看似简单的语言实践活动所折射出的意义，同时从理论上思考真实实践活动如何整合到学术性课程之中，并且通过服务社会的形式来强化课堂中所学到的知识技能。也就在这个时候，"服务性学习理论"开始进入研究者的视野，于是在 2009 年研究者继续以实践形式将活动导入"综合英语"课程教学中，活动设计理念突出了服务宁波市国际化形象提升的目的，同时开始尝试在课程"专业实践一"中应用这一教学方法并作为课程的重要组成部分，当时将活动定位为具有一定服务性质的真实性实践活动范畴，这也成为本研究的前导研究，为之后的定性研究和定量研究打下了坚实基础。

3.1.2　研究问题

前导研究的一些特别问题：

（1）中国外语教学环境下，服务性学习是否有融于课堂教学的可行性？

（2）中国 EFL 环境下的服务性学习如何影响学生对自我、学校和社会的认识？

（3）学习者的语言能力如何从服务性学习的经历中受益？

（4）以不同形式导入课程的服务性学习，学习者的受益程度是否相同？

3.1.3 研究设计

前导研究案例来自浙江大学宁波理工学院,研究者根据服务性学习理论设计学习项目,开展教学,进行评估。在课程"综合英语"和"专业实践一"中导入具有服务性质的真实活动作为课程实践教学的考核环节,设计服务性学习项目"用声音叙事",鼓励学生访问在宁波的外籍人士,调研外籍人士对宁波的整体印象,并且提出提升宁波国际化形象的建议,同时关注在甬外籍人士这一特殊群体的生活状态,"用声音叙事"设计理念如下:

"用"有主动和实践的涵义,活动将个体体验哲学融入语言学习过程。"声音"是语言的表现形式,也是表达情感和喜好的方式,活动融入生态系统理论,关注学习者的声音,服务对象的声音,力求在社会互动关系的形成中,各方声音的被平衡传递;"叙事"是对感受与经历的真实记录,口头、书面的叙事形式是语言交际能力提高的载体,强调在交际各方的叙事分享中形成真实的语言交际环境。（蔡亮，2011）

研究者将"用声音叙事"定为服务性英语学习项目的名称,意在体现"以学习者为中心"的语言教学观念,也体现"学以致用"的高校培养目标,英文名为"Beyond the Voices",希望学习者通过服务学习的经历与教育生态系统内相关方方形成良性的互动关系、交际关系,这个服务学习过程不仅仅语言的学习,更有文化的学习和精神的成长,所以是一种叙事的超越,这也是对服务性学习理念的呼应。

服务性英语学习项目"用声音叙事"以三种不同模式与英语课堂教学结合,教学要求和评估方式有所不同。前导研究中涉及模式一和模式二的实验,介绍如下:

模式一:导入课程的服务性学习,"综合英语"课程教学中,学生应用课程相关知识访问外籍人士,然后回归课堂以口头形式呈现访谈过程,分享学习经历,课程表现纳入平时成绩考察;

模式二:成为课程组成部分的服务性学习,"专业实践一"课程教学中,学生访问外籍人士,深入探讨包括文化在内的话题,完成日志记录,以团队形式撰写报告,学习者活动表现作为课程评估的一部分,占比例25%。

实验前以及实验后学生接受相同内容的问卷调查以检查服务性学习与课程结合的效果。

3.1.4 研究对象

前导研究以浙江大学宁波理工学院外国语学院 2007 级学生为研究对象,研究样本为年级中选取的两个班级，研究者担任课程教学教师，研究涉及学生 47 名；其中实验组 P1 为 2007 中美（1）班 27 名学生，参加模式一即导入"综合英语"课程的服务性学习项目；实验组 P2 为 2007（6）班 20 名学生参加模式二即成为"专业实践一"课程组成部分的服务性学习项目；参与者均为英语专业二年级学生，年龄相近，教育背景相仿，学生英语水平较平均，口语表达能力存在一定差别，具体表现为有的同学在与外籍人士交流时存在畏惧心理和自信心不足等问题，但是日常交流不存在问题，可以适度地进行某些问题的深入探讨。

3.1.5　研究方法

前导研究主要是学生参加实验活动前测与后测问卷调查，问卷调查共 20 题，包括语言学习和应用、非语言因素、情感态度因素、文化与跨文化因素四个方面，每个 5 题。本量表为 Likert 五点量表，1 代表"完全不符合我的情况"，5 则是"完全符合我的情况"，每一分量表加总后求平均数为受试对象在该类型得分。

前导研究主要是对前、后测问卷调查数据进行统计分析，研究同时进行教师观察记录和参与学生访谈；对学生访问音频、视频文字进行提取，以观察学生在真实交际中语言输出的一些情况，探究学生在课程活动中的表现以及活动实施过程中出现的一些问题和难点。通过比较实验前后学习者的变化，前导研究可以验证在中国英语教学中应用服务性学习的可行性，前导研究结果将为之后开展的核心研究的设计和实施提供帮助。

3.1.6　数据收集与分析

研究在实验处理前后，分别进行相同内容的问卷调查，对实验组 P1、实验组 P2 导入服务性学习活动作为实验处理；两组皆实施前测和后测，然后利用统计软件 SPSS13.0 对两组学生的前后测结果进行独立样本 t 检验，以比较两组实验对象在实验前后是否有明显的差异，实验同时结合 Excel 统计和制表功能。前测和后测的内容为"与课程结合的服务性英语学习活动调查问卷"，问卷统计观察学习者在语言学习和应用、非语言因素、情感态度因素、文化与跨文化因素四个方面前后测的变化，以下为检验结果及相关分析。

1. 服务性学习导入课程对学习者"语言学习和应用"的影响

语言学习和应用，分别为 Q3：在语言学习过程中，我会反思。Q4：我知道语言使用要注意语境。Q5：我知道如何与外籍人士交流。Q7：我能从自己的经历中学习

超越与回归——服务性英语学习

50

语言。Q13：我可以从帮助别人中学习语言。

表 3-1 实验组 P1 前后测"语言学习和应用"总分分组描述量表

项　目	组　别	n	均　值	标准差	均值的标准误差
语言学习和应用	P1 后测	27	20.0741	3.36184	0.64699
	P1 前测	27	18.1481	2.90495	0.55906

从表 3-1 可以看出，实验组 P1 前后测的平均得分（Mean）分别是 18.1481 和 20.0741 分，后测比前测高出 1.9593 分（见表 3-2，Mean Difference）。独立样本 t 检验显示，双尾检验（见表 3-2 *Sig.* [2-tailed]）两个变量的显著性概率为 0.029，小于 0.050 的显著水平，说明实验组 P1 在前后测两个变量上存在显著性差异。此外，两个变量的平均值差值 95% 的置信区间均不含 0，也表明两组平均值的差异显著，这说明实验组 P1 通过实施教学实验，在语言学习和应用方面有了显著的提高。

表 3-2 实验组 P1 前后测"语言学习和应用" t 检验结果

语言学习和应用		方差方程的 Levene 检验		均值方程的 t 检验					差分的 95% 置信区间	
		F	*Sig.*	t	df	*Sig.*（双侧）	均值差值	标准误差值	下　限	上　限
P1 前后测	假设方差相等	0.047	0.829	2.252	52	0.029	1.92593	0.85507	0.21011	3.64174
	假设方差不相等			2.252	50.929	0.029	1.92593	0.85507	0.21011	3.64174

表 3-3 实验组 P2 前后测"语言学习和应用"总分分组描述量表

项　目	组　别	n	均　值	标准差	均值的标准误差
语言学习和应用	P1	20	20.2000	1.73509	0.38798
	P2	20	16.8500	3.09966	0.69311

从表 3-3 可以看出，实验组 P2 前后测的平均得分（Mean）分别是 16.8500 和 20.2000 分，后测相比前测高出 3.35000 分（见表 3-4，Mean Difference）。前、后测的标准差分别为 1.73509 和 3.09966，说明前测的差异性要大于后测的差异性，也就说明实验之前学生看法差异性比实验之后的差异性要大——换言之，实验后学生的看法更加趋向一致。

表 3-4　实验组 P2 前后测"语言学习和应用" *t* 检验结果

语言学习和应用		方差方程的 Levene 检验		均值方程的 *t* 检验						
		F	Sig.	t	df	Sig.（双侧）	均值差值	标准误差值	差分的 95% 置信区间	
									下　限	上　限
P1 前后测	假设方差相等	3.806	0.058	4.218	38	0.000	3.35000	0.79431	1.74201	4.95799
	假设方差不相等			4.218	29.842	0.000	3.35000	0.79431	1.74201	4.95799

　　表 3-4 显示的是实验组 P2 前后测独立样本 *t* 检验的结果，数据表明（见表 3-4 *Sig.* [2-tailed]）两个变量的显著性概率为 0.000，小于 0.050 的显著水平。说明实验组 P2 在前后测两个变量上存在显著性差异。此外，两个变量的平均值差值 95% 的置信区间均不含 0，也表明两组平均值的差异显著，这说明实验组 P2 通过执行教学实验之后，在语言学习和应用方面有了显著的提高。

　　由以上对表 3-1 至 3-4 的结果分析可以看出实验组 P1、P2 两组学生在经过服务性学习活动实验后，都出现显著增长，说明服务性学习导入课程对学习者语言学习和应用有着积极的影响，以问卷满分为 100 分考察总分平均数同样可以说明以上结论。

表 3-5　问卷前后测"语言学习和应用"总分平均数与标准差

组　　别	前　　测		后　　测		变　化
	平均数	标准差	平均数	标准差	（后测减前测）
实验组 P1（27 人）	72.5926	0.88	80.2963	0.87	7.7037
实验组 P2（20 人）	67.4000	0.91	80.8000	0.56	13.4000

　　由表 3-5 可以看出实验组 P1、实验组 P2 两组学生在经过服务性学习活动实验处理前后，实验组 P1 后测平均得分比较前测平均得分增加了 7.7037 分；实验组 E2 后测平均得分比较前测平均得分增加了 13.4000；实验组 E2 前后测变化趋势较之实验组 E1 前后测变化趋势高出 5.7 分，增长显著。

　　将"导入课程的服务性学习活动问卷"平均得分换算成 Likert 五等分量尺：前测实验组 P1 为 3.6296 分、前测实验组 P2 为 3.3700 分；后测实验组 P1 为 4.0148 分、后测实验组 P2 为 4.0400 分；实验组 P2 变化趋势较之实验组 P1 高出 0.2848 分，说明 P2 实验前后变化比 P1 实验明显，见表 3-6。

表 3-6 两组学习者问卷前后测"语言学习和应用"总分平均

组　　别	前　　测	后　　测
实验组 P1（27 人）	3.6296	4.0148
实验组 P2（20 人）	3.3700	4.0400

2. 服务性学习导入课程对学习者"非语言因素"的影响

非语言因素方面，分别为 Q6：我的语言知识可以服务社会。Q10：我知道理论联系实践的重要性。Q11：我知道如何为准备活动收集资料。Q14：我善于与他人合作。Q16：我善于解决问题。

表 3-7 实验组 P1 前后测"非语言因素"总分分组描述量表

项　　目	组　　别	n	均　　值	标准差	均值的标准误差
非语言因素	P1 后测	27	19.5185	2.27647	0.43811
	P1 前测	27	17.7407	2.91670	0.56132

从表 3-7 可以看出，实验组 P1 前后测的平均得分（Mean）分别是 19.5185 和 17.7407 分，后测比前测高出 1.7778 分（见表 3-8，Mean Difference）。独立样本 t 检验显示，双尾检验（见表 3-8 *Sig.* [2-tailed]）两个变量的显著性概率为 0.016，小于 0.050 的显著水平。说明实验组 P1 在前后测两个变量上存在显著性差异。此外，两个变量的平均值差值 95%的置信区间均不含 0，也表明两组平均值的差异显著，这说明实验组 P1 在执行教学实验之后，在非语言因素方面有了显著的提高。

表 3-8 实验组 P1 前后测"非语言因素"t 检验结果

非语言因素		方差方程的 Levene 检验		均值方程的 t 检验					差分的 95%置信区间	
		F	*Sig.*	t	df	*Sig.*（双侧）	均值差值	标准误差值	下　限	上　限
P1	假设方差相等	2.033	0.160	2.497	52	0.016	1.77778	0.71205	0.34894	3.20661
	假设方差不相等			2.497	49.104	0.016	1.77778	0.71205	0.34693	3.20862

从表 3-8 可以看出，实验组 P2 前后测的平均得分（Mean）分别是 19.7500 和 15.5500 分，后测比前测高出 4.2000 分（见表 3-9，Mean Difference）。前后测的标准差分别为 1.88833 和 2.76205，说明前测的差异性要大于后测的差异性，也就说明实验之间学生的看法差异

性比实验之后的差异性要大，换言之实验后学生的看法更加趋向一致。

表 3-9　实验组 P2 前后测"非语言因素"总分分组描述量表

项　目	组　别	n	均　值	标准差	均值的标准误差
非语言因素	P2 后测	20	19.7500	1.88833	0.42224
	P2 前测	20	15.5500	2.76205	0.61761

表 3-9 显示的是实验组 P2 前后测独立样本 t 检验的结果，数据表明（见表 3-9 *Sig.*[2-tailed]）两个变量的显著性概率为 0.000，小于 0.050 的显著水平。说明实验组 P2 在前后测两个变量上存在显著性差异。此外，两个变量的平均值差值 95%的置信区间均不含 0，也表明两组平均值的差异显著，这说明实验组 P2 通过执行教学实验，在非语言因素方面有了显著的提高。

表 3-10　实验组 P2 前后测"非语言因素" t 检验结果

非语言因素		方差方程的 Levene 检验		均值方程的 t 检验						
		F	*Sig.*	t	df	*Sig.*（双侧）	均值差值	标准误差值	差分的 95%置信区间	
									下　限	上　限
P2	假设方差相等	2.256	0.141	5.614	38	0.000	4.20000	0.74816	2.68544	5.71456
	假设方差不相等			5.614	33.577	0.000	4.20000	0.74816	2.67886	5.72114

由以上对表 3-7 至 3-10 的结果分析可以看出实验组 P1、P2 两组学生在经过服务性学习活动实验后，各个指标都出现显著增长趋势，说明服务性学习导入课程对学习者非语言因素有着积极的影响，以问卷满分为 100 分考察总分平均数同样可以说明以上结论。

表 3-11　两组学习者前后测"非语言因素"总分平均数与标准差

组　别	前　测		后　测		变　化
	平均数	标准差	平均数	标准差	（后测减前测）
实验组 P1（27 人）	63.2593	0.77	67.4074	0.84	4.1481
实验组 P2（20 人）	54.4000	0.71	71.6000	0.72	17.2000

由表 3-11 可以看出实验组 P1、实验组 P2 两组学生在经过服务性学习活动实验处

理前后，实验组 P1 后测平均得分比较前测平均得分增加了 4.1481 分；实验组 P2 后测平均得分比较前测平均得分增加了 17.2000 分；实验组 P2 前后测变化趋势较之实验组 P1 前后测变化趋势高出 13.0519 分，增长显著。将"导入课程的服务性学习活动问卷调查"平均得分换算成 Likert 五等分量尺，见表 3-12。

表 3-12 两组学生前后测"非语言因素"总分平均表

组　别	前　测	后　测
实验组 P1（27 人）	3.1630	3.3704
实验组 P2（20 人）	2.7200	3.5800

表 3-12 显示前测实验组 P1 为 3.1630 分、前测实验组 P2 为 2.7200 分；后测实验组 P1 为 3.3704 分、前测实验组 P2 为 3.5800 分；实验组 P2 变化趋势较之实验组 P1 高出 0.6526 分，P2 比 P1 实验前后变化趋势明显。

3. 服务性学习导入课程对学习者"情感态度因素"的影响

情感态度因素方面，分别为 Q1：与外籍人士交流时，我觉得很轻松。Q2：公众面前用英语展示自我，我觉得很自在。Q12：我在困难面前不气馁。Q15：我对自己的能力很有信心。Q20：我的英语语言文化学习动机强烈。

表 3-13 实验组 P1 前后测"情感态度"总分分组描述量表

项　目	组　别	n	均　值	标准差	均值的标准误差
情感态度	P1 后测	27	17.1481	2.79703	0.53829
	P1 前测	27	14.2963	2.70064	0.51974

从表 3-13 可以看出，实验组 P1 前后测的平均得分（Mean）分别是 14.2963 和 17.1481 分，后测比前测高出 2.85185 分（见表 3-14，Mean Difference）。

表 3-14 实验组 P1 前后测"情感态度" t 检验结果

情感态度		方差方程的 Levene 检验		均值方程的 t 检验						
		F	Sig.	t	df	Sig.（双侧）	均值差值	标准误差值	差分的 95% 置信区间	
									下　限	上　限
P1	假设方差相等	0.219	0.642	3.811	52	0.000	2.85185	0.74825	1.35037	4.35333
	假设方差不相等			3.811	51.936	0.000	2.85185	0.74825	1.35033	4.35337

独立样本 *t* 检验显示，双尾检验（见表 3-14 *Sig.* [2-tailed]）两个变量的显著性概率为 0.000，小于 0.050 的显著水平。说明实验组 P1 在前后测两个变量上存在显著性差异。此外，两个变量的平均值差值 95%的置信区间均不含 0，也表明两组平均值的差异显著，这说明实验组 P1 通过执行教学实验，在情感因素方面有了显著的提高。

表 3-15　实验组 P2 前后测"情感态度"总分分组描述量表

项　目	组　别	*n*	均　值	标准差	均值的标准误差
情感态度	P1 后测	20	19.2000	2.01573	0.45073
	P1 前测	20	15.3000	2.12999	0.47628

从表 3-15 可以看出，实验组 P2 前后测的平均得分（Mean）分别是 15.3000 和 19.2000 分，后测比前测高出 3.9000 分（见表 3-16，Mean Difference）。前后测的标准差分别为 2.12999 和 2.01573，说明前测的差异性和后测的差异性不明显，也就说明实验之前学生的看法差异性与实验之后的差异性基本相同，换言之，实验前后学生的看法一致性基本相同。

表 3-16　实验组 P2 前后测"情感态度"*t* 检验结果

情感态度		方差方程的 Levene 检验		均值方程的 *t* 检验						
		F	*Sig.*	*t*	*df*	*Sig.*（双侧）	均值差值	标准误差值	差分的 95%置信区间	
									下　限	上　限
P2	假设方差相等	0.028	0.868	5.947	38	0.000	3.90000	0.65574	2.57252	5.22748
	假设方差不相等			5.947	37.885	0.000	3.90000	0.65574	2.57238	5.22762

表 3-16 显示的是实验组 P2 前后测独立样本 *t* 检验的结果，数据表明（见表 3-16 *Sig.* [2-tailed]）两个变量的显著性概率为 0.000，小于 0.050 的显著水平。说明实验组 P2 在前后测两个变量上存在显著性差异。此外，两个变量的平均值差值 95%的置信区间均不含 0，也表明两组平均值的差异显著，这说明实验组 P2 通过执行教学实验，在情感态度方面有了显著的提高。

由以上对表 3-13 至 3-16 的结果分析，可以看出实验组 P1、P2 两组学生在经过服务性学习活动实验后都增长显著，这说明服务性学习导入课程对于学习者情感态度有着积极的影响。以问卷满分为 100 分考察总分平均数，同样可以说明以上结论，详见表 3-17。

表 3-17 两组学习者前后测"情感态度"总分平均数与标准差

组　别	前　测		后　测		变　化
	平均数	标准差	平均数	标准差	（后测减前测）
实验组 P1（27 人）	72.7407	0.89	76.1481	0.84	3.4074
实验组 P2（20 人）	62.2000	0.85	79.0000	0.62	16.8000

　　由表 3-17 可以看出实验组 P1、实验组 P2 两组学生在经过服务性学习活动实验处理前后，实验组 E1 后测平均得分比较前测平均得分增加了 3.4074 分；实验组 P2 后测平均得分比较前测平均得分增加了 16.8000 分；实验组 P2 前后测变化趋势较之实验组 P1 前后测变化趋势高出 13.3926 分，增长显著；将"导入课程的服务性学习活动问卷调查"平均得分换算成 Likert 五等分量尺，见表 3-18，前测实验组 P1 为 3.6370 分、前测实验组 P2 为 3.1100 分；后测实验组 P1 为 3.8074 分、前测实验组 P2 为 3.9500 分；实验组 P2 变化趋势较之实验组 P1 高出 0.6696 分。

表 3-18 两组学习者前后测"情感态度因素"总分平均

组　别	前　测	后　测
实验组 P1（27 人）	3.6370	3.8074
实验组 P2（20 人）	3.1100	3.9500

4. 服务性学习导入课程对文化因素的影响

　　文化因素方面，分别为 Q8：我了解跨文化交流中的文化因素。Q9：我可以用英语传播中国文化。Q17：我可以改变世界对中国的看法。Q18：我就是中国的形象。Q19：我熟悉中国传统文化。

表 3-19 实验组 P1 前后测"文化因素"总分分组描述量表

项　目	组　别	n	均　值	标准差	均值的标准误差
文化因素	P1 后测	27	17.2963	2.12702	0.40935
	P1 前测	27	15.7037	2.46225	0.47386

　　从表 3-19 可以看出，实验组 P1 前后测的平均得分（Mean）分别是 15.7037 和 17.2963 分，后测比前测高出 1.59259 分（见表 3-20，Mean Difference）。独立样本 t 检验显示，双尾检验（见表 3-20 Sig. [2-tailed]）两个变量的显著性概率为 0.014，小于 0.050 的显著水平。说明实验组 P1 在前后测两个变量上存在显著性差异。此外，两个

变量的平均值差值 95% 的置信区间均不含 0，也表明两组平均值的差异显著，这说明实验组 P1 通过执行教学实验，在文化因素方面有了显著的提高。

表 3-20　实验组 P1 前后测"文化因素"t 检验结果

文化因素		方差方程的 Levene 检验		均值方程的 t 检验						
		F	$Sig.$	t	df	$Sig.$（双侧）	均值差值	标准误差值	差分的 95% 置信区间	
									下　限	上　限
P1	假设方差相等	0.677	0.414	2.543	52	0.014	1.59259	0.62618	0.33606	2.84912
	假设方差不相等			2.543	50.925	0.014	1.59259	0.62618	0.33543	2.84976

从表 3-21 可以看出，实验组 P2 前后测的平均得分（Mean）分别是 13.6000 和 17.9000 分，后测比前测高出 4.3000 分（见表 3-22，Mean Difference）。

表 3-21　实验组 P2 前后测"文化因素"总分分组描述量表

项　　目	组　　别	n	均　　值	标准差	均值的标准误差
文化因素	P2 后测	20	17.9000	2.46875	0.55203
	P2 前测	20	13.6000	2.23371	0.49947

表 3-22　实验组 P2 前后测"文化因素"t 检验结果

文化因素		方差方程的 Levene 检验		均值方程的 t 检验						
		F	$Sig.$	t	df	$Sig.$（双侧）	均值差值	标准误差值	差分的 95% 置信区间	
									下　限	上　限
P2	假设方差相等	0.796	0.378	5.776	38	0.000	4.30000	0.74445	2.79293	5.80707
	假设方差不相等			5.776	37.626	0.000	4.30000	0.74445	2.79244	5.80756

表 3-22 显示的是实验组 P2 前后测独立样本 t 检验的结果，数据表明（见表 3-22 $Sig.$ [2-tailed]）两个变量的显著性概率为 0.000，小于 0.050 的显著水平。说明实验组 P2 在前后测两个变量上存在显著性差异。此外，两个变量的平均值差值 95% 的置信区间均不含 0，也表明两组平均值的差异显著，这说明实验组 P2 通过执行教学实验，在文化因素方面有了显著的提高。

由以上对表 3-19 至 3-22 的结果分析可以看出实验组 P1、P2 两组学生在经过服务性学习活动实验后，都增长显著，说明服务性学习导入课程对学习者文化方面的因素有着积极的影响，以问卷满分为 100 分考察总分平均数同样可以说明以上结论。

表 3-23 两组学习者前后测"文化因素"总分平均数与标准差

组 别	前 测		后 测		变 化
	平均数	标准差	平均数	标准差	（后测减前测）
实验组 P1（27 人）	68.5926	0.92	73.6296	0.99	5.0370
实验组 P2（20 人）	61.2000	0.80	76.8000	0.64	15.6000

由表 3-23 可以看出实验组 P1、实验组 P2 两组学生在经过服务性学习活动实验处理前后，实验组 P1 后测平均得分比较前测平均得分增加了 5.0370 分；实验组 P2 后测平均得分比较前测平均得分增加了 15.6000 分；实验组 P2 前后测变化趋势较之实验组 P1 前后测变化趋势高出 10.5630 分，增长显著；将"导入课程的服务性学习活动问卷调查"平均得分换算成 Likert 五等分量尺，见表 3-24，前测实验组 P1 为 3.1630 分、前测实验组 P2 为 2.7200 分；后测实验组 P1 为 3.3704 分、后测实验组 P2 为 3.5800 分。

表 3-24 两组学习者前后测"文化因素"总分平均

组 别	前 测	后 测
实验组 P1（27 人）	3.1630	3.3704
实验组 P2（20 人）	2.7200	3.5800

3.1.7 前导研究发现与结论

数据显示实验前后学习者在语言学习和应用、学习过程的非语言因素、情感态度，以及文化和跨文化因素都出现了比较显著的变化。语言学习者开始思考多样化的学习方法，如语言使用与真实情景的结合。反思作为重要的学习手段参与到语言学习过程中，学习者从反思中发现可以通过服务性学习促进与所在社区建立互惠的关系；服务性学习过程体现出比较明显的非语言因素，多元能力参与到语言学习的过程，如合作能力、解决问题能力、交际能力等；同样，这样的学习经历促进着学习者多元能力的发展。

通过与学生座谈发现学习者在学习动机和自信心方面出现了积极的变化，真实情景的体验和服务社会的经历带给学习者双重的快乐。在文化和跨文化方面，学习者对自我身份的认同提高，一些固有思维出现改变，个体的服务性学习经历带来语言和文化的习得和反思，即语言学习的方法在于使用语言，而文化学习的方法在于经历文化。在分析参与者经历的基础上前导研究可以得出以下几点结论：

结论一：服务性学习导入课程教学可以促进学习者认识自我、学校与社会。

根据美国服务性学习委员会的定义，服务性学习"是一种学习与教学策略，该策略将有意义的社区服务融于教学与反思中从而达到丰富学习经历、传授公民责任、加强社区联系的目的"。（National Service-Learning Clearinghouse，2006）服务性学习的性质决定了从活动开始就标志着学习者、学校、社会在某种程度的关联。作为高校与公共社会建立关联的必要方式，服务性学习在提高学生的社会参与方面起着其他学习方法无法比拟的作用，"社会适应度"的提高就是最直接的效果。虽然学习过程伴随着因为某种因素的不适应，如不被理解时的挫折，但是即便是不适应的产生也会从不同的角度促进学习者自我认识的形成。

就满足学习者需求而言，学校与学习者处于矛盾体的位置：一方面，学习者需要学校为自己提供可以提高"社会适应度"的教学活动；另外一方面，教学活动的开展需要学习者自主性的不断发挥。良好的社会适应度需要具有相当的职业能力、人际支持、心理素质和社会适应等几个方面，这是社会对人才素质的基本要求，这些要求应该体现在学校对人才的培养之中，如专业能力、非语言能力、情感因素发展等。就英语专业学生而言，服务性学习的导入为学习者认识自我提供了良好的机会。通过测试可知，实验组 P1、实验组 P2 中受试对象在前后测对比中在四个方面都显示出明显增长趋势，实验组 P2 更为突出，见图 3-1 和图 3-2。

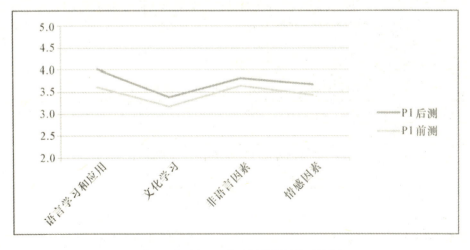

图 3-1　实验组 P1 前后测增长趋势对比图

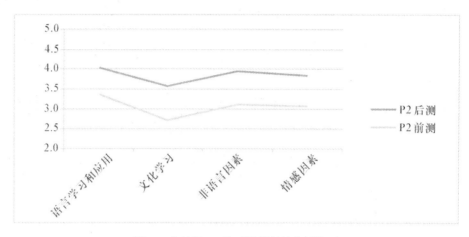

图 3-2 实验组 P2 前后测增长趋势对比图

结论二：服务性英语学习者语言的能力提高蕴涵在学习策略上的改变中。

学习者在参与服务性学习过程中，语言能力的提高比较难以量化，实验组 P1、实验组 P2 前后测对比显示（见表 3-25）学习方法和策略的提高是促进语言能力提高的关键因素，如 Q3：在语言学习过程中，我会反思。前后测对比增长 17.7%。Q7：我能从自己的经历中学习语言，前后测对比增长 8.5%，数据的显著增长说明服务性学习经历对于促进学习者反思有比较明显的优势，这种从经历本身学习语言就是一种学习策略意识的提高。语言学习过程和语言学习环境的创造可以直接影响学习者对自我学习能力和语言使用的认识。Q5：我知道如何与外籍人士交流。前后测对比增长 15.9%，不难看出在真实的语言交际环境下，学习者的学习在真实需求驱动下进步更为明显，伴随着学习过程和学习环境的改变，学习者的语言能力得到了强化和提高。

表 3-25 实验组 P1 前后测"语言学习和应用"方面对比

	Q3	Q4	Q5	Q7	Q13
实验组 P1 后测	4.19	4.00	3.52	4.26	4.11
实验组 P1 前测	3.56	3.70	3.04	3.93	3.93
实验组 P1 增长	17.7%	8.0%	15.9%	8.5%	4.7%

服务性学习所创造的语言学习环境可以促进语言表达能力的提高，因为活动为口语输出，所以这里的交际能力是在真实环境下学习者对语言的应用，见图 3-3。

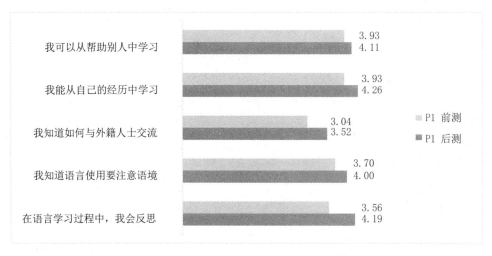

图 3-3 实验组 P1 前后测 "语言学习和应用" 方面对比图

服务性英语学习 "用声音叙事" 活动鼓励学生运用语言解决实际问题,这一思路贯穿学习者整个学习过程中,并且逐渐为学习目标和学习方法。前期筹划阶段,学生撰写信笺时措辞的斟酌就是语言使用策略意识的提高,同时也是一种解决问题能力的提高。在无法确定调研外籍人士的时候,学习者非常的焦虑,尤其当每个组采访了教师分配的名额后,其他未完成的成员会出现自我怀疑和对活动难度的抱怨,有的成员会产生放弃的念头,有的成员会求助他人,大多数学习者会通过语用策略的调整解决问题,这是语言能力提高的一个重要表现,以一份视频对话文字提取翻译为例:

问:您能接受我们的采访吗?

答:对不起,不能,你们更不能拍我!

问:您在中国待了几年?

答:10 年。

问:您热爱中国吗?

答:热爱。

问:你支持中国教育吗?

答:支持。

问:好的,为了中国教育请接受我的采访。

答:哈哈哈,好吧!

这是一位同学在街头采访一位外籍人士的对话,那位无论如何也不容许录像的阿拉伯人在接受过采访后拿出一张阿拉伯纸币,说:

"请回到学校告诉你的老师,这不是钱,这是你采访我的证明,也是我

61

超越与回归——服务性英语学习

支持中国教育的证据!"（音频文本提取，2010）

结论三：以不同形式导入课程的服务性学习，学习者的受益程度不同。

不同形式的服务性学习对学习者的影响程度不同，服务性学习导入不同的课程也会对学习者产生不同的影响。对于如何在最大的程度让学习者受益这个问题，实验组 P1、实验组 P2 分别导入不同的课程中，活动的难易程度、持续时间、参与程度、活动的体验性、互惠性、交际性、反思性等因素都会影响学习者的受益程度。实验组 P1 前后测对比中提高程度最明显的是语言学习和应用 10.6%（见表 3-26）。

表 3-26 实验组 P1 各指标前后测对比

	语言学习和应用	文化学习	非语言因素	情感因素
实验组 P1 后测	4.0148	3.3704	3.8074	3.6815
实验组 P1 前测	3.6296	3.1630	3.6370	3.4296
实验组 P1 增长	10.6%	6.6%	4.7%	7.3%

实验组 P2 前后测对比中提高程度最明显的是文化学习方面，竟然达到 31.6%，说明服务性学习导入课程的形式以及活动相关因素会直接影响学习者的受益认知，实验组 P2 课程实践要求活动者在与外籍人士访中加入对文化的探讨，并且设置讲解中国文化的环节，同时活动成为课程的重要评估手段，显然活动的挑战性激发了学习者的参与热情并且直接导致实验前后测对比出现普遍提高，依次为文化学习 31.6%，非语言因素 27.0%，情感因素 25.5%，语言学习和应用 19.9%（见表 3-27）。

表 3-27 实验组 P2 各指标前后测对比

类 别	语言学习和应用	文化学习	非语言因素	情感因素
实验组 P2 后测	4.0400	3.5800	3.9500	3.8400
实验组 P2 前测	3.3700	2.7200	3.1100	3.0600
实验组 P2 增长	19.9%	31.6%	27.0%	25.5%

实验组 P1 导入课程"综合英语"，服务性活动导入作为课程的实践教学环节考核，活动的真实性、反思性、交际性较强，但是互惠性较低，在对学生的访问中发现所谓的服务对象无法明确地感受到语言服务活动，学习者在比较宏观的服务城市的概念下进行语言实践，未能有针对性地向某一特定群体提供服务。实验组 P2 导入课程"专业实践一"，虽然也存在服务对象针对性不明确的问题，但是实验要求学习者在对外籍人士的访问中增加了介绍中国文化和撰写报告环节。虽然报告并未真实提交委托机

构，但是社会责任感的提升使得学习者的热情明显高于简单的反思性活动。同时需要指出的是服务性学习呼唤学校与所在社区的良好互动，通过委托关系的建立来完善课程设计、计划实施、成果评估等环节，这对于推进服务性学习在中国外语教学中的开展非常重要。以上发现和结论都为核心研究的设计和开展提供了必不可少的支持。

3.2 核心研究：定量研究与定性研究

3.2.1 引　言

重新检验前导研究的问题，服务性学习对参与者作为学生和社区成员的自我认识，对学校和社会的认识产生影响，然而就整体研究而言，前导研究中出现了模式一的活动时间无法保证，语言交际环境间歇且片段，参与者较短的经历无法实现有效的学术反思和服务社会的目的。模式二因为活动难度的加大，部分学习者出现焦虑等情况，而学习者撰写的报告主题多集中在自我经历的描述，缺乏对服务城市主题的深入探讨。

前导研究进行的同时，2009 年，研究者的一名日语同事中在最初活动设计的要求中，增加了视频和音频的文本提取和字幕填加环节，这一要求大大提高了学生听力实践能力的提高。2010 年 1 月浙江大学宁波理工学院与宁波市外事办一起合作开展了"宁波涉外城市形象满意度调查"，主要问卷发放对象为在宁波的外籍人士，问卷主体由研究者设计，期间一些学生作为志愿者参加了部分活动。为了研究的深入开展，研究者开始对外籍人士进行深度访问，2010 年 5 月，研究者主持的科研项目"在甬外籍人士与宁波国际化城市形象构建"获得立项。一方面宁波市有提升国际化形象的真实需要；另外一方面学生的语言实践需求真实迫切，同样重要的是社区内逐渐增加的外籍人士群体的生活、工作需要得到关注，这更促使研究者深入思考如何将服务性学习与课程教学有效的融为一体的问题。

于是，2010 年 7 月开始，研究者尝试在整合课程"专业实践一"和"暑期社会实践"的基础上开展服务性英语学习研究，计划得到研究者所在部门支持。分别于 2010 年 7 月和 2011 年 7 月，在"专业实践一"中以实验组与控制组的形式分组对比研究。实验组课程完整地体现在"用声音叙事"活动中，在课程设计上加强了社区服务意识的体现，强调课堂与真实语言环境结合，课程与服务结合，学习与反思结合，提高课业任务的后期深入探讨，然后在集中实践的基础上，分组对比。之后，以服务性英语学习概念设计的"用声音叙事"活动的社会效益和教育意义逐渐显现。

3.2.2 研究问题

结合前导研究结论，核心研究提出下列研究目的与期待回答的问题：

1. 研究目的

（1）设计符合服务性学习理论和中国英语教学环境特征的服务性英语课程教学模式并且进行实证研究。

（2）比较服务性学习与自主性学习两种模式对学习者英语学习的影响，并探讨服务性学习模式的优势。

（3）探讨服务性学习模式下学习环境和学习过程，以及学习模式对参与者在语言综合应用能力的影响。

（4）探讨服务性学习课程实施中，学习者在学习动机和学习策略的发展，以及包括反思能力、批判思维等能力的多元能力发展等问题。

2. 研究待回答的问题

（1）高校专业英语教学中实施服务性学习的可行性如何？

（2）服务性学习实施后学生语言综合应用能力发展如何？

（3）服务性学习实施后，学习者的学习动机和学习策略变化如何？

（4）服务性学习实施中学习者非语言能力表现如何？

（5）中国 EFL 教学环境下实施服务性英语学习模式的结果如何？

3.2.3 研究设计

核心研究在课程"专业实践一"中设计实验组与控制组，课程"专业实践一"为浙江大学宁波理工学院外国语学院教学计划内必修课程。课程具有自主性学习的基本特征，强调对学生实践能力的培养，教学过程注重培养学生的独立性和主动性，授课方式以教师指导学生完成教学活动为主，教学活动强调学习者的语言实践能力提高，学习者参加诸如演讲、英文戏剧小品、报纸编辑等活动（教学大纲见表 3-28）。力图通过创设学生主动参与的语言学习环境，促进学生自主性学习的发展，培养学生掌握和运用语言知识的态度和能力。

研究在一个自然班级开展，控制组按照常规教学计划完成教学活动；实验组参照控制组重新设计教学大纲，具体为在实验组中导入服务性学习理念，设计"用声音叙事"真实访问活动，即模式三。

模式三：课程成为服务性英语学习课程，在"专业实践一"课程教学中，学生参与计划实施,调研在宁波的外籍人士的文化适应和生活适应情况,了解宁波外籍人士对宁波的整体印象和为相关部门提供改进工作的建议;参与者以视频或者音频的形式记录访问过程,以团队形式开展访问活动,制作问卷、策划访问提纲、联系外籍人士、实地访问、完成日志记录、成果汇报、访问记录提取,以个体形式撰写报告,各个表现为课程评估的全部。优秀作品将汇编成集在编辑修改后出版,其中 2010 年实验侧重宁波国际化形象调研,2011 年侧重中小外资企业调研。

活动进展中期、后期以及活动开展后半年,学生都会接受不同问卷调查以检查成为服务性英语学习课程的效果。实验组与控制组课程教学大纲如下:

表 3-28 "专业实践一"控制组与实验组教学大纲对比介绍(以 2011 年为例)

课程基本介绍(控制组)	课程基本介绍(实验组)
一、课程基本信息	一、课程基本信息
1. 课程名称:专业实践一	1. 课程名称:专业实践一
2. 总学时/学分:2 周/2 学分	2. 总学时/学分:2 周/2 学分
3. 开课单位:外国语学院	3. 开课单位:外国语学院
4. 面向对象:大学二年级本科生	4. 面向对象:大学二年级本科生
5. 课程类型:E	5. 课程类型:E
二、课程简介 　　实践能力的培养及考核在任何形式的教育中都是比较困难的事情,但又是必需的重要环节。对于外国语学院的学生来说,培养语言的实际应用能力就尤为重要。外国语学院"专业实践一"由学院组成专业实习管理委员会进行直接领导,制订专业实习计划及总体安排,下设各实习小组,由小组长负责落实具体的实习工作。实行集中实习与分散实习相结合的原则,切实提高学生的实际语言应用能力。	二、课程简介 　　真实环境下的语言实践鼓励学生比较真实世界语言与课本所学知识,然后回归到课堂中讨论。需要注意的是真实环境下的语言实践并非作为额外的单独要求,而是作为一个完整的课程进行的。学生在项目第一天就会拿到体现课程哲学的大纲,实践计划与总体安排。学习项目下设实习小组,由小组长负责落实具体的语言实践工作。集中实践为讲座与讨论;分散实践为真实项目实施。
三、课程的教学目的和基本要求 　　1. 目的 　　专业实践教学旨在:(1) 强化学生专业基础,通过实践提高学生的专业意识、扩大学生的专业知识领域,巩固学生在常规专业教学中学到的知识;(2) 提高学生自我管理能力,培养学生组织专业活动的能力和自主意识,加强学生的专业实际能力。	三、课程的教学目的和基本要求 　　1. 目的 　　本课程试图通过鼓励学生参与服务社会的真实学习项目;理解跨文化交际实质;在听、说、读、写、翻译和跨文化交际方面实践使用语言;积极反思个体与团队学习经历、理解课程、语言与文化实质和发展公共意识、学习自主权意识、批判性思维等能力。

（续表）

2．要求 专业实践要求，学生要在教师的指导下，自主设计各小组的实践活动，设计其类型、性质、目的和内容，确定活动的时间安排和参加人员，以及评奖方式等。要求学生大胆创新，同学之间充分地交流和合作，开展丰富的团体活动；要求学生有计划、有步骤地进行实践活动，随时总结和进行必要的宣传。 专业实践要求学生具有合作精神，明确了解实践的目的和安排，要求学生有领导、有秩序地进行活动，要求学生活动具有较强的针对性，每个活动须有明确的负责人。要求学生灵活机动，与教师积极交流和配合，学生须遵守各项规章制度和纪律，严肃认真地完成实践活动。	2．要求 联系和走访宁波地区中小型外资企业，设计关于中小型外资企业在宁波发展因素调查问卷，包括企业发展需要解决的实际困难，企业发展对人才需求标准，企业对外语和人才要求，企业在宁波未来发展计划。参与者需要进行邮件或者电话联系、实地观察和采访，根据访问撰写针对每个企业发展相关报告，以课堂讨论的形式展示和分享调研结果，然后汇总成册，提交相关部门。 真实语言实践活动融社区真实需求于课程设计之中，要求学生具有实际解决问题的能力，通过严谨的准备有计划、有步骤、有针对性地进行项目的实施，教师参与全部过程，各小组负责人积极灵活开展活动，注意跨文化交际礼仪，突出成果与后续发展。
四、课程教学方法 开展撰写读书报告、英语剪报评比活动、电影配音大赛、戏剧表演、英语语音测试、电影欣赏等多种实践活动，旨在使学生能学以致用，在实践活动中提高语言能力。	四、课程教学方法 课程包括讲座、材料阅读、讨论、小组计划、个人展示、具体应用组讨论、问题探究、问题解决、合作学习等策略，将真实生活学习经历与语言文化反思相结合。
五、实践内容和时间安排 1．外文演讲 2．模拟面试 3．电影欣赏及评论 4．电影对白表演 5．外文报纸制作 6．外文小品表演 7．外语辩论赛 8．读书报告。阅读英文原版小说《简·爱》（日语专业书目另选），并于下一个学期开学初第一天上交约500词左右的英文读书报告。	五、实践内容和时间安排 1．真实实践活动策划 2．英文策划方案撰写 3．电话与书信联系 4．基地拜访与实地采访 5．采访录音文字提取 6．采访录音文字翻译 7．反思性研讨会 8．采访报告撰写。根据采访信息与具体情况，撰写采访一篇报告，暑假期间完成以个人为单位的、1000～1200词的报告，并且翻译成汉语。

（续表）

具体安排如下：

7 月 2 日：向学生传达短学期的具体内容，将学生分成 5～6 组，所有活动（除演讲）均由组内成员共同完成。

演讲技巧及欣赏（结合语音语调训练），布置演讲任务。

7 月 3 日：面试的技巧，分小组模拟面试。

7 月 4 日：电影欣赏（观看），课后以小组为单位进行电影欣赏的评论，并在次日以代表的形式作发言。布置电影对白表演任务。

7 月 5 日：电影欣赏点评，每小组派代表进行评论。英文报纸制作常识并布置编报任务。布置辩论赛题目。

7 月 6 日：电影对白表演。布置小品表演任务，表演以小组为单位，全体成员全部参加。每组表演不超过 10 分钟。要求学生剧本要有打印稿和电子稿，以备存档。评选出班级优秀奖一名，参加全年级的小品表演比赛。

7 月 7 日：辩论赛。

7 月 8 日：英文报纸展示。以小组为单位，每组制作一份 A3 大小的两版纸一张，栏目自拟，并标明作者及编者的名字。报纸以班级为单位，编辑成册，要突出班级特色，要有时代感，有新闻性、知识性及娱乐性。

7 月 9 日：演讲比赛。指导教师根据每个学生的演讲情况进行评分。

7 月 10 日：班级小品表演。表演时间为 10 分钟。要求学生剧本要有打印稿和电子稿，以备存档。评选出班级优秀奖一名，参加全年级的小品表演比赛。

7 月 11 日：全年级小品表演。设一等奖一名，二等奖二名，三等奖二名。

9 月 5 日：上交读书报告，大约 500 词的书评。

具体安排如下：

6 月 9 日：向学生传达短学期的具体内容，将其分成两组——一组为校内实践类，课程安排与大纲一致；一组为真实实践类。每组再分 5～6 个小组，每个小组 3 名成员。所有活动均由组内成员共同完成，并且进入前期方案策划，包括目标外资企业与企业发展调研问题撰写，教师讲解整体计划与采访策略及视频观摩。布置任务。

7 月 2 日：电话与书信联系基地、采访方案撰写。

7 月 3 日：基地拜访与实地访问，以小组为单位进行，要求明确分工，每个基地由一人主采访、其他两位成员进行录像和文字记录配合。

7 月 4 日：继续进行实地采访，根据具体情况做以方案调整，教师参加其中一组活动。

7 月 5 日：全体成员全部参加课堂讨论，对采访与项目实施过程中的问题进行反思，每组重新检讨方案与策略，以备存档。

7 月 6 日：继续进行实地采访，根据具体情况做以方案调整，教师参加其中一组活动。

7 月 7 日：继续进行实地采访，根据具体情况做以方案调整，教师参加其中一组活动。

7 月 8 日：教师讲解采访报告形式，包括格式要求、写作模式与范例分析，往年报告点评。

7 月 9 日：采访音频提取、文字翻译。

7 月 10 日：全体成员参加课堂讨论，以小组为单位进行演示，介绍采访企业情况，分析企业发展困难所在，和政府需要采取的策略讨论。

7 月 11 日：观摩控制组小品比赛时，拟派实验组一个小组进行采访活动展示。

9 月 5 日：提交采访音频提取与文字翻译、采访报告与文字翻译，其中采访报告要求 1000～1200 词。

9 月 5 日：采访视频、照片收集

超越与回归——服务性英语学习

（续表）

六、成绩的评定 　　指导教师需对学生的每项活动评定成绩，总成绩为各项活动及个人演讲及读书报告的平均成绩，成绩以百分计算。	六、成绩的评定 　　作业与真实语言项目相关联，要求每个学生写研究报告，列出计划的目标，反思学习经历的日志，反思日志包括语言反思、文化反思、课程反思、基于计划成果目标的反思、基于经历的反思和对采访过程的文字提取记录、感想性分析研究文章，总成绩为各项考核指标平均成绩，成绩以百分计算。
七、指导教师 　　实践教学一般由大二任课老师担任（特殊情况外），由两位指导教师负责一个班的实践教学，每位负责 5 天的实践活动，学生成绩由两位老师共同评定。由后一位老师收齐学生实践教学总结及记录本，由前一位老师收齐读书报告（分开评阅）。	七、指导教师 　　真实实践教学教师参与学生活动全部过程及时发现和指导学生开展活动，前期准备中给学生足够的支持，同时参加平行班级活动三至四次，完成学生成绩评定，与另外一位教师协调教学进程，整个过程教师要成分考虑学生注意安全问题。
	八、学习成果 　　通过与外籍人士的交流深入了解中小外资企业在宁波成长历程，了解宁波对外资企业的吸引力因素，调研外资中小企业在现阶段的发展困难，探讨外资企业获得发展的具体思路，建言地方政府在中小外资企业发展中的政策。学生同时需要思考全球化形式下文化和语言在经济发展中的作用、了解语言学习的本质。

3.2.4 研究对象

　　核心研究以浙江大学宁波理工学院外国语学院 2008 级与 2009 级学生为研究对象，研究样本从年级中选取一个班级为研究对象，实验前学生被告知正在进行的实验教学，然后根据自愿原则将每个班级分为两个部分，即实验组 E1、E2，和作为控制组的 C1、C2，由研究者亲自担任实验教学教师，实验分别开展于 2010 年 7 月和 2011 年 7 月。实验组教学中，研究者根据服务性教学理论重新编订教学大纲和教学要求进行教学，该教学模式完整体现在主题活动"用声音叙事"中；控制组依照教学大纲和教学要求进行教学。核心研究中共涉及四组 66 名学生，实验组与控制组各 33 名，其

中 E1"用声音叙事"活动 15 人，E2 人数 18 人，男生 2 人，女生 31 人；控制组 C1
人数 19 人，控制组 C2 人数 14 人，男生 9 人，女生 24 人。核心研究样本采取原有
班级编制，进行实验处理前，研究者根据入学英语成绩对比显示，实验组平均分数略
高于控制组。另外有若干志愿者参加 2010 年和 2011 年实验，但是不在实验的问卷数
据考察当中。

3.2.5 研究方法

核心研究采用的实证研究工作有"教学模式调查问卷"、"学习动机与策略量表"
"个人成长问卷（非语言能力）"和"课程满意度问卷"四种，问卷调查发放时间为
实验开展中期、后期和实验结束后半年，问卷不记名填写，为方便记录和统计，每次
问卷中以学号形式进行跟踪。

研究同时并以"学习日志"、"教师观察记录"、"服务性学习写作"、"访问座谈"
等性质资料的收集，进一步探讨学生学习情况。以下就各研究工具做一个简单说明，
具体会在全面问卷分析中详细描述。

1. 教学模式调查问卷

第一部分：个人基本情况，性别、英语熟练度、专业认同度、持续时间、课程难
容易度、活动在服务性，真实性、互惠性、交际性、体验性、反思性，共 12 题。[①]

第二部分：学习过程与学习环境调查

学习过程与学习环境调查共 16 题，学习过程 6 题，学习环境 10 题；适用于实验
组和控制组组两个不同的类型，本量表为 Likert 五点量表，1 代表"完全不符合我的
情况"，5 则是"完全符合我的情况"，每一分量表加总后求平均数为受试对象在该类
型分数。学习过程分别涉及参与程度、合作情况、创新情况、学习态度、自主探究、
建构活动六个方面；学习环境设计根据 Collins 等人分析提出的情景学习与认知教学模
式设计的关键特征。

第三部分：语言综合运用能力发展调查

《大纲》多次提到语言的"综合运用能力"，《大纲》测试环节就注重对"语言应
用能力"的考核，包括对语言技能、交际能力以及语言和文化等方面的知识；还有对
学生分析和解决问题能力的检验。（高等学校外语专业教学指导委员会英语组，2000）
另据中华人民共和国教育部（2001：6）基础课程中对"综合语言运用能力"的定义，

---

① 按照课程教学要求，两组学生会在 2 个月内完成课业并且提交，其中实验组学生在作业提交后，会进入修改阶
　段，为可能的出版做准备，延续时间 6 个月。对持续时间的考察，实质目的考察两组学生对于学习延续期的认
　知，即学习是否随着课程的结束而结束？

这种能力包括语言技能、语言知识、文化意识、情感态度和学习策略共五部分，这与《大纲》中所指的重点基本相符且更明确，因此本量表取其中四个部分，学习策略做单独处理；本量表为 Likert 五点量表，1 代表"完全不符合我的情况"，5 则是"完全符合我的情况"，每一分量表加总后求平均数为受试对象在该类型分数。

2. 学习动机与学习策略问卷

学习动机与学习策略使用改编自 Pintrich，Smith & McKeachie（1989）所编制 MSLQ 学习动机与策略量表以测量受试对象在学习动机和策略的应用情形；其中动机策略 31 题，包括价值 14 题、期望 12 题、情感 5 题，量表内容分为内在动机、外在动机、学科价值、自我效能、控制信念、期望成功、测试焦虑七个层面；学习策略问卷内容分为练习、融会、组织化，批判性思维、后设自我调整、学习环境管理、错误监控、同伴学习、求助资源九个层面，共 50 题；

由于 MSLQ 动机量表有关学习动机和策略的研究已获得了实证支持，研究修订标准是基于对课程模式考察为回答标的，并对措辞和试题顺序做了修改，基本结构与原量表相同，所以此问卷是具有相当高的信、效度的量表。本量表为 Likert 五点量表，1 代表"完全不符合我的情况"，5 则是"完全符合我的情况"，每一分量表加总后求平均数为受试对象在该类型分数。

3. 个人成长问卷（非语言能力）

个人成长问卷包括公民意识、成长意识、多元能力培养三个部分，主要测量课程模式对受试对象在人类价值提升的促进；其中公民意识包括奉献意识、归属感和荣誉感三个方面；成长意识包括自我能力认识，对世界认识，思想成长，个人成长和分享成长意识；多元能力培养修正了能力通用量表的基础上总结了 22 项能力，个人成长问卷量表为 Likert 五点量表，1 代表"完全不同意"，5 则是"完全同意"，每一分量表加总后求平均数为受试对象在该类型分数。

4. 课程满意度问卷

课程满意度问卷，包括课程模式满意度和课程学习满意度两个部分，模式满意度主要基于受试对象参加课程教学模式的满意度来测量教学大纲所涉及的不同环节，共 8 题，依次体现教学要求、教学方法、活动设计、教学内容、评估方法、教师参与、学习过程、接受度；课程学习满意度与课程模式满意度在考察指标上一一对应，主要测量学生对课程学习的满意度情况，从而形成测量之间的相互印证。本量表为 Likert 五点量表，1 代表"完全不同意"，5 则是"完全同意"，每一分量表加总后求平均数为受试对象在该类型分数。

5. 学习日志

研究过程中，受试对象以日志形式记录学习过程中的心得、感受，教师鼓励学生通过不断反思，从个体经历中认识语言文化知识和能力发展情况。其中，作为实验组的受试对象需要根据实验活动创作服务城市建设的建言文章，该环节为实验的必须要求，实验后期稿件在编辑修改之后汇编成书。

6. 教师观察记录

研究过程中，研究者在教学中观察受试对象学习情形，在反思中调整教学节奏，参与学生活动，从而实现未来的研究对比。

7. 访问座谈形式

研究过程中和研究后期，研究者组织实验组和控制组同学，同事和相关教学管理人员一起参加对研究的座谈，记录各方对实验的意见和建议。同时研究后期邀请教育相关领域专家对活动进行论证和总结。

3.2.6 数据收集与分析

服务性学习研究的方法一向是实践者关注的重点，概括起来可分为三种：定性研究、定量研究及这两种方法的结合。定性研究工具包括教师观察日志、访问记录、随机访谈、反思日志、经历写作等；定量研究工具有问卷调查、教学进度分析、文本分析等。定性与定量研究的结合是目前比较流行的研究方法，也得到很多研究者的认可。（Fenzel & Leary，1997；Ferguson，1997:11）Wurr（1999）以文本分析的方法研究学习者服务性写作学习的语言能力发展，同时也以学习者日志反思作为研究的佐证，这其实属于质的研究类型。

质的研究的新现象是叙事探究，Connelly & Clandinin（2004）认为："研究人的最佳方式是抓住人类经验的故事性特征，记录有关教育经验的故事。"叙事探究的方法强调与人类经验的联系，并以叙事来描述人们的经验、行为以及作为群体和个体的生活和思维方式，提倡通过有关经验的故事、口述、现场观察、日记、访谈、自传或传记，甚至书信及文献分析等方式来接近实践本身。（丁钢，2008）教育叙事探究内容既教师叙事和学生叙事，这是对教师课堂经验的充分承认，也是对学生作为学习主体在课堂教学中体验的认识，二者都蕴涵着巨大力量和潜在意义，因此更多地关注教师与学生在课堂的精神生活是教育活动发展的方向。

依据这些有益的研究和尝试，核心研究在总结前导研究的基础方法上继续采用定性与定量研究结合来从深度和广度上探讨问题实质，研究限定在本案例中英语教学环境下服务性学习与自主性学习的比较。研究设计包括了学习构成的概括，课程进度、课业和学生成果的描述，以及检验实验学习成果的定性和定量方法。

核心研究在实验处理过程中，实验结束时，实验结束后半年三个阶段对受试对象完成四种问卷进行调查，数据收集还包括"学习日志"、"教师观察记录"、"报告撰写"、"访问座谈形式"，同时对学生文本进行分析，判断服务性学习是否对学生的语言综合英语能力，学习动机与策略、文化认知、多元能力等方面产生的影响。实验数据收集利用统计软件 SPSS13.0 对两组学生的前后测结果进行独立样本 t 检验，同时结合 Excel 数据处理功能。通过对两种学习的定量研究，数据中的一些突出问题会进一步的讨论和分析可以代表整体趋势的个体样本。为了检验信度和效度的问题，采取个别访问和座谈讨论的方法，数据的收集和分析中包括对教学模式的评估。

第 4 章

结果与讨论

4.1 服务性英语学习模式与自主性学习模式比较分析

4.1.1 引 言

　　Dewey 的经验教育基本理论认为语言不可能在真空中传授，充分的学习源自充分生活化，儿童在交流与观察语言使用过程中学习语言。服务性学习不仅仅提供语言学习课堂之外的环境，同样也会触发机遇对真实生活问题的未来反思与知识应用的讨论。可见具有真实性质的学习环境为学习者提供了可以解决真实问题的机会，这一点对于儿童教育和高等教育是一致的。沉浸于这样一种环境中，学习者就可以在个体真实经历的过程中有意义地学习语言和反思语言学习。（Wurr，1999）

　　有意义的语言学习环境一直是语言教学所追求的目标，这种学习环境以是否对语言学习者有意义为标准。交际法教学认为交际课堂的真正意义是为学习者创造在真实交流的环境中完成交际任务的机会，英语课堂应该尽可能地使真实交流成为可能，这样应用英语交际的目标才能实现，英语课堂也会因此成为真实世界的信息展示和交换平台。（Davies & Pearse，2000）

　　要创造有意义的学习环境，教育管理者就应该从更宏观的层面思考教育，课堂的概念也会随之被拓展到更广阔的空间，这里的环境应该是结合了课堂、教学安排、学科发展、教学评估等在内的整体规划。服务性学习在与社会的紧密而持续的互动中创造出一个更大的"课堂"。服务性学习模式和自主性学习模式都强调学习过程和学习环境的与真实生活的关联，主张在教学中广泛地设计真实性活动，创造机会使学习者有机会去实现使语言个性化的过程，并且利用学习者自己的知识和经验表达他们的真实想法。就与英语课程结合进行实践教学而言，哪一种模式能创造出更有利实现语言个性化的学习过程和学习环境，这是本章重点考虑的问题。

4.1.2 两种模式下的学习过程比较分析

　　对于服务性英语学习和自主性英语学习两种模式下学习过程和学习环境的考察，实证研究主要根据实验处理中问卷调查数据进行统计分析、结合教师观察日志和参与学生日志。学生访问音频视频文字提取以观察学习过程在服务性学习与自主性学习两种不同学习模式中的比较，同时探究学生在服务性学习课程活动中的表现。研究可以帮助比较两种学习模式中学生的参与程度、创新能力以及知识建构的过程，研究结果讨论两者如何实现对学生的促进，以及哪种学习模式更可以提升学习者能力。首先从

75

超越与回归——服务性英语学习

"学习过程与学习环境问卷"统计描述中观察学生的学习积极性、主动性在测试中的变化。

本研究在实验处理前后，分别进行相同内容的问卷测试，实验组 E1、实验组 E2 为服务性课程实验，完整地体现在主题活动"用声音叙事"之中，设计服务性课程作为实验处理；四组皆实施同样问卷，*SD*—标准偏差（%），*n*—试样总数，一般 *n* 值不应少于 20～30 个，实验组 E1、E2 性质相近、内容相似，数据做合并处理；实验组 C1、实验组 C2 为自主性学习课程，性质相近、内容相似，数据做合并处理；然后利用统计软件 SPSS13.0 对两组学生的测试结果进行独立样本 *t* 检验，以比较两组实验对象在实验前后是否有明显的差异，内容为"学习过程和学习环境问卷"。

学习过程分别涉及参与程度、合作情况、创新情况、学习态度、自主探究、建构活动六个方面，如参与程度题型为：我积极参与该团队讨论与交流，合作情况题型为：我与其他成员密切合作。创新情况题型为：活动中，我可以提出创新的思路。学习态度题型为：活动中，我努力完成活动任务。自主探究题型为：活动中，我积极探究问题。建构活动题型为：活动中，我会自觉形成解决问题的能力。两组学生在此测验学习过程各环节的数据说明如表 4-1 所示。

表 4-1 两组学习者学习过程各环节分组描述量表

项 目	组 别	*n*	均 值	标准差	均值的标准误差
参与程度	控制组 C1+C2	33	4.3030	0.52944	0.09216
	实验组 E1+E2	33	4.5758	0.50189	0.08737
合作情况	控制组 C1+C2	33	4.3636	0.48850	0.08504
	实验组 E1+E2	33	4.4848	0.66714	0.11613
创新情况	控制组 C1+C2	33	3.6970	0.91804	0.15981
	实验组 E1+E2	33	3.9697	0.68396	0.11906
学习态度	控制组 C1+C2	33	4.3030	0.52944	0.09216
	实验组 E1+E2	33	4.4545	0.50565	0.08802
自主探究	控制组 C1+C2	33	3.7879	0.78093	0.13594
	实验组 E1+E2	33	4.1515	0.66714	0.11613
建构活动	控制组 C1+C2	33	3.8485	0.79535	0.13845
	实验组 E1+E2	33	4.2424	0.61392	0.10687

表 4-2 两组学习者学习过程各环节分组独立样本 *t* 检验

		方差方程的 Levene 检验		均值方程的 *t* 检验						
		F	Sig.	t	df	Sig.（双侧）	均值差值	标准误差值	差分的 95% 置信区间	
									下　限	上　限
参与程度	假设方差相等	0.296	0.588	−2.148	64	0.036	−0.27273	0.12699	−0.52642	−0.01903
	假设方差不相等			−2.148	63.818	0.036	−0.27273	0.12699	−0.52644	−0.01902
合作情况	假设方差相等	2.367	0.129	−0.842	64	0.403	−0.12121	0.14394	−0.40876	0.16634
	假设方差不相等			−0.842	58.653	0.403	−0.12121	0.14394	−0.40927	0.16685
创新情况	假设方差相等	6.501	0.013	−1.369	64	0.176	−0.27273	0.19929	−0.67085	0.12539
	假设方差不相等			−1.369	59.157	0.176	−0.27273	0.19929	−0.67148	0.12602
学习态度	假设方差相等	0.538	0.466	−1.189	64	0.239	−0.15152	0.12744	−0.40611	0.10308
	假设方差不相等			−1.189	63.865	0.239	−0.15152	0.12744	−0.40612	0.10309
自主探究	假设方差相等	0.571	0.453	−2.034	64	0.046	−0.36364	0.17879	−0.72082	−0.00645
	假设方差不相等			−2.034	62.476	0.046	−0.36364	0.17879	−0.72099	−0.00629
建构活动	假设方差相等	0.100	0.752	−2.252	64	0.028	−0.39394	0.17490	−0.74334	−0.04454
	假设方差不相等			−2.252	60.142	0.028	−0.39394	0.17490	−0.74377	−0.04410

参与程度，从表 4-1 可以看出，实验组与控制组测试的平均得分分别是 4.5758 和 4.3030 分，实验组比控制组高出 0.27273 分（见表 4-2，Mean Difference）。独立样本 *t* 检验显示（*t*=−2.148，*df*=64，见表 4-2），双尾检验（见表 4-2 *Sig.* [2-tailed]）两个变量的显著性概率 *p* 为 0.036，小于 0.050 的显著水平，说明实验组与控制组"参与程度"在两个变量上有显著性差异。此外，两个变量的平均值差值 95% 的置信区间均不含 0，表明两者之间存在显著性差异。这就表明实验组通过实施教学实验，在学习过程的"参与程度"方面显著高于控制组。

合作情况，从表 4-1 可以看出，实验组与控制组测试的平均得分分别是 4.4848 和 4.3636 分，实验组比控制组高出 0.1212 分（见表 4-2，Mean Difference）。独立样本 *t* 检验显示（*t*=−0.842，*df*=64，见表 4-2），双尾检验（见表 4-2 *Sig.* [2-tailed]）两个变量的显著性概率 *p* 为 0.403，大于 0.050 的显著水平，说明实验组与控制组"合作情况"在两个变量上不存在显著性差异。这就表明实验组通过实施教学实验，在学习过程的"合作情况"有增长但不显著。

创新情况，从表 4-1 可以看出，实验组与控制组测试的平均得分分别是 3.9697 和

超越与回归——服务性英语学习

3.6970 分，实验组比控制组高出 0.27273 分（见表 4-2，Mean Difference）。独立样本 t 检验显示（t=−1.369，df=64，见表 4-2），双尾检验（见表 4-2 Sig. [2-tailed]）两个变量的显著性概率 p 为 0.176，大于 0.050 的显著水平，说明实验组与控制组"创新情况"在两个变量上没有显著性差异。这就表明实验组通过实施教学实验，在学习过程的"创新情况"有增长但不显著。

学习态度，从表 4-1 可以看出，实验组与控制组测试的平均得分分别是 4.4545 和 4.3030 分，实验组比控制组高出 0.15152 分（见表 4-2，Mean Difference）。独立样本 t 检验显示（t=−1.189，df=64，见表 4-2），双尾检验（见表 4-2 Sig. [2-tailed]）两个变量的显著性概率 p 为 0.239，小于 0.050 的显著水平，说明实验组与控制组"学习态度"在两个变量上不存在显著性差异。这就表明实验组通过实施教学实验，在学习过程的"学习态度"方面有增长不显著。

自主探究，从表 4-1 可以看出，实验组与控制组测试的平均得分（Mean）分别是 4.1515 和 3.7879 分，实验组比控制组高出 0.36364 分（见表 4-2，Mean Difference）。独立样本 t 检验显示（t=−2.034，df=64，见表 4-2），双尾检验（见表 4-2 Sig. [2-tailed]）两个变量的显著性概率 p 为 0.046，小于 0.050 的显著水平，说明实验组与控制组"自主探究"在两个变量上有显著性差异。此外，两个变量的平均值差值 95%的置信区间均不含 0，表明两者之间存在显著性差异。这就表明实验组通过实施教学实验，在学习过程的"自主探究"方面显著高于控制组。

建构活动，从表 4-1 可以看出，实验组与控制组测试的平均得分分别是 4.2424 和 3.8485 分，实验组比控制组高出 0.39394 分（见表 4-2，Mean Difference）。独立样本 t 检验显示（t=−2.252，df=64，见表 4-2），双尾检验（见表 4-2 Sig. [2-tailed]）两个变量的显著性概率 p 为 0.028，小于 0.050 的显著水平，说明实验组与控制组"建构活动"在两个变量上有显著性差异。此外，两个变量的平均值差值 95%的置信区间均不含 0，表明两者之间存在显著性差异。这就表明实验组通过实施教学实验，在学习过程的"建构活动"方面显著高于控制组。

4.1.3 课程活动性质与学习过程

本问卷作为实验第一次问卷调查，其中涉及学习者基本情况调查，包括性别、英语语言熟练度、专业认可度；还涉及学习者对课程活动性质的态度，包括课程持续时间、课程难容易度，以及对活动在服务性、真实性、互惠性、交际性、体验性、反思性的考察。问卷共 12 题。问卷中学习者提供学号的后四位以便后期与其他问卷对应统计。

1. 课程难易度与学习过程

学习者对课程难易度的态度如何影响学习者在学习过程的表现，从实验组和控制组数据对比分析可知：

表 4-3 控制组课程难易度对学习过程影响分析

项　目	全　体	难	一　般	容　易
参与程度	4.3030	4.0000	4.2800	4.6000
合作情况	4.3636	4.3333	4.3600	4.4000
创新情况	3.6970	3.0000	3.7200	4.0000
学习态度	4.3030	4.0000	4.2400	4.8000
自主探究	3.7879	3.0000	3.8000	4.2000
建构情况	3.8485	3.0000	3.9200	4.0000

表 4-3 显示对课程难易度的认可直接影响控制组学习者在学习过程的表现，认为课程越容易的时候，学习者在六个方面的得分全部高于认为课程较难的情况，这一点在学习者自主探究方面表现明显，容易的情况下学习者表现高出较难情况下达 1.20分；难易度同样对创新和建构情况产生较大的影响，两者在容易的情况下都高出难时1 分。

表 4-4 实验组课程难易度对学习过程影响分析

项　目	全　体	难	一　般	容　易
参与程度	4.5758	4.7500	4.5357	5.0000
合作情况	4.4848	4.5000	4.4643	5.0000
创新情况	3.9697	3.5000	4.0357	4.0000
学习态度	4.4545	4.0000	4.5357	4.0000
自主探究	4.1515	3.7500	4.2143	4.0000
建构情况	4.2424	3.7500	4.3214	4.0000

对课程难易度的认可同样会影响实验组学习者在学习过程的表现，但是趋势不是特别明显，表 4-4 显示认为课程越容易的时候，学习者在五个方面的得分全部高于认为课程较难的情况，这一点在学习者合作方面表现突出，容易的情况下学习者的表现高出较难情况下 0.5 分；学习者的学习态度在难和容易两个情况下表现持平，比较有趣的是当认为课程较难的情况下，学习者在参与程度、合作两个方面的表现都高出平均得分，这也显示服务性学习中活动的挑战性会激发学习者参与热情和合作意识。

表 4-5 课程难易度对学习过程影响对比

性　质	课程难易度	平均数			
项　目	组　别	较　难	分　差	容　易	分　差
参与程度	实验组 E1+E2（33 人）	4.7500	0.7500	5.0000	0.4000
	控制组 C1+C2（33 人）	4.0000		4.6000	
合作情况	实验组 E1+E2（33 人）	4.5000	0.1700	5.0000	0.6000
	控制组 C1+C2（33 人）	4.3300		4.4000	
创新情况	实验组 E1+E2（33 人）	3.5000	0.5000	4.0000	0
	控制组 C1+C2（33 人）	3.0000		4.0000	
学习态度	实验组 E1+E2（33 人）	4.0000	0	4.0000	−0.8000
	控制组 C1+C2（33 人）	4.0000		4.8000	
自主探究	实验组 E1+E2（33 人）	3.7500	0.7500	4.0000	−0.2000
	控制组 C1+C2（33 人）	3.0000		4.2000	
建构情况	实验组 E1+E2（33 人）	3.7500	0.7500	4.0000	0
	控制组 C1+C2（33 人）	3.0000		4.0000	

　　对于难度是否会影响服务性学习下学习者的表现，实验组和控制组数据对比表 4-5 显示，在认为课程难的情形下，实验组 E1+E2 学习者在五个方面的表现高于控制组学习者，在学习态度方面两者持平；在认为课程容易的情形下，实验组 E1+E2 学习者在学习态度和自主探究两个方面低于控制组学习者的表现，在创新和建构成两个方面持平，由此判断服务性学习难度会激发学习者促进学习者学习过程的表现，课程容易对于一些学习者的创新和建构意识反而有抑制效果。

　　2. 学习者对待活动性质对比

　　真实性、互惠性、交际性、体验性、反思性是服务性学习的五大基本性质，活动的性质如何教学模式中体现，其关键因素是学习者对待活动性质的看法和态度，学习者对待活动性质的态度又如何影响学习者在两种模式下学习过程。

表 4-6 实验组学习者对活动性质态度总分平均

实验组活动性质	平均数	标准差
服务性	3.8788	0.7690
真实性	4.4242	0.5521
互惠性	4.0909	0.5143
交际性	4.4545	0.4979
体验性	4.4848	0.4998
反思性	4.1818	0.4576

表 4-6 显示实验组学习者对教学活动在服务性、真实性、互惠性、交际性、体验性、反思性六个方面态度的平均分。体验性得分最高，达 4.4848 分；交际性次之，4.4545 分；真实性再次之，4.4242 分；后依次为反思性 4.1818 分，互惠性 4.0909 分，服务性 3.8788 分。可见服务性学习下的学习者比较认可活动的体验性、交际性和真实性，由于对互惠性认可的较低，这也直接影响了对活动服务性认可程度，表明二者间存在较大关联。

表 4-7 控制组学习者对活动性质态度总分平均

控制组活动性质	平均数	标准差
服务性	2.8788	0.7690
真实性	3.7879	0.8793
互惠性	3.5758	0.7797
交际性	3.6970	0.7971
体验性	3.9091	0.6680
反思性	3.5758	0.6527

表 4-7 显示控制组学习者对教学活动在同上六个方面态度的平均分。体验性得分最高，达 3.91 分；真实性略次之，3.79 分；交际性再次之，3.70 分；互惠性与反思性同分，3.58 分；服务性最低，2.88 分。可见自主性学习下的学习者对体验性活动态度最认可，真实性、交际性随后，但对活动服务性较不认可，这基本符合自主性学习活动特点。

表 4-8 两组学习者对活动性质态度对比

项 目	组 别	平均数	实验组-控制组 分差
服务性	实验组 E1+E2（33 人）	3.8788	1
	控制组 C1+C2（33 人）	2.8788	
真实性	实验组 E1+E2（33 人）	4.4242	0.6363
	控制组 C1+C2（33 人）	3.7879	
互惠性	实验组 E1+E2（33 人）	4.0909	0.5151
	控制组 C1+C2（33 人）	3.5758	
交际性	实验组 E1+E2（33 人）	4.4545	0.7575
	控制组 C1+C2（33 人）	3.6970	
体验性	实验组 E1+E2（33 人）	4.4848	0.5757
	控制组 C1+C2（33 人）	3.9091	
反思性	实验组 E1+E2（33 人）	4.1818	0.6060
	控制组 C1+C2（33 人）	3.5758	

表 4-8 显示实验组和控制组数据对比，实验组学习者对活动性质的态度在六个方面得分中均高于控制组学习者，其中活动的服务性分差最高达 1 分，这符合实验设计思路。另外 5 项比较发现，服务性学习模式下的交际性高出自主性学习模式 0.7575 分，真实性高出 0.6363 分，反思性高出 0.6060 分，体验性高出 0.5757 分，互惠性高出 0.5151 分。由此可判断，服务性学习环境下的实验组 E1+E2 学习者比自主性学习环境下的控制组 C1+C2 学习者，对活动各类性质的态度，更为积极，排在前三位的是交际性、真实性和反思性。

3. 活动服务性与学习过程

学习者对活动性质的态度是否影响学习者在两种学习模式下的学习过程表现，选取对比结果中较高的两组数据即服务性与交际性，进行分析。

表 4-9 活动服务性对控制组学习过程影响

项　目	全　体	服务性低	服务性一般	服务性高
参与程度	4.3030	4.2000	4.3125	4.4286
合作情况	4.3636	4.3000	4.3125	4.5714
创新情况	3.6970	3.2000	4.0000	3.7143
学习态度	4.3030	4.4000	4.1875	4.4286
自主探究	3.7879	3.5000	3.9375	3.8571
建构活动	3.8485	3.5000	4.0625	3.8571

表 4-9 显示活动服务性高低会影响控制组学习者的学习过程表现，认为服务性高的时候，学习者在三个方面的得分全部高于在服务性低的时候；服务性一般的情况下，学习者在创新、自主探究及建构活动三方面的表现较好，在创新方面突出，学习者的表现高出服务性低的情况 0.80 分；而服务性过高或过低，对学习者的创新，自主探究与活动建构都有一定的抑制影响；而值得肯定的是，在服务性高的情况下，学习者表现都高出平均值，说明服务性对控制组学生各方面的学习表现有积极影响。

表 4-10 活动服务性对实验组学习过程影响

项　目	全　体	服务性低	服务性一般	服务性高
参与程度	4.5758	4.6066	4.5556	4.5652
合作情况	4.4848	4.0000	4.2222	4.6087
创新情况	3.9697	4.0000	3.7778	4.0435
学习态度	4.4545	4.0000	4.4444	4.4783
自主探究	4.1515	3.0000	4.1111	4.2174
建构活动	4.2424	4.0000	4.2222	4.2609

表 4-10 显示活动服务性高低会影响实验组学习者的学习过程表现，认为服务性高的时候，学习者在五个方面的得分全部高于在服务性低的时候，这一现象在学习者自主探究方面表现最突出，分差达到 1.2174 分；参与程度一项比较中，服务性高的情形下，学习者表现略低于服务性低的时候；整体而言，虽然服务性高会影响学生参与程度，但在其他各方面的积极影响是毋庸置疑的。

表 4-11 活动服务性对两组学习者学习过程影响对比

项 目	组 别	低	分 差	高	分 差
参与程度	实验组 E1+E2（33 人）	4.6066	0.4066	4.57	0.14
	控制组 C1+C2（33 人）	4.2000		4.4286	
合作情况	实验组 E1+E2（33 人）	4.0000	−0.3000	4.61	0.04
	控制组 C1+C2（33 人）	4.3000		4.5714	
创新情况	实验组 E1+E2（33 人）	4.0000	0.8000	4.04	0.33
	控制组 C1+C2（33 人）	3.2000		3.7143	
学习态度	实验组 E1+E2（33 人）	4.0000	−0.6000	4.48	0.05
	控制组 C1+C2（33 人）	4.4000		4.4286	
自主探究	实验组 E1+E2（33 人）	3.0000	−0.5000	4.22	0.36
	控制组 C1+C2（33 人）	3.5000		3.8571	
建构情况	实验组 E1+E2（33 人）	4.0000	0.5000	4.26	0.4
	控制组 C1+C2（33 人）	3.5000		3.8571	

表 4-11 显示在认为服务性低的情况下，实验组 E1+E2 在参与、创新、建构 3 项的表现分值比控制组 C1+C2 的表现分值高，其中在创新方面的表现尤为突出，分差达到 0.8 分，说明活动的服务性对学生发挥创新精神有激励作用；但是实验组 E1+E2 在合作，学习态度以及自主探究 3 项的表现分值比控制组 C1+C2 的表现分值低，其中以学习态度一项差值较大，说明对服务性的认可程度会影响实验组学生在学习态度、合作意识和自主探究几个方面的表现；

在活动服务性较高的情况下，实验组 E1+E2 学生 6 项的表现分值均比控制组 C1+C2 的表现分值高，尤其在自主探究方面的表现比控制组学生表现更为突出；说明活动服务性会提升学生的自主探究精神，同时可以判断服务性越高，实验组学生比控制组学生越能发挥他们的学习参与意识、自主意识、创新意识、建构意识、合作意识，尤其是在自主学习的热情度上表现更为明显。

4. 活动交际性与学习过程

表 4-12 活动交际性对控制组学习过程影响

项　目	全　体	交际性低	交际性一般	交际性高
参与程度	4.3030	4.0000	4.2500	4.3636
合作情况	4.3636	4.0000	4.3750	4.4091
创新情况	3.6970	2.6667	3.7500	3.8182
学习态度	4.3030	4.0000	4.1250	4.4091
自主探究	3.7879	3.3333	3.7500	3.8636
建构活动	3.8485	3.3333	3.8750	3.9091

　　表 4-12 显示活动交际性高低会影响控制组学习者的学习过程表现，交际性越高，学习者在六个方面的表现越好，学生表现随着交际性的提高呈上升趋势；而其中，学习者在创新方面表现尤为突出，交际性高的情况比交际性低的情况表现高出 1.1515；值得一提的是，在交际性高的情况下，学生各方面表现也均高出平均值，说明对交际性的认可影响自主性学习下学习者的表现，学生对活动交际性的期待真实存在。

表 4-13 活动交际性对实验组学习过程影响

项　目	全　体	交际性低	交际性一般	交际性高
参与程度	4.5758	0.00	0.00	4.5758
合作情况	4.4848	0.00	0.00	4.4848
创新情况	3.9697	0.00	0.00	3.9697
学习态度	4.4545	0.00	0.00	4.4545
自主探究	4.1515	0.00	0.00	4.1515
建构活动	4.2424	0.00	0.00	4.2424

　　表 4-13 显示实验组中的学习者全部认可活动的交际性高，交际性越高学习者在参与程度、合作情况、学习态度的表现越突出，高交际性也成为实验组活动的鲜明特征，见表 4-14 高交际性对学习过程影响对比。

表 4-14 活动交际性对学习过程影响对比

项　目	组　别	交际性高均值	分　差
参与程度	实验组 E1+E2（33 人）	4.5758	0.2122
	控制组 C1+C2（33 人）	4.3636	
合作情况	实验组 E1+E2（33 人）	4.4848	0.0757
	控制组 C1+C2（33 人）	4.4091	
创新情况	实验组 E1+E2（33 人）	3.9697	0.1515
	控制组 C1+C2（33 人）	3.8182	
学习态度	实验组 E1+E2（33 人）	4.4545	0.0454
	控制组 C1+C2（33 人）	4.4091	
自主探究	实验组 E1+E2（33 人）	4.1515	0.2879
	控制组 C1+C2（33 人）	3.8636	
建构情况	实验组 E1+E2（33 人）	4.2424	0.3333
	控制组 C1+C2（33 人）	3.9091	

当活动交际性较高时，实验组 E1+E2 学生在 6 项表现中都比控制组 C1+C2 学生表现更为积极，尤其是在自主学习，参与程度以及建构情况者三项表现尤为突出，说明活动交际性越高，对实验组学生来说，越能激发他们的参与热情、自主和建构学习；其他三个方面，两组学生表现差距不大，说明交际性较高，对两组学生的学习积极性、合作团队意识，以及创新思考能力，都有着积极的影响。所以服务性学习下，活动的交际性特点是值得肯定和发挥的。

4.1.4 两种模式下学习环境的比较分析

与经验教育和体验学习相关的建构主义主张学习环境应该促进学习者实现意义上知识建构，Jonassen（1998）认为这样的学习环境下，学习者获得知识的基础是其对世界经验的解释，途径包括个体建构和社会建构。在 Jonassen（1998）设计的建构主义学习环境模型中，问题成为整个学习环境的核心，这种以问题解决为驱动的学习环境下包含三个要素：

（1）问题情景（Problem Context）说明问题情景产生背景和学习者特点；

（2）问题的再现及模拟（Problem Representation or Simulation）呈现出趣味性，吸引性，参与性，真实性等特点；

（3）问题的操作空间（Problem Manipulation Space）是学习者控制问题、作出决定并且形成对问题话语权的工具。

围绕问题的产生、再现和学习者自主权的形成，学习环境呼应着情景学习的特点，这也将教学模式的要素获得进一步的拓展。服务性学习与自主性学习都具有情景学习的特质，Collins，Brown & Newman（1989）将社会性交互作用视为情境学习的重要组成成分，这是用新的方式观察和理解学习的透镜。这种学习环境应该可以提供机会接触实践舞台，透过观察、模仿、对话以及实际参与从新手变为专家。Collins 等人通过分析提出了这类教学模式设计的关键特征：

（1）提供真实与逼真的境域以反映知识在真实生活中的应用方式；

（2）提供真实与逼真的活动，为理解与经验的互动创造机会；

（3）提供接近专家以及对其工作过程进行观察与模拟的机会；

（4）在学习中为学习者扮演多重角色，产出多重观点提供可能；

（5）构建学习共同体和实践共同体支撑知识的社会协作性建构；

（6）在学习的关键时刻应为学习者提供必要的指导与搭建"脚手架"；

（7）促进对学习过程与结果的反思以便从中汲取经验扩大缄默知识；

（8）促进清晰表述以便使缄默知识转变为明确知识；

（9）提供对学习的真实性、整合性评价。（转引自高文，2001）

本研究中学习环境相关问题根据 Collins 等人分析提出的情景学习与认知教学模式关键特征调整设计，在实验处理后，对实验组和控制组分别进行相同内容的问卷测试，学习环境研究问题依次为：

Q1. 我参加的"教学模式"活动真实，与现实生活联系紧密。

Q2. "教学模式"活动中，我会利用包括网络资源在内的各种资源进行学习。

Q3. "教学模式"活动中，我会利用卡片、笔记本等记录思路，写下要点。

Q4. "教学模式"活动中，我会寻找特定信息完成学习活动任务。

Q5. "教学模式"活动中，我承担多种角色，完成不同任务。

Q6. "教学模式"活动中，我与同伴和教师互动频繁。

Q7. "教学模式"活动中，我与学校和所在城市互动频繁。

Q8. 我在"教学模式"活动中有观察与模拟的机会。

Q9. 我在"教学模式"学习过程中有被教师指导的机会。

Q10. "教学模式"活动下的学习环境促进了我对学习过程和结果的反思。

利用统计软件 SPSS13.0 对两组学生的测试结果进行独立样本 t 检验，以比较两组实验对象在实验前后是否有明显的差异。

表 4-15 两组学习者学习环境各环节量表

项　目	组　　别	n	均　值	标准差	均值的标准误差
Q1	控制组 C1+C2	33	3.5758	0.79177	0.13783
	实验组 E1+E2	33	4.5152	0.66714	0.11613
Q2	控制组 C1+C2	33	4.4545	0.50565	0.08802
	实验组 E1+E2	33	4.8485	0.36411	0.06338
Q3	控制组 C1+C2	33	3.7879	0.81997	0.14274
	实验组 E1+E2	33	4.4545	0.56408	0.09819
Q4	控制组 C1+C2	33	4.0303	0.72822	0.12677
	实验组 E1+E2	33	4.3636	0.54876	0.09553
Q5	控制组 C1+C2	33	3.9091	0.76500	0.13317
	实验组 E1+E2	33	4.3030	0.80951	0.14092
Q6	控制组 C1+C2	33	4.0000	0.50000	0.08704
	实验组 E1+E2	33	4.3030	0.63663	0.11082
Q7	控制组 C1+C2	33	2.9091	1.20840	0.21036
	实验组 E1+E2	33	3.9091	0.84275	0.14670
Q8	控制组 C1+C2	33	3.7273	0.80128	0.13948
	实验组 E1+E2	33	4.4848	0.66714	0.11613
Q9	控制组 C1+C2	33	4.2727	0.57406	0.09993
	实验组 E1+E2	33	4.6061	0.60927	0.10606
Q10	控制组 C1+C2	33	4.0000	0.70711	0.12309
	实验组 E1+E2	33	4.6364	0.54876	0.09553

表4-16 两组学习者学习环境独立 *t* 检验结果

		方差方程的 Levene 检验		均值方程的 *t* 检验						
		F	Sig.	t	df	*Sig.*（双侧）	均值差值	标准误差值	差分的95%置信区间 下 限	上 限
Q1	假设方差相等	0.491	0.486	−5.212	64	0.000	−0.93939	0.18023	−1.29945	−0.57934
	假设方差不相等			−5.212	62.210	0.000	−0.93939	0.18023	−1.29965	−0.57914
Q2	假设方差相等	28.281	0.000	−3.632	64	0.001	−0.39394	0.10847	−0.61063	−0.17725
	假设方差不相等			−3.632	58.154	0.001	−0.39394	0.10847	−0.61105	−0.17683
Q3	假设方差相等	0.210	0.649	−3.848	64	0.000	−0.66667	0.17325	−1.01278	−0.32056
	假设方差不相等			−3.848	56.745	0.000	−0.66667	0.17325	−1.01363	−0.31970
Q4	假设方差相等	0.672	0.415	−2.100	64	0.040	−0.33333	0.15873	−0.65043	−0.01623
	假设方差不相等			−2.100	59.481	0.040	−0.33333	0.15873	−0.65090	−0.01577
Q5	假设方差相等	1.867	0.177	−2.032	64	0.046	−0.39394	0.19389	−0.78127	−0.00661
	假设方差不相等			−2.032	63.796	0.046	−0.39394	0.19389	−0.78130	−0.00658
Q6	假设方差相等	10.941	0.002	−2.150	64	0.035	−0.30303	0.14092	−0.58454	−0.02152
	假设方差不相等			−2.150	60.597	0.036	−0.30303	0.14092	−0.58485	−0.02121
Q7	假设方差相等	10.514	0.002	−3.899	64	0.000	−1.00000	0.25646	−1.51234	−0.48766
	假设方差不相等			−3.899	57.173	0.000	−1.00000	0.25646	−1.51352	−0.48648
Q8	假设方差相等	0.088	0.768	−4.174	64	0.000	−0.75758	0.18150	−1.12017	−0.39498
	假设方差不相等			−4.174	61.966	0.000	−0.75758	0.18150	−1.12040	−0.39475
Q9	假设方差相等	0.310	0.580	−2.287	64	0.025	−0.33333	0.14572	−0.62445	−0.04222
	假设方差不相等			−2.287	63.775	0.025	−0.33333	0.14572	−0.62447	−0.04220
Q10	假设方差相等	0.325	0.571	−0.4084	64	0.000	−0.63636	0.15581	−0.94763	−0.32510
	假设方差不相等			−4.084	60.285	0.000	−0.63636	0.15581	−0.94800	−0.32473

表 4-16 独立样本 *t* 检验显示 *t* 值从 Q1—Q10 分别为−5.212，−3.632，−3.848，−2.100，−2.032，−2.150，−3.899，−4.174，−2.287，−4.084（*df* 均为 64，见表 4-16），双尾检验（见表 4-16 *Sig.* [2-tailed]）各个环节下两个变量的显著性概率 *p* 值均小于 0.050 的显著水平，说明实验组与控制组各个环节上的两个变量上有显著性差异。此外，各个环节的两个变量的平均值差值 95%的置信区间均不含 0，表明两者之间存在显著性差异。这就表明实验组 Q1—Q10 通过实施教学实验，服务性学习在学习环境方面显著高与控制组，即服务性学习所创造的学习环境较之自主性学习模式更有显著意义。表 4-17 为实验组与控制组学习环境具体比较。

表 4-17 实验组学习者学习环境总分平均

服务性学习环境下	平均数
Q1：我参加的活动真实，与现实生活联系紧密。	4.5152
Q2：我会利用包括网络资源在内的各种资源进行学习。	4.8485
Q3：我会利用卡片、笔记本等记录思路，写下要点。	4.4545
Q4：我会寻找特定信息完成学习活动任务。	4.3636
Q5：我承担多种角色，完成不同任务。	4.3030
Q6：我与同伴和教师互动频繁。	4.3030
Q7：我与学校和所在城市互动频繁。	3.9091
Q8：我在活动中有观察与模拟的机会。	4.4848
Q9：我在学习过程中有被教师指导的机会。	4.6061
Q10：学习环境促进了我对学习过程和结果的反思。	4.6364

表 4-17 显示实验组学习者，在服务性学习环境下，在上述 10 大因素的平均分中，Q2 得分最高，达 4.8485 分；Q10 略次之，为 4.6364 分；Q9 再次之，4.6061 分；后依次为 Q1，4.5152 分；Q8，4.4848 分；Q3，4.4545 分；Q4，4.3636 分；Q5 与 Q6 同分，4.3030 分；Q7 最低，3.9091 分。由此可见，服务性学习下的学习者在利用包括网络资源在内的各种资源进行学习的方面，表现最好，说明其对能有效地利用各种资源进行学习，学习自主性、资源利用性很强，而在与学校和所在城市互动频繁方面，表现相对而言较弱。

表 4-18 控制组学习者学习环境总分平均

自主性学习环境下	平均数
Q1：我参加的活动真实，与现实生活联系紧密。	3.5758
Q2：我会利用包括网络资源在内的各种资源进行学习。	4.4545
Q3：我会利用卡片、笔记本等记录思路、写下要点。	3.7879
Q4：我会寻找特定信息完成学习活动任务。	4.0303
Q5：我承担多种角色，完成不同任务。	3.9091
Q6：我与同伴和教师互动频繁。	4.0000
Q7：我与学校和所在城市互动频繁。	2.9091
Q8：我在活动中有观察与模拟的机会。	3.7273
Q9：我在学习过程中有被教师指导的机会。	4.2727
Q10：学习环境促进了我对学习过程和结果的反思。	4.0000

89

超越与回归——服务性英语学习

超越与回归——服务性英语学习

表 4-18 数据显示控制组学习者，在自主性学习环境下，在上述 10 大因素的平均分中，Q2 得分最高，达 4.4545 分；Q9 略次之，为 4.2727 分；Q4 再次之，4.0303 分；Q6 与 Q10 同分，为 4.00 分；后依次为 Q5，3.9091 分；Q3，3.7879 分；Q8，3.7273 分；Q1 为 3.5578 分；Q7 最低，为 2.9091 分。由此可见，自主性学习下的学习者在利用包括网络资源在内的各种资源进行学习的方面，表现最好，说明自主性学习下学习者能有效地利用各种资源进行学习，即资源利用性很强，而在与学校和所在城市互动频繁方面，表现相对而言很弱。

表 4-19 两组学习者学习环境总分平均

项 目	组 别	平均数	实验组-控制组分差
Q1	实验组 E1+E2（33 人）	4.5152	0.9394
	控制组 C1+C2（33 人）	3.5758	
Q2	实验组 E1+E2（33 人）	4.8485	0.3940
	控制组 C1+C2（33 人）	4.4545	
Q3	实验组 E1+E2（33 人）	4.4545	0.6666
	控制组 C1+C2（33 人）	3.7879	
Q4	实验组 E1+E2（33 人）	4.3636	0.3333
	控制组 C1+C2（33 人）	4.0303	
Q5	实验组 E1+E2（33 人）	4.3030	0.3939
	控制组 C1+C2（33 人）	3.9091	
Q6	实验组 E1+E2（33 人）	4.3030	0.3030
	控制组 C1+C2（33 人）	4.0000	
Q7	实验组 E1+E2（33 人）	3.9091	1
	控制组 C1+C2（33 人）	2.9091	
Q8	实验组 E1+E2（33 人）	4.4848	0.7578
	控制组 C1+C2（33 人）	3.727	
Q9	实验组 E1+E2（33 人）	4.6061	0.3334
	控制组 C1+C2（33 人）	4.2727	
Q10	实验组 E1+E2（33 人）	4.6364	0.6364
	控制组 C1+C2（33 人）	4.0000	

表 4-19 实验组和控制组数据对比显示，实验组 E1+E2 学习者在服务性环境下，在上表所体现的十个方面得分中均高于控制组 C1+C2 学习者在自主型学习环境下的得分，其中 Q7 分差最高达到 1 分，其次是 Q1 达到 0.9394 分，后依次是 Q8 分差达

0.7578 分，Q3 分差达 0.6666 分，Q10 分差达 0.6364 分，Q2 分差为 0.3940 分，Q5 分差为 0.3939 分，Q9 分差为 0.3334 分，Q4 分差为 0.3333 分，Q6 分差为 0.3030 分。由此可判断，服务性学习环境下的实验组 E1+E2 学习者比自主性学习环境下的控制组 C1+C2 学习者在上述十大方面表现都好，尤其是 Q7 与学校和所在城市互动程度，Q1 活动与现实生活的紧密程度，以及活动提供的观察与模拟机会方面，服务性学习明显优于自主性学习模式。

4.1.5　课程活动性质与学习环境

选取对比结果中较高的两组真实性和互惠性，分析活动性质是否可能影响学生在两种学习模式下的学习环境。

1. 活动真实性与学习环境

表 4-20　活动真实性对控制组学习环境影响

项　目	全　体	真实性低	真实性一般	真实性高
Q1	3.5758	3.0000	3.4000	3.7083
Q2	4.4545	4.2500	4.0000	4.5833
Q3	3.7879	3.7500	3.6000	3.8333
Q4	4.0303	4.2500	3.4000	4.1250
Q5	3.9091	4.2500	4.0000	3.8333
Q6	4.0000	4.0000	4.0000	4.0000
Q7	2.9091	2.7500	3.0000	2.9167
Q8	3.7273	3.7500	3.8000	3.7083
Q9	4.2727	4.0000	4.4000	4.2917
Q10	4.0000	4.0000	4.0000	4.0000

对真实性的认可态度是否会影响控制组的学习环境，表 4-20 显示，认为真实性低时，与学校和所在城市互动程度受到影响；真实性一般时，在学习过程中有被教师指导的机会最多；真实性高时，利用包括网络资源在内的各种资源进行学习得分最高；无论真实性高低，我与同伴和教师互动频繁，学习中的反思情况数据持平。由此判断，活动真实性对控制组学生的学习环境有一定影响，但此影响有其不确定性。

表 4-21 活动真实性对实验组学习环境影响

项 目	全 体	真实性低	真实性一般	真实性高
Q1	4.5152	0.00	3.0000	4.5625
Q2	4.8485	0.00	4.0000	4.8750
Q3	4.4545	0.00	4.0000	4.4688
Q4	4.3636	0.00	4.0000	4.3750
Q5	4.3030	0.00	4.0000	4.3125
Q6	4.3030	0.00	3.0000	4.3438
Q7	3.9091	0.00	4.0000	3.9063
Q8	4.4848	0.00	5.0000	4.4688
Q9	4.6061	0.00	5.0000	4.5938
Q10	4.6364	0.00	4.0000	4.6563

表 4-21 显示，实验组中没有学习者认为活动真实性低，活动真实性一般时，对服务性学习环境中的 Q7、Q8、Q9，影响最大；活动真实性高时，对服务性学习环境中的 Q1—Q6 和 Q10，影响最大。有趣的是，Q1—Q6 和 Q10，同样的 7 项在活动真实性高时，影响数值也比平均值更高，说明真实性越高，对服务性学习环境的影响越大。而适中的真实性对服务性学习环境下的学习者，在与所在城市的互动以及学习的模拟观察上，也会起到积极的影响作用。

表 4-22 实验组和控制组数据对比显示，活动真实性对实验组学习者的上表所体现的十个方面得分中均高于控制组学习者的自主性学习环境，Q7 与所在城市的互动分差最高达 0.9896 分，略次的是 Q1 与现实生活联系紧密分差达 0.8542 分，再次之 Q8 活动中有观察与模拟的机会分差达 0.7605 分，Q10 分差达 0.6563 分，Q3 分差达 0.6355 分，后依次是 Q5 分差为 0.4825 分，Q6 分差为 0.3438 分，Q9 分差 0.3038，Q2 分为 0.2917 分，Q4 最低，为 0.25。由此可判断，较之自主性学习模式，服务性学习模式下活动真实性全面促进学习环境的提升。

表 4-22 活动真实性对两组学习者学习环境影响对比

项　目	组　　别	真实性高均值	实验组-控制组分差
Q1	实验组 E1+E2（33 人）	4.5625	0.8542
	控制组 C1+C2（33 人）	3.7083	
Q2	实验组 E1+E2（33 人）	4.8750	0.2917
	控制组 C1+C2（33 人）	4.5833	
Q3	实验组 E1+E2（33 人）	4.4688	0.6355
	控制组 C1+C2（33 人）	3.8333	
Q4	实验组 E1+E2（33 人）	4.3750	0.2500
	控制组 C1+C2（33 人）	4.1250	
Q5	实验组 E1+E2（33 人）	4.3125	0.4825
	控制组 C1+C2（33 人）	3.8300	
Q6	实验组 E1+E2（33 人）	4.3438	0.3438
	控制组 C1+C2（33 人）	4.0000	
Q7	实验组 E1+E2（33 人）	3.9063	0.9896
	控制组 C1+C2（33 人）	2.9167	
Q8	实验组 E1+E2（33 人）	4.4688	0.7605
	控制组 C1+C2（33 人）	3.7083	
Q9	实验组 E1+E2（33 人）	4.5938	0.3038
	控制组 C1+C2（33 人）	4.2900	
Q10	实验组 E1+E2（33 人）	4.6563	0.6563
	控制组 C1+C2（33 人）	4.0000	

2. 活动互惠性与学习环境

表 4-23 数据显示，互惠性低时，控制组学习者在 Q4—Q7 方面，数值最高，影响最大，说明在此四方面，互惠性越低，反而对学习者的环境影响越积极；互惠性高时，控制组学习者在 Q1—Q3，Q8—Q10 方面，数值最高，影响最大，说明在这些方面，互惠性越高，对学习者的环境影响越积极；而值得一提的是，互惠性高时，各项数值均高出全体平均值，说明互惠性对控制组学习者的学习环境具有很大的积极影响。

93

超越与回归——服务性英语学习

表 4-23 活动互惠性对控制组学习环境影响

项　目	全　体	互惠性低	互惠性一般	互惠性高
Q1	3.5758	3.3333	3.2727	3.7895
Q2	4.4545	4.3333	4.3636	4.5263
Q3	3.7879	3.6667	3.8182	3.7895
Q4	4.0303	4.3333	3.6364	4.2105
Q5	3.9091	4.3333	3.7273	3.9474
Q6	4.0000	4.3333	3.8182	4.0526
Q7	2.9091	3.3333	2.7273	2.9474
Q8	3.7273	3.6667	3.7273	3.7368
Q9	4.2727	4.0000	4.1818	4.3684
Q10	4.0000	4.0000	3.9091	4.0526

表 4-24 活动互惠性对实验组学习环境影响

项　目	全　体	互惠性低	互惠性一般	互惠性高
Q1	4.5152	0.00	4.0000	4.5667
Q2	4.8485	0.00	4.6667	4.8667
Q3	4.4545	0.00	3.6667	4.5333
Q4	4.3636	0.00	4.0000	4.4000
Q5	4.3030	0.00	4.0000	4.3333
Q6	4.3030	0.00	4.0000	4.3333
Q7	3.9091	0.00	3.6667	3.9333
Q8	4.4848	0.00	4.6667	4.4667
Q9	4.6061	0.00	4.6667	4.6000
Q10	4.6364	0.00	4.0000	4.7000

　　表 4-24 数据显示实验组中没有学生认为活动互惠性低；认为互惠性一般时，在 Q8、Q9 方面，数值越高，影响越大，说明在此两方面，互惠性适中，对学习者的环境影响越积极；互惠性高时，实验组学习者在 Q1—Q7 和 Q10 八大方面，数值越高，影响越大，说明在这些方面，互惠性越高，对学习者的环境影响越积极；而值得一提的是，互惠性高时，除了 Q8 与 Q9 比平均值低外，其余各项数值均高出全体平均值，说明互惠性对实验组学习者的学习环境具有很大的积极影响。

表 4-25 活动互惠性对两组学习者学习环境影响对比

项　目	组　别	平均数	实验组-控制组分差
Q1	实验组 E1+E2（33 人）	4.5657	0.7762
	控制组 C1+C2（33 人）	3.7895	
Q2	实验组 E1+E2（33 人）	4.8667	0.3404
	控制组 C1+C2（33 人）	4.5263	
Q3	实验组 E1+E2（33 人）	4.5333	0.7438
	控制组 C1+C2（33 人）	3.7895	
Q4	实验组 E1+E2（33 人）	4.4000	0.1895
	控制组 C1+C2（33 人）	4.2105	
Q5	实验组 E1+E2（33 人）	4.3333	0.3859
	控制组 C1+C2（33 人）	3.9474	
Q6	实验组 E1+E2（33 人）	4.3333	0.2807
	控制组 C1+C2（33 人）	4.0526	
Q7	实验组 E1+E2（33 人）	3.9333	0.9859
	控制组 C1+C2（33 人）	2.9474	
Q8	实验组 E1+E2（33 人）	4.4647	0.7279
	控制组 C1+C2（33 人）	3.7368	
Q9	实验组 E1+E2（33 人）	4.6000	0.2316
	控制组 C1+C2（33 人）	4.3684	
Q10	实验组 E1+E2（33 人）	4.7000	0.6474
	控制组 C1+C2（33 人）	4.0526	

表 4-25 实验组和控制组数据对比显示，在互惠性高的情况下，实验组学习者的服务性学习环境在上表所体现的十个方面得分中均高于控制组学习者的自主性学习环境，Q7 分差最高达 0.9859 分，略次的 Q1 分差达 0.7762 分，Q3 分差达 0.7438 分，Q8 分差达 0.7279 分，Q10 分差达 0.6474 分，后依次是 Q5 分差为 0.3859 分，Q2 分差为 0.3404 分，Q6 分差为 0.2807 分，Q9 分差达 0.2316 分，Q4 最低，为 0.1895。由此可判断，活动的互惠性高可以提升服务性学习下学生的表现。

4.1.6 总　结

Stiggins（1987）提出真实性活动设计的三个特点：清晰性、弹性、反馈性。清晰性是活动的设计明确传递"决定策略与问题解决"理念；弹性是根据对学习者活动参与表现的评估对活动作出一定程度的调整；反馈性侧重通过活动来衡量学习者利用先前获得的知识去解决和完成具体任务的能力。在这个真实性活动的完整体系中，活动的"决定策略与问题解决"的相关性是关键，此类活动包含了 Morrow（1981）交际能力的三要素：信息差、选择和反馈，成为交际教学中行之有效的任务活动，更为重要的是，"交际活动的实施将学习者组织起来一起分享信息或形成决策，从而创造意义协商的实践机会"。

1. 学习过程

学习过程分别涉及参与程度、合作情况、创新情况、学习态度、自主探究、建构活动六个方面，除了合作情况，学习者在服务性学习模式下的表现普遍高于自主性学习模式，自主探究环节最为明显，说明服务性学习模式中学生更加重视利用活动完整探究。以真实性、互惠性、体验性、反思性、交际性考察两种学习模式，服务性学习全部高于自主性学习，而且活动的难度没有影响服务性学习模式下学习者的表现，相反，当学习者认为活动容易时，学习者的创新和建构意识受到抑制。

综合以上分析发现，实验组学生在经过服务性学习活动实验处理后，在参与程度、自主探究、建构活动三个方面出现显著性增长，合作情况、创新情况、学习态度三个方面有增长但是不显著；实验"用声音叙事"在活动开展前期以团队形式采访外籍人士，后期注重个体写作能力培养的调研报告，学习过程要求可以充分调动学习者的主动性，探究精神的发展有助于形成解决问题的能力。学习者会在解决问题受阻的情况下，会尝试其他不同的方式，这个过程往往以沟通和交流解决问题，以下日志记录者团队如何与留学生公寓的管理人员，国际交流中心负责人进行沟通，最终完成采访任务的过程：

> "在夏恩英语辅导中心未给出明确答复前，我们决定再寻找别的突破口。无意间从同学口中得知宁波大学还有一批留学生在校，我们觉得这是个不错的机会，于是立即乘车前往。将近两小时的路程颠簸，好不容易到站，我们寻着地图来到留学生公寓，面对空空的大楼和一扇扇紧闭的门，我们不知所措了。贸然敲门必然不宜，经商量我们找到了管理人员，经过她的指点我们来到国际交流中心。这时天已经下起雨，大家都很茫然，但我们完成任务的决心和诚意赢得了中心老师的信任，于是经介绍我们并见到第一位采访对象 Peter。采访的过程很顺利，Peter 是个开朗健谈的德国小伙，30 分钟的访问在笑声中一晃而过，采访结束后，我们又遇见了 Peter 的同学赫明，对于这个意外的收获我们都非常高兴。今天很累，但收获多多。"（金晶，2010年7月13日）

服务性学习鼓励在问题中寻找答案，而解决问题的过程就是一个难得学习过程，这个过程因为真实情景的参与，学习者在各种信息的相互作用下获得知识、技能和态度的成长，下面一则日志记录着团队帮助下解决问题的过程：

> "马上要结束这十几天的语言实践了，一位组员虽然进行了采访，却没有正式录像。她上进心很强，想重新做过，采访对象一时难以落实，因此她非常焦急烦躁，看着让大家心疼。作为组长，我一边积极寻找，一边努力安慰她。当她说今天要去星巴克守株待兔时，大家都陪伴着她，虽然知道成功的希望很渺茫。我们大家都用乐观的话语跟她交谈，只是这样，她心里才不会那么慌张和不安。等待的过程是漫长的，但是对她来说，接下来的每一秒是未知也是希望。
>
> 其实，本来是不用这么慌的，因为有一个在外度假的外国人推荐了两位朋友来接受我们的采访，只是因为他们要享受周末就没成行，而且当时时间也太晚了。不管怎样艰辛，我们还是熬过来了，最后有一位外教愿意参与我们的项目，这就给了那位组员一颗定心丸，我们就放心很多了。"（袁晓燕，2010 年 7 月 18 日）

2. 学习环境

对于学习环境的比较，服务性学习模式普遍高于自主性学习模式，特别是在与学校和城市互动、利用资源学习、观摩学习的机会三个方面服务性学习更有优势，而以活动的互惠性考察，学习者在这个方面的高度认可直接导致了学生与城市和学校的频繁互动。互动关系的形成是服务性学习环境的显著特征，服务性英语学习环境下，教师与学生的关系形成表现尤其明显。建构学习环境伴随着教师角色的转变，无论基本元素的观点如何变化（Hannafin，Land & Oliver，1999；Collins，Brown & Newman，1989；Perkins & Unger，1999），或者称谓如何不同，如教练、专家、任务管理者等，教师的作用始终是最为关键的。教师是学习环境的营造者和促进者，在 Jonassen（1998）建构主义学习环境的模型中，建模、教练、脚手架是教学支持的三大要点，其中教练无所不在地出现在学习者行动的每个阶段：

> "调动学习者的动机，分析学习者的水平，提供反馈和学习方法，激励学习者对所学知识进行阐释和反思。"（Jonassen，1998）

观察学习日志可以充分反映出教师功能和师生之间的互动对形成学习环境的重要意义，以下选取学习者日志来反映教师对形成学习环境的作用，

教师通过反馈确认学习者行为的有效和正确，如下面一段日志里写道：

> "上交的新闻报道得到了老师的认可，心里颇是欣喜，成就感也油然而

生。而老师的修改更让我心生佩服，因为教师本是一个不轻松的工作，看着老师回复邮件的时间更是凌晨，可见，老师对这一活动的重视与付出。相信在这强大的支持下，有了同学们吃苦耐劳的精神，积极奔走于宁波各地，我们的这份实践报告肯定会充满意义。"（陈雯雯，2010 年 7 月 18 日）

教师可以提供动机刺激，尤其是在困难任务出现时要不断地进行动机激励。Jonassen（1998）一段日志显示如下：

"实践活动接近尾声了，虽说心里急切地盼望回家，但还是有点不舍这段时间的生活。大家口中的亮哥哥依旧保持着跟我们一样年轻的心，会给我们描述身边的一切。一些普通的经历在他口中都成了童话故事。舍不得这一切，我喜欢和团队成员一起开会工作的样子，尤其是在面对困难时，再多的抱怨也因为这次语言活动的意义而显得微不足道了。"（林珊珊，2010 年 7 月 20 日）

教师监控管理学习者行为。提供暗示和帮助，提醒任务执行中被忽视的部分。Jonassen（1998）一段日志显示如下：

"一大早，还睡眼蒙眬中，我就被一阵连续的铃声叫醒，定睛一看，竟然是蔡亮老师的电话，赶紧拍拍脸，醒醒脑，深吸一口气，猛然想到昨天的采访大纲，心里有些许不好的预感。接起电话，可以想象老师看到我采访大纲的表情。许多问题都不够专业甚至显得有点幼稚。问题前后联系不自然，个别单词用得太过于书面化。好在，蔡老师相当有耐心，一个接一个地跟我进行讨论和修改。整个过程中，我看清了自己的渺小，自己的不足，以及今后该改进的方面。

身为英语专业的学生，我们现在的水平是远远不够的，我们的学习不能只停留在课堂里，要把学习到的东西变成属于自己的，我们就要将它灵活地运用到实践中。"（周瑾，2011 年 7 月 5 日）

教师的示范促进学习环境的形成。教师的示范对于引导学习者的探究以及方向适当性非常重要，教师要尽量保持作为班级一员的状态，以便所有参与者的相应权利更平等，学习者可以获得学术的启发和心灵的关照。

"蔡老师早上给我们开了个培训会，先是分析去年的活动，然后讲解今年的活动特点，因为我们之前的行动缓慢，他看着真是着急了，看似在鼓励却在另一种意义上也是一种推动。我在那里坐着，心里想着，外籍人士，外籍人士，上哪去找啊。蔡老师当着我们面给一个老外打了电话，敲定了采访的事，我兴奋地举起手抢到了第一个名额。培训会后，我感受到了一股浓浓的氛围，大家都开始行动起来了。"（何亚运，2011 年 7 月 2 日）

3. 活动性质对学习过程和学习环境的影响

活动性质的态度是否可能影响学生在两种学习模式下的学习过程表现，以服务性、交际性的考察发现，服务性学习模式的学生表现普遍高于自主性学习模式；在服务性教学模式下当学生对服务性认可低的时候，学习者在合作、态度、探究三个方面低于自主性学习，说明对于参与社会服务本身学生是有期待的，这当然与学习者本身的自愿选择实验组也有关系；服务性学习模式下，对活动的交际性认可高的时候，学习者的学习过程建构活动表现更突出。

以下一则日志可以反映出服务性学习活动的难度带给学习者怎样的学习过程，其实也是从一个侧面回答"什么是学习？"和"如何进行学习？"的问题：

> "今天安心地待在寝室里做采访后期工作，将近 40 分钟的视频，每一句话都得辨明记录，真的是一件痛苦的差事。由于当时采访的紧张，采访对象的很多话都听不懂的，后期得反复听，枯燥又心烦。正如老师说的，采访只是一小步，后期工作才是大量而繁重的。我想，通过这次实践活动，我必能收获很多。"（金晶，2010 年 7 月 18 日）

"什么是学习？""如何进行学习？"这样的争论在学界已经盛行许久，然而日志中的片段记录至少可以呈现服务性学习过程中，学习者如何接受富有挑战性的学习活动，并且把解决挑战性问题当作学习一部分。而学习环境方面，学习互惠性提高可以影响学习者的学习表现，这种情形可以在日志叙述中找到证据：

> "外出采访的工作暂时告一段落了。今天我们实践队的成员们都忙着整理后期资料，写新闻报道，提取采访内容，记录采访心得，交流活动经验，以备更充分地准备写一阶段的工作。很开心地听到同学说可以还有一个德国人，在宁波居住了 14 年，并且开了餐馆和酒吧。14 年，他对城市一定有很深的感悟和很多要说的话吧。我们期待着这位德国人给我们带来一些意外惊喜。采访活动还得继续，而我们也渐渐地爱上了这种思想和文化的交流活动。我想，对于采访者和受访者，这都是一次受益的交流。"（陈雯雯，2010 年 7 月 16 日）

4.2　服务性英语学习下语言综合应用能力分析

4.2.1　引　言

服务性学习经历究竟如何促进学习者语言综合应用能力的发展，Wendy（2007）

记录的一个西班牙语服务性项目的可以为我们提供一些佐证，该研究调查服务性学习项目对中高水平和中低水平的西班牙语作为第二语言学生的影响，学生为来自两个班级的 54 名学习西班牙语的加拿大学生，学习者在服务性学习项目和文化演示项目之间做出选择，同时参与者分别参加了研究前、后期的问卷调查，调查主要针对学习者对于目标语和目标语文化的态度。研究结果显示在完成了服务性学习或者文化展示计划之后，服务性学习者较之只完成文化展示的学习者，对目标语文化和语言有更积极的态度；另外作为第二语言的中高水平参与者有了自信上的提升，然而，中低水平参与者情况有所不同，因为第二语言的熟练度以及服务性学习任务完成情况等问题，他们的服务经历和语言学习都受到一定程度的抑制。

服务性学习的组织者要为学习者提供真实接触目标文化与目标语言使用者的机会，作为体验式学习的一个类型，涉及真实语言与文化接触的服务性学习可以反映出个体经历对语言学习的深刻影响和作用。以上案例对学习者语言综合应用能力的影响，表现在情感态度和文化意识成长，对语言意识的分析却不明显，本研究中将综合语言运用能力分为语言技能、语言知识、文化意识、情感态度四个部分（请见 3.2.5 研究方法）。本量表为 Likert 五点量表，1 代表"完全不符合我的情况"，5 则是"完全符合我的情况"，每一分量表加总后求平均数为受试对象在该类型分数。同时利用统计软件 SPSS13.0 对两组学生的测试结果进行独立样本 t 检验，以比较两组实验对象在实验前后是否有明显的差异。

4.2.2 语言技能发展分析

语言技能考察学习者参加该教学模式在英语听力、口语表达、阅读、写作、翻译、语言理解能力六个方面的提高，表述如：参加该教学模式我提高了英语听力能力。

表 4-26 实验组学习者语言技能总分平均分量表

项　　目	平均数	标准差
Q1.听	3.9697	0.8472
Q2.说	4.3333	0.7360
Q3.读	3.5455	0.8326
Q4.写	4.2121	0.8572
Q5.译	4.4242	0.7084
Q6.理解	4.3030	0.6840

表 4-26 数据显示实验组学习者在听、说、读、写、译、理解六方面的语言技能平均分中，译得分最高，达 4.4242 分；说略次之，达 4.3333 分。这两项是服务性英

语活动中实践最为频繁的两种技能。然后依次是语言理解能力 4.3030 分，写作 4.2121 分，听 3.9697 分，最低的阅读 3.5455 分。由此可见，服务性学习下的学习者在翻译、说话、理解、写作上表现较强，而听力、阅读能力相比之下较弱，这与服务性学习项目在课程中的要求有密切关系。

表 4-27 控制组学习者语言技能总分平均分量表

项　目	平均数	标准差
Q1.听	3.6061	0.7475
Q2.说	3.9394	0.5556
Q3.读	3.4545	0.9385
Q4.写	3.6364	0.7834
Q5.译	3.4848	0.7954
Q6.理解	3.9697	0.5855

表 4-27 数据显示控制组学习者在听、说、读、写、译、理解六方面的语言技能平均分中，理解得分最高，达 3.9697 分，说略次之，达 3.9394 分，然后依次是写 3.6364 分、听 3.6061 分、译 3.4848 分，读最低，3.4545 分。由此可见，自主性学习下的学习者在理解、说话上表现较强，在写作、听力上表现一般，而翻译和阅读能力相比之下最弱。

表 4-28 两组学习者语言技能对比

项　目	组　别	平均数	实验组-控制组分差
Q1	控制组 C1+C2	3.6061	0.3636
	实验组 E1+E2	3.9697	
Q2	控制组 C1+C2	3.9394	0.3939
	实验组 E1+E2	4.3333	
Q3	控制组 C1+C2	3.4545	0.0910
	实验组 E1+E2	3.5455	
Q4	控制组 C1+C2	3.6364	0.5757
	实验组 E1+E2	4.2121	
Q5	控制组 C1+C2	3.4848	0.9394
	实验组 E1+E2	4.4242	
Q6	控制组 C1+C2	3.9697	0.3333
	实验组 E1+E2	4.3030	

英语听力，实验组和控制组数据对比显示，实验组平均分 3.9697 比控制组 3.6061 高 0.3636 分（见表 4-28、4-29），两者之间不存在显著性差异（$t=-1.849$, $df=64$,

p=0.069>0.050，见表 4-30）。

口语表达，实验组和控制组数据对比显示，实验组平均分 4.3333 比控制组 3.9394 高 0.3939 分（见表 4-28、4-29），且两者之间存在显著性差异（t=−2.454，df=64，p=0.017<0.050，见表 4-30）。

阅读，实验组和控制组数据对比显示，实验组平均分 3.5455 比控制组 3.4545 高 0.091 分（见表 4-28、4-29），两者之间不存在显著性差异（t=−0.416，df=64，p=0.679>0.050，见表 4-30）

写作，实验组和控制组数据对比显示，实验组平均分 4.2121 比控制组 3.6364 高 0.57 分（见表 4-28、4-29），且两者之间存在显著性差异（t=−2.848，df=64，p=0.006<0.050，见表 4-30）

翻译，实验组和控制组数据对比显示，实验组平均分 4.4242 比控制组 3.4848 高 0.9394 分（见表 4-28、4-29），且两者之间存在显著性差异（t=−5.067，df=64，p=0.000<0.050，见表 4-30）

语言理解能力实验组和控制组数据对比显示，实验组平均分 4.3030 比控制组 3.97 高 0.3333 分（见表 4-28、4-29），且两者之间存在显著性差异（t=−2.127，df=64，p=0.037<0.050，见表 4-30）。

实验组和控制组数据对比显示，实验组学习者对语言技能的掌握在上表所述的六个方面得分中均高于控制组学习者，口语表达、写作、翻译、语言理解能力都存在显著性差异。由此可判断，在语言技能的发展方面，服务性学习优于自主性学习环境。

表 4-29 学习者语言技能总分平均分量表

项　目	组　别	n	均值	标准差	均值的标准误差
Q1.听	控制组 C1+C2	33	3.6061	0.74747	0.13012
	实验组 E1+E2	33	3.9697	0.84723	0.14748
Q2.说	控制组 C1+C2	33	3.9394	0.55562	0.09672
	实验组 E1+E2	33	4.3333	0.73598	0.12812
Q3.读	控制组 C1+C2	33	3.4545	0.93845	0.16336
	实验组 E1+E2	33	3.5455	0.83258	0.14493
Q4.写	控制组 C1+C2	33	3.6364	0.78335	0.13636
	实验组 E1+E2	33	4.2121	0.85723	0.14923
Q5.译	控制组 C1+C2	33	3.4848	0.79535	0.13845
	实验组 E1+E2	33	4.4242	0.70844	0.12332
Q6.理解	控制组 C1+C2	33	3.9697	0.58549	0.10192
	实验组 E1+E2	33	4.3030	0.68396	0.11906

表 4-30　两组学习者语言技能独立样本 *t* 检验结果

		方差方程的 Levene 检验		均值方程的 *t* 检验						
		F	Sig.	*t*	df	Sig.（双侧）	均值差值	标准误差值	差分的95%置信区间	
									下限	上限
Q1. 听	假设方差相等	0.440	0.509	−1.849	64	0.069	−0.36364	0.19668	−0.75655	−0.02927
	假设方差不相等			−4.774	63.021	0.069	−0.36364	0.19668	−0.75666	−0.02939
Q2. 说	假设方差相等	6.571	0.013	−2.454	64	0.017	−0.39394	0.16053	−0.71463	−0.07325
	假设方差不相等			−2.454	59.532	0.017	−0.39394	0.16053	−0.71509	−0.07278
Q3. 读	假设方差相等	0.335	565	−0.416	64	0.679	−0.09091	0.21839	−0.52719	−0.34537
	假设方差不相等			−0.416	63.104	0.679	−0.09091	0.21839	−0.52731	−0.34549
Q4. 写	假设方差相等	1.479	0.228	−2.848	64	0.006	−0.57576	0.20215	−0.97959	−0.17192
	假设方差不相等			−2.848	63.487	0.006	−0.57576	0.20215	−0.97965	−0.17186
Q5. 译	假设方差相等	0.407	0.526	−5.067	64	0.000	−0.93939	0.18541	−1.30980	−0.56899
	假设方差不相等			−5.067	63.162	0.000	−0.93939	0.18541	−1.30989	−0.56889
Q6. 理解	假设方差相等	8.019	0.006	−2.127	64	0.037	−0.33333	0.15673	−0.64643	−0.02023
	假设方差不相等			−2.127	62.513	0.037	−0.33333	0.15673	−0.64658	−0.02009

4.2.3　语言知识发展分析

　　语言知识考察学习者参加该教学模式在词汇量、词汇知识、语音知识、句法知识、语法知识、语篇知识六个方面的发展，表述如：参加该教学模式我扩充了我的语法知识。

表 4-31　实验组学习者语言知识总分平均

实验组活动性质	平均数	标准差
Q1.词汇量	3.7576	0.85
Q2.词　汇	3.6970	0.76
Q3.语　音	4.1212	0.91
Q4.句　法	3.7576	0.95
Q5.语　法	3.5758	0.95
Q6.语篇知识	3.6970	0.87

表 4-31 数据显示实验组学习者在词汇量、词汇、语音、句法、语法、语篇知识六方面的平均分中，语音得分最高，达 4.1212 分；词汇量与句法略次之，为 3.7576 分；词汇与语篇知识再次之，为 3.6970 分；语法最低，3.5758 分。由此可见，服务性学习下的学习者在语音上表现尤为突出，词汇量、句法、词汇与语篇知识上表现也较为优秀，但语法相比之下较弱。

表 4-32 控制组学习者语言知识总分平均

控制组活动性质	平均数	标准差
Q1.词汇量	3.5455	0.89
Q2.词 汇	3.5455	0.89
Q3.语 音	3.7879	0.65
Q4.句 法	3.2727	0.75
Q5.语 法	3.2424	0.92
Q6.语篇知识	3.4242	0.82

表 4-32 数据显示控制组学习者在词汇量、词汇、语音、句法、语法、语篇知识六方面的平均分中，语音得分最高，达 3.7879 分；词汇量与词汇略次之，为 3.5455 分；依次再是语篇知识，为 3.4242 分；句法 3.2727 分；语法最低，为 3.2424 分。由此可见，自主性学习下的学习者在语音上表现也尤为突出，词汇量、词汇、语篇知识上表现也较为优秀，但句法与语法相比之下较弱。

表 4-33 两组学习者语言知识对比表

项 目	组 别	平均数	实验组-控制组分差
Q1	实验组 E1+E2（33 人）	3.5455	0.2121
	控制组 C1+C2（33 人）	3.7576	
Q2	实验组 E1+E2（33 人）	3.5455	0.1515
	控制组 C1+C2（33 人）	3.6970	
Q3	实验组 E1+E2（33 人）	3.7879	0.3333
	控制组 C1+C2（33 人）	4.1212	
Q4	实验组 E1+E2（33 人）	3.2727	0.4849
	控制组 C1+C2（33 人）	3.7576	
Q5	实验组 E1+E2（33 人）	3.2424	0.3334
	控制组 C1+C2（33 人）	3.5758	
Q6	实验组 E1+E2（33 人）	3.4242	0.2728
	控制组 C1+C2（33 人）	3.6970	

词汇量，实验组和控制组数据对比显示，实验组平均分 3.7576 比控制组 3.5455 高 0.2121 分（见表 4-33、4-34），两者之间差异不显著性（$t=-0.972$，$df=64$，$p=0.334>0.050$，见表 4-35）。

词汇，实验组和控制组数据对比显示，实验组平均分 3.6970 比控制组 3.5455 高 0.1515 分（见表 4-33、4-34），两者之间差异不显著性（$t=-0.733$，$df=64$，$p=0.466>0.050$，见表 4-35）。

语音，实验组和控制组数据对比显示，实验组平均分 4.1212 比控制组 3.7879 高 0.3333 分（见表 4-33、4-34），两者之间不存在显著性差异（$t=-1.691$，$df=64$，$p=0.096>0.050$，见表 4-35）

句法，实验组和控制组数据对比显示，实验组平均分 3.7576 比控制组 3.2727 高 0.4849 分（见表 4-33、4-34），且两者之间存在显著性差异（$t=-2.260$，$df=64$，$p=0.027<0.050$，见表 4-35）

语法，实验组和控制组数据对比显示，实验组平均分 35758 比控制组 3.2424 高 0.3334 分（见表 4-33、4-34），且两者之间存在显著性差异（$t=-1.421$，$df=64$，$p=0.160>0.050$，见表 4-35）

语篇知识，实验组和控制组数据对比显示，实验组平均分 3.6970 比控制组 3.4242 高 0.2728 分（见表 4-33、4-34），且两者之间存在显著性差异（$t=-1.292$，$df=64$，$p=0.201>0.050$，见表 4-35）。

实验组和控制组数据对比显示，实验组学习者对语言技能的掌握在上表所述的六个方面得分中均高于控制组学习者，但是，只有在句法学习存在显著性差异。由此可见，服务性英语学习环境下的学习者对语言知识的掌握程度差异不是非常明显。

表 4-34 两组学习者语言知识总分平均分量表

项　　目	组　　别	n	均　　值	标准差	均值的标准误差
Q1.词汇量	控制组 C1+C2	33	3.5455	0.90453	0.15746
	实验组 E1+E2	33	3.7576	0.86712	0.15095
Q2.词　汇	控制组 C1+C2	33	3.5455	0.90453	0.15746
	实验组 E1+E2	33	3.6970	0.76994	0.13403
Q3.语　音	控制组 C1+C2	33	3.7879	0.64988	0.11313
	实验组 E1+E2	33	4.1212	0.92728	0.16142
Q4.句　法	控制组 C1+C2	33	3.2727	0.76128	0.13252
	实验组 E1+E2	33	3.7576	0.96922	0.16872
Q5.语　法	控制组 C1+C2	33	3.2424	0.93643	0.16301
	实验组 E1+E2	33	3.5758	0.96922	0.16872
Q6.语篇知识	控制组 C1+C2	33	3.4242	0.83030	0.14454
	实验组 E1+E2	33	3.6970	0.88335	0.15377

表 4-35 两组学习者语言知识 *t* 检验结果

		方差方程的 Levene 检验		均值方程的 *t* 检验						
		F	Sig.	t	df	Sig.（双侧）	均值差值	标准误差值	差分 95%置信区间	
									下　限	上　限
Q1	假设方差相等	0.006	0.940	−0.972	64	0.334	−0.21212	0.21812	−0.64787	0.22363
	假设方差不相等			−0.972	63.886	0.334	−0.21212	0.21812	−0.64789	0.22365
Q2	假设方差相等	1.163	0.285	−0.733	64	0.466	−0.15152	0.20678	−0.56460	0.26157
	假设方差不相等			−0.733	62.408	0.466	−0.15152	0.20678	−0.56480	0.26177
Q3	假设方差相等	2.495	0.119	−1.691	64	0.096	−0.33333	0.19712	−0.72712	0.06045
	假设方差不相等			−1.691	57.326	0.096	−0.33333	0.19712	−0.72800	0.06133
Q4	假设方差相等	3.998	0.050	−2.260	64	0.027	−0.48485	0.21454	−0.91345	0.05625
	假设方差不相等			−2.260	60.599	0.027	−0.48485	0.21454	−0.91391	0.05579
Q5	假设方差相等	0.343	0.560	−1.421	64	0.160	−0.33333	0.23460	−0.80201	0.13534
	假设方差不相等			−1.421	63.924	0.160	−0.33333	0.23460	−0.80202	0.13535
Q6	假设方差相等	0.151	0.698	−1.292	64	0.201	−0.27273	0.21104	−0.69432	0.14887
	假设方差不相等			−1.292	63.756	0.201	−0.27273	0.21104	−0.69435	0.14890

4.2.4 文化意识发展分析

文化意识指参与该教学模式对中国文化、英语国家文化的认识以及文化元素的认识提高；共 8 题，依次为：

Q1.可以提高我对中国文化的认识。

Q2.可以提高我对英语国家文化的认识。

Q3.可以提高我对多元文化的认识。

Q4.可以提高我对交际中文化因素的认识。

Q5.可以提高我对词语的文化内涵认识。

Q6.可以提高我对不同文化的价值观念差异认识。

Q7.可以提高我对不同文化的思维习惯差异认识。

Q8.可以提高我的跨文化交际意识。

表 4-36 实验组学习者文化意识总分平均

实验组活动性质	平均数
Q1.本族文化	4.3636
Q2.目标语文化	4.4545
Q3.多元文化	4.5152
Q4.交际中文化的因素	4.5455
Q5.词语的文化内涵	4.0000
Q6.价值观差异	4.5152
Q7.思维习惯差异	4.5455
Q8.跨文化交际意识	4.6061

表 4-36 数据显示实验组学习者在本族文化、目标语文化、多元文化、交际中文化的因素、词语的文化内涵、价值观差异、思维习惯差异、跨文化交际意识八大方面的平均分中，跨文化交际意识得分最高，达 4.6061 分；交际中文化的因素与思维习惯差异略次之，达 4.5455 分；多元文化与价值观差异再次之，为 4.5152 分；再依次是目标语文化，4.4545 分；本族文化，4.3636 分；词语的文化内涵最低，4.00 分。由此可见，服务性学习下的学习者在跨文化交际意识上表现最强，在交际中文化的因素、思维习惯差异、多元文化、价值观差异、目标语文化、本族文化上表现也较为优秀，相比之下，词语的文化内涵上表现相对较弱。

表 4-37 控制组学习者文化意识总分平均

控制组活动性质	平均数
Q1.本族文化	3.3030
Q2.目标语文化	4.0000
Q3.多元文化	3.6364
Q4.交际中文化的因素	3.6667
Q5.词语的文化内涵	3.2424
Q6.价值观差异	3.6667
Q7.思维习惯差异	3.5758
Q8.跨文化交际意识	3.8485

表 4-37 数据显示控制组学习者在本族文化、目标语文化、多元文化、交际中文化的因素、词语的文化内涵、价值观差异、思维习惯差异、跨文化交际意识八大方面的平均分中，目标语文化得分最高，达 4.00 分；跨文化交际意识略次之，为 3.8485 分；交际中文化的因素与价值观差异再次之，3.6667 分；再依次是多元文化，3.6364 分；思维习惯差异，3.5758 分；本族文化，3.3030 分；词语的文化内涵最低，3.2424

分。由此可见，自主性学习下的学习者在目标语文化上表现最强，在跨文化交际意识、交际中文化的因素、价值观差异、多元文化、思维习惯差异上表现也较为优秀，但在本族文化与词语的文化内涵上相比之下表现较弱。

表 4-38 两组学习者文化意识对比

项　目	组　别	平均数	实验组-控制组分差
Q1	实验组 E1+E2（33 人）	3.3030	1.0606
	控制组 C1+C2（33 人）	4.3636	
Q2	实验组 E1+E2（33 人）	4.0000	0.4545
	控制组 C1+C2（33 人）	4.4545	
Q3	实验组 E1+E2（33 人）	3.6364	0.8788
	控制组 C1+C2（33 人）	4.5152	
Q4	实验组 E1+E2（33 人）	3.6667	0.8788
	控制组 C1+C2（33 人）	4.5455	
Q5	实验组 E1+E2（33 人）	3.2424	0.7576
	控制组 C1+C2（33 人）	4.0000	
Q6	实验组 E1+E2（33 人）	3.6667	0.8485
	控制组 C1+C2（33 人）	4.5152	
Q7	实验组 E1+E2（33 人）	3.5758	0.9697
	控制组 C1+C2（33 人）	4.5455	
Q8	实验组 E1+E2（33 人）	3.8485	0.7279
	控制组 C1+C2（33 人）	4.6061	

本族文化，实验组和控制组数据对比显示，实验组平均分 4.3636 比控制组 3.3030 高 1.0606 分（见表 4-38、4-39），且两者之间存在显著性差异（$t=-5.280$，$df=64$，$p=0.000<0.050$，见表 4-40）。

目标语文化，实验组和控制组数据对比显示，实验组平均分 4.4545 比控制组 4.00 高 0.4545 分（见表 4-38、4-39），且两者之间存在显著性差异（$t=-3.464$，$df=64$，$p=0.001<0.050$，见表 4-40）。

多元文化，实验组和控制组数据对比显示，实验组平均分 4.5152 比控制组 3.6364 高 0.8788 分（见表 4-38、4-39），两者之间不存在显著性差异（$t=-4.640$，$df=64$，$p=0.000<0.050$，见表 4-40）。

交际中文化的因素，实验组和控制组数据对比显示，实验组平均分 4.5152 比控制组 3.6667 高 0.8788 分（见表 4-38、4-39），且两者之间存在显著性差异（$t=-4.792$，$df=64$，$p=0.000<0.050$，见表 4-40）。

词语的文化内涵，实验组和控制组数据对比显示，实验组平均分 4.00 比控制组 3.2424 高 0.7576 分（见表 4-38、4-39），且两者之间存在显著性差异（$t=-3.348$，$df=64$，$p=0.001<0.050$，见表 4-40）

价值观差异，实验组和控制组数据对比显示，实验组平均分 4.5152 比控制组 3.6667 高 0.8485 分（见表 4-38、4-39），且两者之间存在显著性差异（$t=-4.907$，$df=64$，$p=0.000<0.050$，见表 4-40）。

思维习惯差异，实验组和控制组数据对比显示，实验组平均分 4.5455 比控制组 3.5758 高 0.9697 分（见表 4-38、4-39），且两者之间存在显著性差异（$t=-5.385$，$df=64$，$p=0.000<0.050$，见表 4-40）。

跨文化交际意识，实验组和控制组数据对比显示，实验组平均分 4.6061 比控制组 3.8485 高 0.7279 分（见表 4-38、4-39），且两者之间存在显著性差异（$t=-4.642$，$df=64$，$p=0.000<0.050$，见表 4-40）。

实验组和控制组数据对比显示，实验组学习者的文化意识在上表所述的八个方面得分中均高于控制组学习者，且均存在显著性差异，其中 Q1 本族文化分差最高达 1.0606 分。由此可判断，服务性英语学习环境下，学习者文化意识的提高远优于自主性学习环境。

表 4-39 两组学习者文化意识总分平均分量表

项　目	组　别	n	均　值	标准差	均值的标准误差
Q1	控制组 C1+C2	33	3.3030	1.01504	0.17670
	实验组 E1+E2	33	4.3636	0.54876	0.09553
Q2	控制组 C1+C2	33	4.0000	0.50000	0.80704
	实验组 E1+E2	33	4.4545	0.56408	0.09819
Q3	控制组 C1+C2	33	3.6364	0.89506	0.15581
	实验组 E1+E2	33	4.5152	0.61853	0.10767
Q4	控制组 C1+C2	33	3.6667	0.88976	0.15489
	实验组 E1+E2	33	4.5455	0.56408	0.09819
Q5	控制组 C1+C2	33	3.2424	1.06155	0.18479
	实验组 E1+E2	33	4.0000	0.75000	0.13056
Q6	控制组 C1+C2	33	3.6667	0.77728	0.13531
	实验组 E1+E2	33	4.5152	0.61853	0.10767
Q7	控制组 C1+C2	33	3.5758	0.83030	0.14454
	实验组 E1+E2	33	4.5455	0.61699	0.10740
Q8	控制组 C1+C2	33	3.8485	0.79535	0.13845
	实验组 E1+E2	33	4.6061	0.49620	0.08638

表 4-40 两组学习者文化意识 *t* 检验结果

		方差方程的 Levene 检验		均值方程的 *t* 检验					差分的 95%置信区间	
		F	Sig.	t	df	Sig.(双侧)	均值差值	标准误差值	下 限	上 限
Q1	假设方差相等	10.899	0.002	−5.280	64	0.000	−1.06061	0.20086	−1.46188	−0.65933
	假设方差不相等			−5.280	49.234	0.000	−1.06061	0.20086	−1.46421	−0.65700
Q2	假设方差相等	12.365	0.001	−3.464	64	0.001	−0.45455	0.13122	−0.71668	−0.19241
	假设方差不相等			−3.464	63.091	0.001	−0.45455	0.13122	−0.71675	−0.19234
Q3	假设方差相等	2.974	0.089	−4.640	64	0.000	−0.87879	0.18939	−1.25715	−0.50043
	假设方差不相等			−4.640	56.887	0.000	−0.87879	0.18939	−1.25806	−0.49952
Q4	假设方差相等	3.570	0.063	−4.792	64	0.000	−0.87879	0.18939	−1.24515	−0.51242
	假设方差不相等			−4.792	54.145	0.000	−0.87879	0.18939	−1.24644	−0.51114
Q5	假设方差相等	11.888	0.001	−3.348	64	0.001	−0.75758	0.22626	−1.20958	−0.30557
	假设方差不相等			−3.348	57.574	0.001	−0.75758	0.22626	−1.21056	−0.30460
Q6	假设方差相等	0.584	0.447	−4.907	64	0.000	−0.84848	0.17292	−1.19393	−0.50304
	假设方差不相等			−4.907	60.927	0.000	−0.84848	0.17292	−1.19427	−0.50270
Q7	假设方差相等	2.699	0.105	−5.385	64	0.000	−0.96970	0.18007	−1.32944	−0.60996
	假设方差不相等			−5.385	59.083	0.000	−0.96970	0.18007	−1.33001	−0.60938
Q8	假设方差相等	1.283	0.262	−4.642	64	0.000	−0.75758	0.16319	−1.08358	−0.43157
	假设方差不相等			−4.642	53.633	0.000	−0.75758	0.16319	−1.08480	−0.43035

4.2.5 情感态度变化分析

研究显示学习者的动机与态度对于语言熟练度和语言习得有着潜在的巨大影响。（Gardner，1985，1997；Oxford，1996）Gardner（1997：43）有言："对其他语言社区的不喜欢的话，真正对这种语言的喜欢就无从谈起。"显然对目标语及目标语言文化的态度影响学习者的外语学习，而且只有积极地与其他文化接触，才能改变根深蒂固的消极态度。（Clément, et al, 1977）Campbell（2006）认为服务性学习经历为语言学习者提供了接触目标语文化的机会，学习者可以在与目标语文化接触中反思目标语文化，态度也会随着改变。中国的服务性英语学习过程中，学习者是否会出现某种态度的转变，这种转变又会有哪些特点？

情感态度指参加该教学模式后对英语文化及使用者的态度变化；共 6 题，依次为 Q1. 我对英语使用者的态度出现正面变化。Q2. 我对英语语言文化的态度出现正面变化。Q3. 我对另一种文化的理解和宽容提高。Q4. 我对英语语言文化的学习态度出现正面变化。Q5. 在与英语使用者交流时，我的自信心提高。Q6. 我在公共场合讲英语时，我的自信心提高。

表 4-41 实验组学习者情感态度变化总分平均

实验组活动性质	平均数
Q1.对目标语使用者	4.2727
Q2.目标语文化的态度	4.3636
Q3.另一文化的理解	4.1515
Q4.目标语学习态度	4.3636
Q5.英语交流的自信心	4.5758
Q6.公共场合的自信心	4.3636

表 4-41 数据显示实验组学习者在对目标语使用者、目标语文化的态度、另一文化的理解、目标语学习态度、英语交流的自信心、公共场合的自信心六大方面的语言与情感平均分中，英语交流的自信心得分最高，达 4.5758 分；目标语文化的态度、目标语学习态度、公共场合的自信心得分略次之，为 4.3636 分；对目标语使用者态度得分再次之，为 4.2727 分；另一文化的理解得分最低，为 4.1515 分。由此可见，服务性学习下的学习者在英语交流的自信心上表现最强，目标语文化的态度、目标语学习态度、公共场合的自信心上表现也较为优秀，但在另一文化的理解上相比之下表现较弱。

表 4-42 控制组学习者情感态度变化总分平均

控制组活动性质	平均数
Q1.对目标语使用者	3.4242
Q2.目标语文化的态度	3.4848
Q3.另一文化的理解	3.6061
Q4.目标语学习态度	3.6667
Q5.英语交流的自信心	3.4848
Q6.公共场合的自信心	3.4848

111

超越与回归——服务性英语学习

表 4-42 数据显示控制组学习者在对目标语使用者、目标语文化的态度、另一文化的理解、目标语学习态度、英语交流的自信心、公共场合的自信心六大方面的语言与情感平均分中，目标语学习态度得分最高，达 3.6667 分；另一文化的理解得分略次之，为 3.6061 分；目标语文化的态度、英语交流的自信心、公共场合的自信心得分再次之，为 3.4848 分；对目标语使用者得分最低，为 3.4242 分。由此可见，自主性学习下的学习者在目标语学习态度上表现最强，在另一文化的理解上表现也很突出，但在对目标语使用者的态度相比之下表现较弱，没有与目标语使用者的真实接触是主要原因。

表 4-43 两组学习者情感态度变化对比

项　目	组　别	平均数	实验组-控制组分差
Q1	控制组 C1+C2（33 人）	3.4242	0.8485
	实验组 E1+E2（33 人）	4.2727	
Q2	控制组 C1+C2（33 人）	3.4848	0.8788
	实验组 E1+E2（33 人）	4.3636	
Q3	控制组 C1+C2（33 人）	3.6061	0.5454
	实验组 E1+E2（33 人）	4.1515	
Q4	控制组 C1+C2（33 人）	3.6667	0.6969
	实验组 E1+E2（33 人）	4.3636	
Q5	控制组 C1+C2（33 人）	3.4848	1.0910
	实验组 E1+E2（33 人）	4.5758	
Q6	控制组 C1+C2（33 人）	3.4848	0.8788
	实验组 E1+E2（33 人）	4.3636	

目标语使用者，实验组和控制组数据对比显示，实验组平均分 4.2727 比控制组 3.4242 高 0.8485 分（见表 4-43、4-44），且两者之间存在显著性差异（$t=-4.829$，$df=64$，$p=0.000<0.050$，见表 4-45）。

目标语文化的态度，实验组和控制组数据对比显示，实验组平均分 4.3636 比控制组 3.4848 高 0.8788 分（见表 4-43、4-44），且两者之间存在显著性差异（$t=-5.614$，$df=64$，$p=0.001<0.050$，见表 4-45）。

另一文化的理解，实验组和控制组数据对比显示，实验组平均分 4.1515 比控制组 3.6061 高 0.5454 分（见表 4-43、4-44），两者之间不存在显著性差异（$t=-2.949$，

df=64，p=0.004<0.050，见表 4-45）

目标语学习态度，实验组和控制组数据对比显示，实验组平均分 4.3636 比控制组 3.6667 高 0.6969 分（见表 4-43、4-44），且两者之间存在显著性差异（t=-4.533，df=64，p=0.000<0.050，见表 4-45）

英语交流的自信心，实验组和控制组数据对比显示，实验组平均分 4.5758 比控制组 3.4848 高 1.091 分（表 4-43、4-44），且两者之间存在显著性差异（t=-6.053，df=64，p=0.000<0.050，见表 4-45）

公共场合的自信心，实验组和控制组数据对比显示，实验组平均分 4.3636 比控制组 3.4848 高 0.8788 分（见表 4-43、4-44），且两者之间存在显著性差异（t=-4.522，df=64，p=0.000<0.050，见表 4-45）。

实验组和控制组数据对比显示，实验组学习者的情感态度在上表所述的八个方面得分中均高于控制组学习者，且均存在显著性差异，其中 Q5 英语交流的自信心分差最高达 1.091 分。由此可以判断，服务性学习环境较之自主性学习环境，学习者语言交流信心出现显著表化，学习者对目标语语言及文化的情感态度出现显著的变化。

表 4-44 两组学习者情感态度变化对比量表

项 目	组 别	n	均 值	标准差	均值的标准误差
Q1	控制组 C1+C2	33	3.4242	0.79177	0.13783
	实验组 E1+E2	33	4.2727	0.62614	0.10900
Q2	控制组 C1+C2	33	3.4848	0.71244	0.12420
	实验组 E1+E2	33	4.3636	0.54876	0.09553
Q3	控制组 C1+C2	33	3.6061	0.82687	0.14394
	实验组 E1+E2	33	4.1515	0.66714	0.11613
Q4	控制组 C1+C2	33	3.6667	0.73598	0.12812
	实验组 E1+E2	33	4.3636	0.48850	0.08504
Q5	控制组 C1+C2	33	3.4848	0.79535	0.13845
	实验组 E1+E2	33	4.5758	0.66287	0.11539
Q6	控制组 C1+C2	33	3.4848	0.79535	0.13845
	实验组 E1+E2	33	4.3636	0.78335	0.13636

表 4-45 两组学习者情感态度对比 *t* 检验结果

情感态度		方差方程的 Levene 检验		均值方程的 *t* 检验					差分 95% 置信区间	
		F	*Sig.*	*t*	*df*	*Sig.*（双侧）	均值差值	标准误差值	下限	上限
Q1	假设方差相等	2.944	0.091	−4.829	64	0.000	−0.84848	0.17572	−1.19952	−0.49745
	假设方差不相等			−4.829	60.772	0.000	−0.84848	0.17572	−1.19988	−0.49709
Q2	假设方差相等	3.390	0.070	−5.614	64	0.000	−0.87879	0.15655	−1.19152	−0.56605
	假设方差不相等			−5.614	60.085	0.000	−0.87879	0.15655	−1.19152	−0.56566
Q3	假设方差相等	2.514	0.118	−2.949	64	0.004	−0.54545	0.18495	−0.91493	−0.17598
	假设方差不相等			−2.949	61.262	0.005	−0.54545	0.18495	−0.91525	−0.17566
Q4	假设方差相等	3.749	0.057	−4.533	64	0.000	−0.69697	0.15377	−0.100416	−0.38978
	假设方差不相等			−4.533	55.613	0.000	−0.69697	0.15377	−0.100506	−0.38888
Q5	假设方差相等	1.822	0.182	−6.053	64	0.000	−1.09091	0.18023	−1.45097	−0.73085
	假设方差不相等			−6.053	61.987	0.000	−1.09091	0.18023	−1.45119	−0.73063
Q6	假设方差相等	0.015	0.903	−4.522	64	0.000	−0.87879	0.19433	−1.26701	−0.49057
	假设方差不相等			−4.522	63.985	0.000	−0.87879	0.19433	−1.26701	−0.49057

4.2.6 总　结

研究显示服务性学习对于学习者的学习成果的积极影响（Eyler & Giles，1999；Vogelgesang & Astin，2000），对学习者的在真实世界应用所学知识有积极的促进作用（Eyler & Giles，1999；Fenzel & Leary，1997）。综合语言运用能力的形成建立在学生语言技能、语言知识、情感态度、学习策略和文化意识等素养的整体发展的基础上。语言知识和言语技能是综合语言运用能力的基础，文化意识是得体运用语言的保证。情感体验是影响学生学习和发展的重要因素，学习策略是提高学习效率、发展自主学习能力的保证。这五个方面共同促进综合语言运用能力的形成。（中华人民共和国教育部，2001：6）

1. 语言知识与言语技能

戴忠信（2004）认为言表的潜在能力是在未来的言语交际行为中表现出来的。潜在的言表能力转化为现实的言表能力依赖于两个关键条件：其一，言语形式与言语意义之间形成联结机制；其二，言语形式与言语意义之间所形成的联结机制再次与言语交际意念、言语交际意象形成联结机制。只有这样，才能成为言语交际过程中的言语表达能力。在未来的真实的言语交际语境刺激下，个体形成言语交际意念与言语交际意象，通过相关联结机制联结到言语意义与言语形式表达方式，最终实现说与写的能力，以表 4-46 参与活动学生专业实践成果为例（2010 年至今）：

表 4-46 "用声音叙事"活动参与学习者实践成果一览（2010 年至今）

序号	成果形式	姓名、班级	成果名称	成果来源、时间	指导
1	新闻特写	陈雯雯、胡慧中、董达 2008（5）班	"宁波给了我实现理想的舞台"	《宁波日报》 2010.08.10	蔡亮
2	新闻报道	陈雯雯 2008（5）班	"外籍人士与宁波文化交融越来越紧密"	杭州《都市快报》 2010.07.28	蔡亮
3	专栏策划	陈雯雯 2008（5）班、杨文龙 日语 2008（1）班	《阿拉宁波》杂志 "我爱宁波"专栏	《阿拉宁波》杂志 2010.09.28	蔡亮
4	专栏策划	2008 英、日语	《宁波外事》杂志 外事管理专栏	《宁波外事》 2010.09	蔡亮
5	案例汇编	2008 英、日语	《在华外籍人士社区参与典型案例汇编》	2010 年 9 月	蔡亮
6	论坛策划	2008 英、日语	"在甬外籍人士与宁波国际化形象论坛"	浙江大学宁波理工学院、浙江省外文学会 2010 年 11 月	团队
7	新闻报道	吴嘉文 2009（3）班	Growing With Ningbo: The Development of Overseas-funded Enterprises	《Ningbo Focus》《宁波聚焦》双语 2011.8.1	蔡亮
8	新闻特写	孙思为 2009（1）班 林红 2009（3）班	Complimentary Chinese Courses at NIT for Foreigners in Ningbo	《Ningbo Focus》《宁波聚焦》双语 2011.10.1	蔡亮
9	新闻特写	关尔佳 2008（1）班	Book Donations by the Ningbo Institute of Technology Impacts Ningbo's Educational Service to Local Experts	《Ningbo Focus》《宁波聚焦》双语 2011.12.1	蔡亮

（续表）

10	新闻特写	李欢欢 2009（2）班	A Special Day for the 'NIT's Complimentary Chinese Course' Project	《Ningbo Focus》《宁波聚焦》双语 2012.1.1	蔡亮
11	著作	英语 2008（5）班（实验组 E1）日语 2008（1）班 19 人作品发表	《用声音叙事：筑梦宁波》	浙江大学出版社 2011 年 10 月	蔡亮、喻旭燕、蔡蕾等
13	创意活动策划	英语、日语	全国首创"公益汉语课堂"	浙江大学宁波理工学院外国语学院	蔡亮等
15	著作	2009 英语（3）班（实验组 E2）19 人作品发表	《用声音叙事：我的企业在宁波》	浙江大学出版社 2012 年 6 月	蔡亮、喻旭燕、南二丽等
16	毕业论文	林巧 2008（2）班	《跨文化交际话语分析——以"用声音叙事"为例》	毕业论文	蔡亮
17	毕业论文	龚若潇 2007 中美（1）班	《反思性英语学习——以"用声音叙事"为例》	毕业论文	蔡亮
18	新闻报道	吴嘉雯 2009（1）班	《助力梦想起航——记首次公益汉语课堂研讨会》	http://www.nit.net.cn/mhxsgz/23302.htm	蔡亮
19	新闻报道	孙思为、林红	服务国际化城市建设浙大宁波理工开办公益汉语课堂	浙江在线	蔡亮
20	特写	盛芳	倾听城市的音符	《鄞州日报》2012.3.2	张静燕
21	特写	陈凝玲	过宁波年，学传统礼——公益汉语课堂外籍学员体验传统春节	http://www.nit.net.cn/mhxsgz/25405.htm	陆莺
22	特写	关尔佳	十里红装（英文）	Ningbo Guide	喻旭燕
23	新闻特写	章凡	公益汉语课堂开展"钱湖探春"文化体验活动	http://wyfy.nit.net.cn/wgyfydt/27321.htm	俞锋
24	新闻特写	王淑婵	老外学雷锋 献血见行动	http://wyfy.nit.net.cn/wgyfydt/25474.htm	蔡亮

在与外在社会文化的交互过程中，个体通过其读或听的能力获得社会文化的语言表达方式，即语言形式或意义的表达方式，并通过个体体验赋予语言形式以意义，从而将语言意义转化为言语意义，对应于言语形式。这种转化将外在社会的语言知识转化为个体的言语体验，并成为将来新的言语体验的潜在能力。这就是言表能力形成过程的认知阶段。作为服务性学习实验的"用声音叙事"活动以个体经历实现言语形式与言语意义的联结，产出性言语表达能力在真实交际环境、社会环境、文化环境的刺激下完成内化和转化，

2. 文化意识

Tilley-Lubbs（2003）指出："学习者与社区成员个性化的接触机会丰富了他们对目标文化和语言的理解。"以文化交流为目的，服务性学习为社区的目标文化接触提供了机会。Hall & Ramírez（1993）强调：

"为了与另一文化成员交流，除了句法词汇知识，学习者还需要具备在适当社会语境下使用语言的知识和能力。"

通过参加真实的活动，学习者在真实体验文化的过程中，获得欣赏文化、了解文化的机会，并且对目标文化、多元文化形成反思和讨论。这种体验式的反思会促进包括文化学习在内的第二语言的习得，同时也是重新认识母语文化的过程。数据分析恰恰证实了服务性英语学习中对母语文化的认识提高最为明显，这也反映在学习者的日志中。一位同学这样记录对本族文化知识缺失的感悟：

"他知道一些中国的传统节日，而当他反问起采访他的团队成员这些传统节日的由来时，同组的队员却答不上来了。这让我们不得不反思，这不是一个节日的问题，现在许多中国学生不再崇仰中国五千年的文化，而外籍人士却被我们的悠久文化所吸引。"（张维，2010 年 7 月 14 日）

文化意识发展在服务性英语学习的重要表现就是学习者在与目标语文化或者多元文化的接触对比中，重新认识甚至发现母语文化。这种对母语文化的重新认识本身就是基于感性的认识，是一种情绪的变化，而这种对待母语文化情感上的变化会在累积中形成对自我文化的重新建构，一位学习者为本族文化而自豪：

"采访中，我发现许多外国人对中国的传统文化表现出极大的兴趣，这让我感到非常自豪。"（郑丽琼，2010 年 7 月 15 日）

117

超越与回归——服务性英语学习

对待本族文化的认识也不仅仅体现在其他语言使用者对学习者自我文化欣赏中所形成的自我认同，更体现在学习者感慨其他文化成员对本族文化的熟悉程度，学习者往往在一种自我批判式的反思中认识本族文化：

> "我们在宁波诺丁汉大学采访了一位研究历史的英国研究生，他对中国历史的了解程度让我们既感到惊奇又感到惭愧，并且陷入了深深的思考。"
> （赵益平，2010 年 7 月 15 日）

3. 情感态度

服务性学习经历可以改变对人、传统、观念以及文化的情感态度，也包括使用目标语的多元文化人群的态度。以目标语为媒介进行的服务性学习加强了语言学习的人际互动，这种交流中人成为文化的符号和载体，对人的态度改变又会传递到文化层面。在采访一位西班牙友人之后，一位学生在日志里写道：

> "采访结束了，在回去的路上，当我回想起他与我们的谈话，脑海浮现一句话：'严谨的工作态度，简单的生活追求，这就是一种幸福。'"（钟威萍，2010 年 7 月 11 日）

与目标语人群的接触会促进学习者在潜意识中将目标语文化与母语文化进行比较，这样的比较有对两种文化共同特点的发现：

> "气质干练、风度翩翩的他将英国的绅士风度与中国谦谦君子的谦逊美德表现得淋漓尽致。"（郑丽琼，2010 年 7 月 15 日，采访一外企执行总监后）

也有学习者在文化对比的差异中对目标语文化产生的新认识，这些经验都构成了学习者文化意识发展的重要方面：

> "当我和美籍亚裔女孩 Jandy 聊天时，我发现中美在道德和行为准则上有着如此巨大的差异。"（顾晓晨，2010 年 7 月 15 日）

如果从更深的层次挖掘，文化意识的发展又与本族文化在世界经济和政治的地位密切相关。在研究美国西班牙语学习者时候，Acheson（2004）发现：美国外语学习者在学习西班牙语的时候存在动机缺乏的现象，而且态度傲慢，对目标语文化有屈就之嫌。这里所说的态度不仅仅是指对目标文化与目标语言的感觉和观点，实质上是指民族优越感（ethnocentrism）的表现。Sumner（1906）将"ethnocentrism"定义为"视自己民族为世界的中心，并以之为判断其他民族优劣的标准"。（转引自 Campbell，2006）

值得注意的是，全球化进程中，强势的英语成了"全球经济的语文和国际普通话"，英语所具备的"宰制性的霸权"难免会对学习者跨文化交际中产生影响。（克鲁克罗，转引自杜维明，2005）英语有"作为一种时尚而倍加推崇"的趋势，这种情感也会迁移到与语言密切相关的文化、人群上，久而久之甚至会形成对母语和母语文化的"排斥和冷落"。（尹钟宏，2007）与民族优越感（ethnocentrism）相对的是民族自卑感，在语言的表现上就是对目标语文化的迁就和顺从，这对跨文化交际下实现成功的服务性学习非常要不得。

4.3 服务性英语学习下学习动机及学习策略分析

4.3.1 引 言

Ellis（1994）视学习动机为二语学习过程中学习者学习需求的体现。交际式教学非常重视对学习者需求分析，Nunan（1988）认为在突出交际功能的教学中，学习者的责任就是明晰自己的需求、积极协商内容、帮助监测整个课程过程，这样教学者与学习者双方的良性互动才有助于对真实文本与活动的分析与选择。他建议：

> "学习者为中心的语言课堂，课程设计者需要广泛咨询学习者并且邀请他们参与到课程设计的若干环节，如课程计划制订之前的建议，课程计划实施中的评价等。"

学习者分享课程设计的所有权体现了对学习者学习动机的激发，这种动机中有交际的需求，也有与真实社区互动的需求。Lightbrown & Spada（2001：33）即认为学习者交际的需求和他们对待二语社区的态度形成了学习外语动机的两个主要因素。Barfield（1999）将服务性写作应用于 ESL 课堂：课程要求学生参与到课程计划的制订和实施之中，课程写作内容选定一个美国城市的环境问题，然后学习者从不同角度分析数据，再把知识应用到当地的志愿者活动中，如为非盈利组织撰写宣传册等，研究结果显示学生的动机、参与度和写作能力都有提高。Wurr（2000）综合了这种学习者观点之后，提出服务性英语学习是学习语言的新动机，语境学习的新视角，学习者自信建立的来源，服务性英语学习可以帮助学习者深度理解语言与文化的关系。学习动机的问题就是本节要讨论的。

本研究使用改编自 Pintrich（1991），Smith & McKeachie（1989）所编制 MSLQ 激励学习策略量表，该量表是测量大学生在学习动机和策略的应用情形的"自述式工具"，包括动机策略和学习策略两部分，其中动机策略又有七个方面；学习策略九个方面，共 81 题。（Pintrich，Smith，Garcia & McKeachie，1991）研究根据服务性学习的具体情况，对量表中的一些表述作出修正，重点考察服务性学习模式下学习者的学习动机和学习策略的应用情形。

4.3.2 服务性学习模式下的学习动机分析

动机策略共 31 题，测试学习者课程学习的目标，对课程的价值观念、对自我成功学习课程能力的信念，以及参加课程测试的焦虑。（Pintrich，et al，1991：5）其中价值 14 题、期望 12 题、情感 5 题，量表内容分为内在动机、外在动机、学科价值、自我效能、控制信念、期望成功、测试焦虑七个层面。

Pintrich，et al（1993）认为，MSLQ 激励学习策略量表紧紧围绕课程设计，期望是学习者对完成学习任务能力的信念，价值是参加学习活动的原因，而情感主要指向参加考试的能力，更为具体的解释可见表 4-47。

表 4-47 MSLQ 学习动机标准

		动机标准
价值	内在动机	学习者参与学习活动的内在动因。
	外在动机	学习者判断自己与班级同学关系的程度。
	学科价值	学习者判断学习活动对自己重要程度。
期望	自我效能	学习者对付出得到积极回报的信念。
	控制信念	学习者对学习能力和表现预期的自我评估。
情感	考试焦虑	学习者对考试的担心。

（Pintrich，et al，1993）

测量受试对象使用内在动机策略（Q1—Q4），如 Q2：即便难度很大，我仍喜欢该课程模式，因为可以激发我的好奇心。外在动机策略 Q5—Q8），如 Q8：我希望在该课程模式中表现出色，因为我可以向朋友、家人、同学、老师或者其他人展示我的能力。学科价值策略（Q9—14）如 Q11：我对该教学模式中的活动和内容非常感兴趣。期望测量受试对象使用自我效能策略（Q15—Q18），测量受试对象在课程模式学习中的能力和信心表现，如 Q15：如果学习方法得当，我可以在该课程模式中学到相关的语言知识和技能，以及控制信念策略（Q19—Q26），如 Q23：参与该课程模式，我自信可以在活动中表现出色。情感主要考察受试对象对考试的焦虑和认知干扰的情形，共 5 题，如 Q31：当我无法完成活动任务或者无法达到考核要求时，我会紧张不安。学习动机组统计量表如下：

表 4-48 学习动机组统计量表

项 目	组 别	n	均 值	标准差	均值的标准误差
学习动机	控制组 C1+C2	33	109.8182	9.33895	1.62570
	实验组 E1+E2	33	160.3030	47.46280	8.26221

学习动机方面，实验组和控制组数据对比显示，实验组平均分 160.3030 比控制组 109.8182 高 50.48485 分（见表 4-48 和表 4-49），且两者之间存在显著性差异（$t=-5.995$，$df=64$，$p=0.000<0.050$，见表 4-49）。

实验组和控制组数据对比显示，实验组学习者的学习动机得分高于控制组学习者，且存在显著性差异。由此可判断，服务性学习环境下，学习者学习动机在实验处理后出现显著提高。

表 4-49 学习动机独立样本 t 检验

		方差方程的 Levene 检验		均值方程的 t 检验					差分的95%置信区间	
		F	Sig.	t	df	Sig.（双侧）	均值差值	标准误差值	下 限	上 限
学习动机	假设方差相等	239.822	0.000	−5.995	64	0.000	−50.48485	8.42063	−67.30700	−33.66270
	假设方差不相等			−5.995	34.474	0.000	−50.48485	8.42063	−67.58897	−33.38073

动机策略在价值、期望和情感三个方面的各项指标通过实验发生怎样的变化，以学习动机的平均数可见表 4-50。

表 4-50 实验组学习动机各指标平均数及标准差

Scales	Sub-scales	平均数	标准差
价 值	内在动机	4.4318	0.7405
	外在动机	3.2803	1.2511
	学科价值	4.3333	0.6513
期 望	自我效能	3.9697	0.7276
	控制信念	4.1065	0.6895
情 感	考试焦虑	2.9515	1.1693

由表 4-50 可得，实验组学习者在诸多学习动机因素中，期望因素占最高，平均值达 4.0381；价值略次之，平均值达 4.0151；情感最低。而在价值因素中，内在动机最高，达 4.4318 分；学科价值次之 4.3333 分，外在动机最低；在期望因素之中，控制信念比自我效能起更重要的影响作用；情感因素由考试焦虑层面体现，得分为 2.9515。

表 4-51 控制组学习动机各指标平均数及标准差

Scales	Sub-scales	平均数	标准差
价 值	内在动机	3.8636	0.8684
	外在动机	3.0833	1.0153
	学科价值	3.8889	0.6177
期 望	自我效能	3.6591	0.9279
	控制信念	3.7955	0.6769
情 感	考试焦虑	2.7394	1.0870

由表 4-51 可得，控制组学习者在诸多学习动机因素中，期望因素同样占最高，平均值达 3.7273；价值略次之，平均值达 3.6119；情感最低。而在价值因素中，学科价值占最高，3.8889 分；内在动机次之 3.8636 分，外在动机最低 3.0833 分；在期望因素中，控制信念比自我效能起更重要的影响作用；情感因素由考试焦虑层面体现，得分 2.7394。

表 4-52 两组学习者学习动机对比

项　目	组　别	平　均	分　差
内在动机	实验组 E1+E2（33 人）	4.4318	0.5682
	控制组 C1+C2（33 人）	3.8636	
外在动机	实验组 E1+E2（33 人）	3.2803	0.1970
	控制组 C1+C2（33 人）	3.0833	
学科价值	实验组 E1+E2（33 人）	4.3333	0.4444
	控制组 C1+C2（33 人）	3.8889	
自我效能	实验组 E1+E2（33 人）	3.9697	0.3106
	控制组 C1+C2（33 人）	3.6591	
控制信念	实验组 E1+E2（33 人）	4.1065	0.3110
	控制组 C1+C2（33 人）	3.7955	
考试焦虑	实验组 E1+E2（33 人）	2.9515	0.2121
	控制组 C1+C2（33 人）	2.7394	

表 4-52 实验组和控制组数据对比显示，实验组学习者的学习动机在上表所体现的六个因素得分中均高于控制组，内在动机的分差最高达 0.5682；学科价值次之，为 0.4444；自我效能和控制信念因素分差一样，都为 0.3106；外在动机最低。由此可判断，服务性学习下的学习者应用学习动机情况优于普通学习模式下的学习者，内在动机和学科价值存在显著性差异。

4.3.3 服务性学习模式下的学习策略分析

学习策略问卷包括共 50 题，其中 31 题考察学习者对不同认知策略和元认知策略的应用情况；另外包括 19 题关于学习者对不同学习资源的管理情况。学习策略问卷内容分为练习、融会、组织化，批判性思维、元认知、学习环境管理、错误监控、同伴学习和求助资源九个层面（Pintrich，et al，1991：5），见表 4-53。

练习层面，如 Q34：参加课程模式活动中，我会记住关键词来提醒自己活动中的重要内容和观点；融会层面，如 Q38：在该课程模式的活动中，我会把活动与已知的语言文化知识联系起来。组织化层面，如 Q42：参加该课程模式学习中，我会先设计方案以便组织自己的思路。批判性思维层面，如 Q47：无论出现什么理论、解释或者结论，我都会思考它的可信度。元认知层面，如 Q54：我发现很难坚持自己的学习计划。学习环境管理层面，如 Q65：我发现很难坚持自己的学习计划。错误监控层面，如第 71 题：参加"短学期"活动经常让我感到懒惰或厌倦，我会在完成计划之前就放弃。同伴学习层面，如 Q77：我会找时间和小组成员、团队成员讨论内容或者活动计划。求助资源层面，如 Q78：即便完成"短学期"活动任务中有困难，我也会尽量自己来做，而不是从别人那里获得帮助。表 4-54 即为实验组和控制组数据分析的动机策略表现。

表 4-53 MSLQ 学习策略标准

	学习策略标准
练 习	为了记忆而演练的策略，该策略影响学习者的注意力和对知识的记忆力
融 会	学习者通过复述、概括、类推等手段进行记忆信息的策略。
组织化	学习者选择信息、构建关联的策略
批判性思维	学习者将以前知识应用到新知识的程度。
元认知	意识并且控制自己的学习策略
学习环境管理	学习者管理学习时间和学习环境的有效程度
错误监控	学习者控制自己的错误，克服干扰的能力，这一策略对于坚定学习目标和完成学习任务有关键的作用。
同伴学习	学习者通过与同伴讨论澄清课程疑难问题和材料，并且学习到新知识，这些学习依靠自身力量可能无法顺利完成。
寻求支持	学习者积极向包括同伴和教师在内的其他人寻求支持的倾向

（Pintrich，et al，1993）

表 4-54 两组学习者学习策略组统计量表

	组 别	n	均 值	标准差	均值的标准误差
学习策略	控制组 C1+C2	33	147.7576	12.91031	2.24740
	实验组 E1+E2	33	176.6364	43.51008	7.57413

学习策略方面，实验组和控制组数据对比显示，实验组平均分 176.6364 比控制组 147.7576 高 28.87879 分（见表 4-54、4-55），且两者之间存在显著性差异（$t=3.655$，$df=64$，$p=0.000<0.050$，见表 4-55）。由此可判断，服务性学习环境下，学习者学习策略的出现显著提高。

表 4-55 学习策略独立样本检验

		方差方程的Levene 检验		均值方程的 t 检验					差分的95%置信区间	
		F	Sig.	t	df	Sig.（双侧）	均值差值	标准误差值	下 限	上 限
学习策略	假设方差相等	135.739	0.000	3.655	64	0.001	28.87879	7.90052	13.09568	44.66190
	假设方差不相等			3.655	37.591	0.001	28.87879	7.90052	12.87930	44.87827

学习策略的几个方面的指标通过实验发生怎样的变化，以表 4-56 学习策略的平均数可见。

表 4-56 实验组学习策略各指标平均数及标准差

学习策略	平均数	标准差
练 习	4.2303	0.6478
融 会	4.0909	0.7590
组织化	3.9636	0.8661
批判性思维	3.6313	0.9746
元认知	3.6540	0.9817
学习环境管理	3.4074	1.1572
错误监控	3.0061	1.2529
同伴学习	4.2500	0.8107
寻求支持	3.6788	1.0386

由表 4-56 可得，实验组学习者在诸多学习策略之中，同伴学习策略的得分最高，达 4.25 分，练习策略稍次之，达 4.2303 分，然后依次是融会策略 4.0909 分、组织化 3.9636 分、寻求支持策略 3.6788 分、元认知策略 3.6540 分、批判性思维策略 3.6313 分、学习环境管理策略 3.4074 分，错误监控策略得分 3.0061。由此可见，服务性学习下的学习者更倾向于合作学习策略以及练习策略，错误监控能力相比之下最弱。

表 4-57 控制组学习策略各指标平均数及标准差

学习策略项目	平均数	标准差
练 习	3.8606	0.7459
融 会	3.8788	0.7166
组织化	3.4424	0.9234
批判性思维	3.5051	0.9307
元认知	3.3333	0.9129
学习环境管理	3.4411	1.1059
错误监控	3.1576	1.1386
同伴学习	4.0530	0.5943
寻求支持	3.6364	0.8882

由表 4-57 可得，控制组学习者在诸多学习策略中，同伴学习策略的得分也最高，达 4.0530，融会策略次之，达 3.8788，然后依次是练习、寻求支持、批判性思维、组织化和学习环境管理并居，元认知、错误监控得分也最低。由此可见，自主性学习模式下的学习者同样倾向于合作学习策略，错误监控策略相比之下也是最弱。

表 4-58 两组学习者学习策略各指标对比

学习策略指标	组 别	平均数	分差
练 习	实验组 E1+E2（33 人）	4.2303	0.3697
	控制组 C1+C2（33 人）	3.8606	
融 会	实验组 E1+E2（33 人）	4.0909	0.2121
	控制组 C1+C2（33 人）	3.8788	
组织化	实验组 E1+E2（33 人）	3.9636	0.5212
	控制组 C1+C2（33 人）	3.4424	
批判性思维	实验组 E1+E2（33 人）	3.6313	0.1262
	控制组 C1+C2（33 人）	3.5051	
元认知	实验组 E1+E2（33 人）	3.6540	0.3207
	控制组 C1+C2（33 人）	3.3333	
学习环境管理	实验组 E1+E2（33 人）	3.4074	−0.0337
	控制组 C1+C2（33 人）	3.4411	
错误监控	实验组 E1+E2（33 人）	3.0061	−0.1515
	控制组 C1+C2（33 人）	3.1576	
同伴学习	实验组 E1+E2（33 人）	4.2500	0.1970
	控制组 C1+C2（33 人）	4.0530	
寻求支持	实验组 E1+E2（33 人）	3.6788	0.0424
	控制组 C1+C2（33 人）	3.6364	

表 4-58 实验组和控制组数据对比显示，实验组学习者对上述诸多学习策略的掌握，除了错误监控和学习环境管理两项，其他各策略的得分均高于控制组，学习者对于组织化和练习策略的使用尤其突出，分差分别达 0.5212 分和 0.3697 分，而对学习环境管理策略和错误监控策略的使用，控制组学习者高于实验组的学习者，分别高出 0.0337 分和 0.1515 分，虽然数值差别不很明显，但是在一定程度上可以说明自主性学习模式的优点。综合判断，服务性学习下的学习者在学习策略较之自主性学习方面提高明显，在练习、组织化和元认知策略三个方面存在显著性。

4.3.4 总　结

1. 学习者学习动机

服务性学习下，学习者学习动机得分高于基准分数，显示学习者学习动机整体情况良好。在所列六种课程学习动机中，内在动机得分最高，说明服务性学习模式下，学习者的课程学习兴趣和热情受到激发，这也形成了实现课程教学目的的基本条件。相对而言，考试焦虑层面，学习者学习动机最低，服务性学习模式下，学习者不再把通过考试作为学习的重要动机，而是更重视参加学习活动的内在动因；与之呼应的是得分偏低外在动机，这也说明了服务性学习环境下学习者不是依赖外部诱因激发学习热情的，探讨内在动机的形成离不开分析服务性学习活动，Dörnyei（1994）认为外语学习过程中的动机与外语学习情景密切关联，其中学习者对课程的内在兴趣，个体需求与教学活动的相关性，个体对教学活动的期望值构成了外语学习动机的重要方面，这种与学习活动相关的内在动机在学习者的日志记录中找到证据：

　　"还没整理好前两天的思绪，便要投入下一轮的艰苦奋斗了。因为明天将采访一个大角色。于是下午的时候，我们三人小组又聚在一起讨论问题。每次采访前，我们都会围坐在一起，就受访者特点量体裁衣地设想一些问题讨论两三个小时，然后落实方案，常常坐到屁股麻到不听自己使唤，这才懂得获得成果的不易。"（林珊珊，2010 年 7 月 15 日）

Benware & Deci（1984）认为内在动机对于外语教学的重要意义在于学习活动给学习者带来的情绪上的满足和成就感。如果学习者可以从教学相关的活动中获得愉悦，学习者对待学科活动的态度就更为重视，学科价值也就自然高了。束定芳（2009）认为利用所学知识在语言实践中获得成功，外语学习者会体验到成就感，这种成就感会激发学习者的信心和决心，促进外语学习的良性循环。

学科价值存在于学习者与学科活动的关系之中，实验中，服务性学习的学科价值对学习者而言很重要，这也说明了学习者对教学的认可程度增加，Pintrich & De Groot（1990）最早应用 MSLQ 量表即发现自我效能和学科价值越高，学习者使用认知策略频率越高，同样也伴随着更高的自我管理能力，李昆、俞理明（2008）也证明了自我效能感与自主学习行为成显著正相关的关系。

自我效能是对自己具备完成某项任务能力的判断和认识，与二语学习相关的自我判断会最终转变为对自我的信念，这种信念会支持学习者达到自己所期待的语言熟练度。（Bandura，1997）服务性学习所创造的对学习活动或者服务活动胜任感会直接提升自我效能，这种自我效能的提升也会出现在克服了活动形成的挫折感之后，一则日志中写道：

> "整个采访过程中，大卫显得非常大方和健谈。本来计划 30 分钟的采访，他和我们整整谈了一个多小时。我知道我一直有个心结，在不熟悉的人面前，我通常会保持沉默。就因为这个原因，我在整个过程中几乎没说上话。但当进入聆听者的角色后，我的心境也就不再那么忐忑不安了。我突然意识到也许是因为没有学会用心倾听才是症结。"（李亚亚，2010 年 7 月 15 日）

服务性学习作为一种参与式、行动式的研究方式呼吁学者更加关注学习者的声音，通过对声音的整理形成对这种教学模式的全面认识。作为学习者或者这种教学模式的参与者首先把应用服务性学习作为一种语言学习的方法，从而为发展自己的学习动机，调整自己的学习策略做准备，这一点对具有互惠性质的服务性学习的一方其实是非常重要的。

2. 学习者语言学习策略

在 Oxford（1990）的语言学习策略中，与语言学习相关的为直接策略，包括记忆、认知和补偿策略；与学习管理行为相关的间接策略包括了元认知策略、情感策略和社交策略。这与 MSLQ 所主张的学习策略有许多交叉和重合的地方，前者更关注语言学习和学习管理，而后者更注重课程相关的学习和学习管理，当二者应用到服务性英语学习的领域，交集就产生在语言学习中的自主性和语言学习的过程管理。设计 MSLQ 的理论依据是社会认知视角下的动机和自主性学习（Pintrich，2003），学习者动机与自我管理学习活动的能力紧密相关，Eccles & Wigfield（2002）把这种能力称为从元认知、动机和行为上积极介入自我学习过程和实现学习目标的能力。

服务性学习下，学习者学习策略应用情况良好，普遍高过基准分数，而且对各类策略的使用有频繁趋势，同伴学习策略应用最为广泛，练习策略使用频率也较高，其次是融会策略。同伴学习策略是通过与同伴和智慧人士交流思想和信息帮助自己弄明白课程学习材料，发现自己无法发现的信息；同伴学习策略还包括观察和学习同伴完成同样的任务，同时在被观察时努力传递出完成任务的能力。（Pintrich，et al，1991）在服务性英语学习环境下，同伴学习策略可以表现为与熟悉语言使用者的合作，观摩同伴完成语言服务活动，发现和反思自己的语言学习，为服务和学习做好准备。就合作学习语言活动而言，这类似与 Oxford（1990）的社会策略，服务性学习下学习者如何使用同伴学习策略，一位学习者在日志中这样描述：

> "The greatest efforts of our team today were put on getting prepared for the questions, which will be asked by us in the interview. We gathered and put forward different ideas. Debates were unavoidable. However, it did not affect our motivation. On the contrary, it united us and filt us with tremendous enthusiasm. After an exhausting day, our team finished the planned work. Thanks to this meaningful day, we gained a sense of belonging to a group and figured out how special individuals are to a group. Only when each member of a group cooperate with each other perfectly can it function well."

练习策略在服务性学习中使用比较频繁，该策略包括根据计划积极阅读，倾听讲座，整理笔记。（Pintrich，et al，1991）练习策略影响注意力和信息解码过程，服务性学习环境下，练习策略是根据课程要求积极准备与课程活动关联的资料，为计划的实施做准备。（Pintrich，et al，1991）具体到学习活动，尤其是与文化相关的语言学习活动，这种练习策略还会促进批判性思维策略的应用，如下面的日志中谈到：

> "采访之前，我先在网上看一些关于以色列人性格、忌讳、喜欢颜色的资料介绍（为此我特地挑选了蓝色的领带做礼物）。访问结束后，我惊奇地发现实际情况其实不然，很多文字上的表述与现实存在着偏差，有关礼节性的介绍有时候不能全信，只有真实接触过之后才能更好地理解文化间的不同之处。"（周瑾，2011 年 7 月 4 日）

服务性学习因为学习任务的复杂，学习者在解决问题中常常使用多重策略，或者因为一种策略的使用而激发另外一种策略，上例的批判性思维策略就是明证，批判性策略是学习者在运用先前知识解决来新的问题，做出决定，或者对标准作出批判性的评估。（Pintrich，et al，1991）

实验组与控制组的对比显示，组织化策略在服务性学习中使用频繁；组织化策略中学习者通过努力达到与活动任务的密切互动，组织化策略中学习者列举、整合、选择阅读文本大意，关注标题、图表、表格等，帮助学习者选择合适信息同时与未来学到的信息建立关联。（Pintrich，et al，1991）与组织化策略同为深层次加工的策略就是融会策略，Pintrich，et al（1991）认为，融会策略帮助学习者通过将学习内容之间建立联系而储存长时记忆的信息，这一策略要求学习者整理笔记、总结、归纳、重述，与真实世界结合举一反三。

实验组与控制组的对比显示，元认知策略是服务性学习中表现比较突出的一种策略。元认知策略强调对元认知的监控和自我管理而不是知识层面的，元认知就是对认知的意识、领悟和掌握，MSLQ 关注元认知的自我管理和控制。（Pintrich，et al，1991）元认知策略包括了三个过程：第一是计划和筹备学习，第二是监控学习过程，第三是应用自我管理策略提升学习，同时提升随机应变应用策略的能力。（Brown, Bransford, Ferrara & Campione，1983）服务性学习环境下，元认知策略往往表现为主动的学习和管理学习，制订语言学习计划，安排语言学习任务，主动寻找练习语言机会，以日志思考主动的学习：

> "今天没有出门，在寝室里面找关于印度餐厅的资料，同时也了解一些印度菜的信息，以备不时之需。
>
> 下午还和同伴一起讨论了关于采访意大利人的问题。由于怕意大利人的口音比较重，也在网上找了一些意大利人讲话的视频，虽然明天不是我主访，但是还是想准备下，以便可以帮上忙。同时也去搜索了一些关于意大利食物和家具的一些信息，相信一定会对明天的两个采访带来帮助的。"（徐赵莉，2011 年 7 月 5 日）

寻求帮助策略是学习者积极向包括同伴和教师在内的其他人寻求支持的倾向；寻求帮助区别于其他策略之处在于他的社会互动性。（Pintrich，et al，1991）服务性学习环境下，学习者为完成活动任务会尝试在更广的范围主动调整解决问题思路，寻求语言和社会帮助，如下面的日志有：

> "机械般地打开邮箱，结果已经不再让人感到意外了，因为这样的结果也是自己能预料到的。但是今天的我已经从被动转变为主动了。如果继续等待，只是浪费时间。所以我们开始主动联系人，找自己在宁波的亲戚帮忙介绍符合采访的对象。而且也联系了很多的企业，但是结果还是让人心灰意冷。不过我们还是继续联系着。总算皇天不负有心人，经过同学的介绍，我们找到了一个美国籍的华侨。于是我们做足了准备，当天就与他取得了联系，他愿意下午接受我们的采访。所以这一天就得到了不少的收获。"（何凯，2011 年 7 月 4 日）

其他的策略还有，资源管理策略下的时间和学习环境管理策略是规划学习时间，计划作业和考试,有效利用时间达到现实任务,这里的学习环境管理是学习者所处的物理环境。(Pintrich,et al,1991)

错误监控,强调掌握管理和克服苦难,排除干扰完成任务的决心,错误策略对学术学习的重要性体现在对目标的坚定,持续使用策略的管理。(Pintrich,et al,1991)

在 MSLQ 框架中,学习动机和学习策略并非学习者的静态特征,相反,"学习动机是动态的和情景依托的,学习策略是可习得的,而且受学习者自我控制的"(Duncan & McKeachie,2005:117)学习者的动机是随着课程而出现变化,这决定于学习者对课程的兴趣,学习者课程表现的自我效能,因此根据课程的性质在某种程度上决定着学习策略的变化。

4.4 服务性英语学习模式下的非语言能力发展分析

4.4.1 引 言

Sternberg(1985)将智能分为学术智能和非学术智能,前者与学业相关,后者包括社会智能和生活实践智能——社会智能是适应社会环境,处理人与人之间关系的能力;实际生活智能是处埋日常生活,解决生活问题,应变决策的能力。这种对能力的分类虽然笼统,却也为我们提供了一个清晰理解语言与语言能力发展关系的方式。以"应用语言为中心"的语言学习不是语言能力的单纯发展,还包括非语言的能力的发展,这种非语言能力的发展不是语言能力作为学术能力发展的附带功能,而是互相传导。这里完成能量传递是靠经验,是与客观世界互动的经验。

促进学习者公民意识与民主思想是服务性学习导入美国主流课程设计的主要出发点。作为一种教育方法和学习策略,服务性学习表现出对学习者多元能力的培养,Eyler & Giles(1999)认为服务性学习,除了促进学业发展、了解学术课程等优点外,还可以让学习者从多个方面受益,如鼓励多元包容,提高自我认知能力,促进精神发展,提高交际能力,提高社区意识,激发学习动机,认识社会问题等。

服务性英语学习对于学习者非语言能力发展的促进与《大纲》所倡导的教学方法相吻合——《大纲》鼓励以课堂教学的内容为基础的课外学习和实践活动,其目的在于:

> "激发学生的学习兴趣,以及培养学生的学习能力、语言综合运用能力、
> 组织能力、交际能力、思维能力和创新能力。活动应面向全体学生,注意发

超越与回归——服务性英语学习

展个性，提倡人人参与，培养合作精神。"（高等学校外语专业教学指导委员会英语组，2000）

可见，在英语课程中导入服务性学习，是将这种学习策略应用到语言学习的过程中，让学习者在个体真真实实经历的过程中学习语言、反思语言学习，通过参与语言服务活动获得学术与思想的共同发展。刘润清，戴曼纯（2003）认为动态的课堂教学就是英语教学与素质教育的结合，学习者自主能力的发展会实现语言水平和素质的同步提高，素质的提高具体可以表现为学习者多元能力的发展，这些内容是本节探讨的重点。

4.4.2 公民意识发展分析

探索者们意识到大学与学习者应该回应社区需求，服务不能被视为"施恩的慈善"，公民意识培养和道德教育原则是"结合服务与学习的美好实践原则"的核心内容。（Hesser，1996）

公民意识包括奉献意识、归属感和荣誉感三个部分。奉献意识 Q1-5，如 Q3：我的专业知识可以帮助城市发展。归属感 Q6-7，如 Q3：参加该课程模式提高了我对学校的归属感；荣誉感 Q8-9，如 Q8：课程模式提高了我专业学习的荣誉感和认可度。

表 4-59 公民意识组统计量表

	班　　别	n	均　　值	标准差	均值的标准误差
公　民	C1+C2	33	33.1212	4.44942	0.77454
意　识	E1+E2	33	39.7273	4.21510	0.73375

公民意识，实验组和控制组数据对比显示，实验组平均分 39.7273 比控制组 33.1212 高 6.60606 分（见表 4-59、4-60），且两者之间存在显著性差异（$t=-4.829$，$df=64$，$p=0.000<0.050$，见表 4-60）。

实验组和控制组数据对比显示，实验组学习者的公民意识方面得分均高于控制组学习者，且存在显著性差异。由此可判断，服务性学习环境下，学习者公民意识出现显著性提高。

表 4-60　公民意识独立样本检验

		方差方程的 Levene 检验		均值方程的 t 检验					差分的 95% 置信区间	
		F	$Sig.$	t	df	$Sig.$（双侧）	均值差值	标准误差值	下　限	上　限
公民意识	假设方差相等	0.047	0.829	−6.192	64	0.000	−6.60606	1.06692	−8.73748	−4.47465
	假设方差不相等			−6.192	63.814	0.000	−6.60606	1.06692	−8.73760	−4.47453

表 4-61　实验组公民意识总分平均

公民意识	平均数	标准差
奉献意识	4.4146	0.6708
归属感	4.3333	0.6816
荣誉感	4.5077	0.5850

由表 4-61 可得，在上表所涉及的三大公民意识中，实验组学习者的荣誉感最强，得分 4.5077；奉献意识次之，得分 4.4146；归属感居后，得分 4.3333，但差异趋势并不是很明显。

表 4-62　控制组公民意识总分平均

公民意识	平均数	标准差
奉献意识	3.6667	0.8115
归属感	3.5455	0.9241
荣誉感	3.8485	0.7435

由表 4-62 可得，在上表所涉及的三大公民意识中，控制组学习者也是荣誉感最强 3.8485，奉献意识次之 3.6667，归属感居最后 3.5455，差异也并不是很明显。

表 4-63 两组学习者公民意识对比

项　目	组　别	平均数	实验组-控制组分差
奉献意识	实验组 E1+E2（33 人）	4.4146	0.7479
	控制组 C1+C2（33 人）	3.6667	
归属感	实验组 E1+E2（33 人）	4.3333	0.7878
	控制组 C1+C2（33 人）	3.5455	
荣誉感	实验组 E1+E2（33 人）	4.5077	0.6592
	控制组 C1+C2（33 人）	3.8485	

表 4-63 实验组和控制组数据对比显示，实验组的学习者在上表所涉及的三个公民意识中得分均高于控制组学习者，其中归属感最优胜，分差达 0.7878，而奉献意识次之，荣誉感最后。由此可见，服务性学习下的学习者在上述表格所体现的公民意识均高于自主性学习模式下的学习者。

4.4.3 成长意识发展分析

成长意识测量课程模式经历对受试对象个人成长的促进，体现在对自我能力认识、对世界认识、思想成长、个人成长和分享成长意识。依次为：

Q1：我认为自己可以改变世界。

Q2：这段经历改变了我对世界的看法。

Q3：课程模式可以培养我的思想。

Q4：参与课程模式有助于我的个人成长。

Q5：我会和他人分享这段经历。

表 4-64 成长意识组统计量表

	班　别	n	均　值	标准差	均值的标准误差
成长意识	控制组 C1+C2	33	18.7273	7.40048	1.28826
	实验组 E1+E2	33	20.0909	2.24114	0.39013

成长意识，实验组和控制组数据对比显示，实验组平均分 20.0909 比控制组 18.7273 高 1.36364 分（见表 4-64、4-65），两者之间不存在显著性差异（$t=-4.829$，$df=64$，$p=0.315>0.050$，见表 4-65）。

实验组和控制组数据对比显示，实验组学习者的成长意识高于控制组学习者，但是差异并不显著。由此可判断，服务性学习环境下，学习者成长意识需要在更长时间内进行培养，服务性学习体系的形成非一个项目所能决定，这需要教师、教育管理者和社会的共同努力。另外分析成长意识的各个指标更能说明问题。

表 4-65 成长意识独立样本检验

		方差方程的 Levene 检验		均值方程的 t 检验					差分的95%置信区间	
		F	Sig.	t	df	Sig.（双侧）	均值差值	标准误差值	下 限	上 限
成长意识	假设方差相等	1.347	0.250	−1.013	64	0.315	−1.36364	1.34604	−4.05265	1.32538
	假设方差不相等			−1.013	37.821	0.317	−1.36364	1.34604	−4.08897	1.36169

表 4-66 实验组成长意识各指标总分平均

实验组成长意识	平均数	标准差
自我能力认识	3.0000	0.8876
对世界的认识	3.5758	1.1018
思想的成长	4.3333	0.5318
个人成长	4.6061	0.4886
分享成长意识	4.5758	0.6045

由表 4-66 可见，在上表所涉及的五大公成长意识中，实验组学习者的个人成长意识最强，得分 4.6061；分享成长意识较次之，得分 4.5758；然后依次是思想的成长，得分 4.3333；对世界的认识，得分 3.5758；自我能力认识，得分 3.00。

表 4-67 控制组成长意识各指标总分平均

控制组成长意识	平均数	标准差
自我能力认识	2.7273	0.8969
对世界的认识	2.6970	0.9687
思想的成长	3.0303	6.9128
个人成长	4.1212	0.5370
分享成长意识	4.1515	0.6091

由表 4-67 可得，在上表所涉及的五大公成长意识中，控制组学习者的分享成长意识最强，达 4.1515 分；个人成长意识较次之，为 4.1212 分；然后依次是思想的成长 3.0303 分，自我能力认识 2.7273 分；对世界的认识最弱，为 2.6970 分。

表 4-68 两组学习者成长意识对比

项　目	组　别	平均数	实验组-控制组分差
自我能力认识	实验组 E1+E2（33 人）	3.0000	0.2727
	控制组 C1+C2（33 人）	2.7273	
对世界的认识	实验组 E1+E2（33 人）	3.5758	0.8788
	控制组 C1+C2（33 人）	2.6970	
思想的成长	实验组 E1+E2（33 人）	4.3333	1.303
	控制组 C1+C2（33 人）	3.0303	
个人成长	实验组 E1+E2（33 人）	4.6061	0.4849
	控制组 C1+C2（33 人）	4.1212	
分享成长意识	实验组 E1+E2（33 人）	4.5758	0.4243
	控制组 C1+C2（33 人）	4.1515	

表 4-68 实验组和控制组数据对比显示，实验组的学习者在上表所涉及的五大成长意思中得分均高于控制组学习者，其中思想的成长意识最强于控制组的学习者，分差达 1.303；对世界的认识意识次之，分差达 0.8788；自我能力认识意识，分差为 0.2727。由此可见，服务性学习下的学习者在上述表格所体现的成长意识均高于自主性学习模式下的学习者。

4.4.4 多元能力发展分析

"能力"在《大纲》中指的是"学生获取知识的能力、运用知识的能力、分析问题的能力、独立提出见解的能力和创新的能力"。（高等学校外语专业教学指导委员会英语组，2000）加德纳（1983，1995）认为智力是考察个人解决问题能力的指标，他提出九个范畴的人类智能，依据《大纲》与加德纳观点中与本实验相关的包括语言、逻辑、人际、内省、探索、生存六个范畴的内涵总结了 22 项多元能力。

本量表测量课程模式经历对受试对象非语言能力的提升，多元能力的培养包括自学能力、领导能力、决策能力、规划能力、组织能力、实践能力、协作能力、自我认识能力、沟通能力、适应能力、创新能力、分析能力、发现能力、模仿能力、科学研究能力、解决问题能力、观察能力、反思能力、表达能力、判断能力、情绪控制能力、总结能力。表述如 Q16：我的解决问题能力得到了提高。

表 4-69　多元能力组统计量表

	班　别	*n*	均　值	标准差	均值的标准误差
多元能力	控制组 C1+C2	33	83.5455	9.32433	1.62316
	实验组 E1+E2	33	92.2727	9.23063	1.60685

对于多元能力，实验组和控制组数据对比显示，实验组平均分 92.2727 比控制组 83.5455 高 8.72727 分（见表 4-69、4-70），且两者之间存在显著性差异（$t=-3.821$，$df=64$，$p=0.000<0.050$，见表 4-70）。

实验组和控制组数据对比显示，实验组学习者的多元能力组统计量得分高于控制组学习者，且存在显著性差异。仅将多元能力作为一种泛指的概念，服务性学习显然比自主性学习具有优势。具体多元能力中，哪些能力成长更有显著性，这需要对各项指标的逐一考核。

表 4-70　多元能力独立样本检验

		方差方程的 Levene 检验		均值方程的 *t* 检验					差分的 95% 置信区间	
		F	*Sig.*	*t*	*df*	*Sig.*（双侧）	均值差值	标准误差值	下　限	上　限
多元能力	假设方差相等	0.622	0.433	−3.821	64	0.000	−8.72727	2.28399	−13.29006	−4.16448
	假设方差不相等			−3.821	63.993	0.000	−8.72727	2.28399	−13.29007	−4.16447

由表 4-71 可得，在上表所涉及的 22 项多元能力测试中，实验组学习者在各方面的能力差异趋势并不大。相比之下，第 6 项实践能力和第 9 项沟通能力并列最强，得分达 4.5455；第 10 项适应能力略次之，得分达 4.5152；第 17 项观察能力和第 19 项表达能力并居第三位，得分为 4.4375；所有能力中第 15 项科研能力最低，仅为 3.6364 分。

表 4-71 实验组多元能力各指标总分平均

多元能力	平均数	标准差
1.自学能力	4.2121	0.6857
2.领导能力	3.8788	0.8074
3.决策能力	3.9394	0.7361
4.规划能力	4.2258	0.5512
5.组织能力	4.1818	0.6722
6.实践能力	4.5455	0.4979
7.协作能力	4.3636	0.5404
8.自我认识能力	4.3939	0.5471
9.沟通能力	4.5455	0.6076
10.适应能力	4.5152	0.6091
11.创新能力	3.8485	0.6570
12.分析能力	4.0606	0.6485
13.发现能力	4.2500	0.6614
14.模仿能力	3.7273	0.9931
15.科研能力	3.6364	1.0096
16.解决问题能力	4.3030	0.6735
17.观察能力	4.4375	0.5555
18.反思能力	4.1818	0.6722
19.表达能力	4.4375	0.6092
20.判断能力	4.1212	0.7285
21.情绪控制能力	4.1212	0.8441
22.总结能力	4.3939	0.6000

由表 4-72 可得，在表中所涉及的 22 项多元能力测试中，控制组学习者得分高于 4 分的能力测试并不多，仅 4 项。其中第 6 项实践能力和第 19 项表达能力并列最强，得分达 4.1818；第 9 项沟通能力略次之，得分达 4.1515；第 7 项协作能力居第三位，得分为 4.0606；所有能力中第 15 项科研能力最低，仅 3.2121 分。

表 4-72 控制组多元能力各指标总分平均

多元能力	平均数	标准差
1.自学能力	3.8788	0.5907
2.领导能力	3.3636	0.8463
3.决策能力	3.3939	0.8506
4.规划能力	3.7273	0.7497
5.组织能力	3.8182	0.6254
6.实践能力	4.1818	0.3857
7.协作能力	4.0606	0.4886
8.自我认识能力	3.8788	0.5907
9.沟通能力	4.1515	0.4349
10.适应能力	3.9697	0.5214
11.创新能力	3.5455	0.8560
12.分析能力	3.8485	0.4998
13.发现能力	3.6970	0.8699
14.模仿能力	3.6364	0.8097
15.科研能力	3.2121	0.9457
16.解决问题能力	3.9697	0.5214
17.观察能力	3.9091	0.6210
18.反思能力	3.7273	0.7497
19.表达能力	4.1818	0.4576
20.判断能力	3.6667	0.8040
21.情绪控制能力	3.7879	0.6857
22.总结能力	3.9394	0.7361

表 4-73 实验组和控制组数据对比显示,实验组的学习者在上表所涉及的 22 项多元能力测试中得分均高于控制组学习者。其中第 3 项决策能力、第 10 项适应能力、第 13 项发现能力同时最强于控制组的学习者,分差达 0.55;第 17 项观察能力高于控制组 0.5284 分,第 2 项领导能力分差达 0.5152,第 8 项自我认识能力分差 0.5151,第 4 项规划能力分差 0.4985。综合可见,服务性学习下的学习者在上述表格所涉及的 22 项多元能力均强于自主性学习模式下的学习者,决策、适应、发现三种能力发展在服务性学习模式下表现突出。

表4-73 两组学习者多元能力对比

项　目	组　别	一　般	分　差
1.自学能力	实验组 E1+E2（33 人）	4.2121	0.3300
	控制组 C1+C2（33 人）	3.8788	
2.领导能力	实验组 E1+E2（33 人）	3.8788	0.5152
	控制组 C1+C2（33 人）	3.3636	
3.决策能力	实验组 E1+E2（33 人）	3.9394	0.5455
	控制组 C1+C2（33 人）	3.3939	
4.规划能力	实验组 E1+E2（33 人）	4.2258	0.4985
	控制组 C1+C2（33 人）	3.7273	
5.组织能力	实验组 E1+E2（33 人）	4.1818	0.3636
	控制组 C1+C2（33 人）	3.8182	
6.实践能力	实验组 E1+E2（33 人）	4.5455	0.3637
	控制组 C1+C2（33 人）	4.1818	
7.协作能力	实验组 E1+E2（33 人）	4.3636	0.3030
	控制组 C1+C2（33 人）	4.0606	
8.自我认识能力	实验组 E1+E2（33 人）	4.3939	0.5151
	控制组 C1+C2（33 人）	3.8788	
9.沟通能力	实验组 E1+E2（33 人）	4.5455	0.3940
	控制组 C1+C2（33 人）	4.1515	
10.适应能力	实验组 E1+E2（33 人）	4.5152	0.5455
	控制组 C1+C2（33 人）	3.9697	
11.创新能力	实验组 E1+E2（33 人）	3.8485	0.3030
	控制组 C1+C2（33 人）	3.5455	
12.分析能力	实验组 E1+E2（33 人）	4.0606	0.2121
	控制组 C1+C2（33 人）	3.8485	
13.发现能力	实验组 E1+E2（33 人）	4.2500	0.5530
	控制组 C1+C2（33 人）	3.6970	
14.模仿能力	实验组 E1+E2（33 人）	3.7273	0.0909
	控制组 C1+C2（33 人）	3.6364	
15.科研能力	实验组 E1+E2（33 人）	3.6364	0.4300
	控制组 C1+C2（33 人）	3.2121	
16.解决问题能力	实验组 E1+E2（33 人）	4.3030	0.3333
	控制组 C1+C2（33 人）	3.9697	

（续表）

17.观察能力	实验组 E1+E2（33 人）	4.4375	0.5284
	控制组 C1+C2（33 人）	3.9091	
18.反思能力	实验组 E1+E2（33 人）	4.1818	0.4545
	控制组 C1+C2（33 人）	3.7273	
19.表达能力	实验组 E1+E2（33 人）	4.4375	0.2557
	控制组 C1+C2（33 人）	4.1818	
20.判断能力	实验组 E1+E2（33 人）	4.1200	0.4533
	控制组 C1+C2（33 人）	3.6667	
21.情绪控制能力	实验组 E1+E2（33 人）	4.1212	0.3333
	控制组 C1+C2（33 人）	3.7879	
22.总结能力	实验组 E1+E2（33 人）	4.3939	0.4545
	控制组 C1+C2（33 人）	3.9394	

4.4.5 总　结

服务性学习对人的全面培养成为世界范围内许多高校将这种理念纳入课程教学的重要因素，中国香港岭南大学（2008）即倡导通过"服务研习"实现学生的"全人发展"，鼓励学生在服务社会中获得"知识、品德、专业及个人的发展"。服务性学习课程的实施中重视对学生能力的培养，学习者成果通过"学科相关知识、沟通技巧、组织能力、社交能力、解决问题的技巧、研究技巧"六个方面进行，意在培养学生可适应"新经济"需求的适应能力，思考能力及创造能力。

1. 公民意识

Negi（2006）认为服务性学习对学生获益主要体现在：（1）增进传统课程学习；（2）促进个人发展；（3）培养公民意识与责任感；（4）潜能发展、自信提升以及促进个人成长；（5）学生的社会化发展趋势、公民意识与责任意识。学习者个人成长意识体现在个体在反思学习中。（Dunlap，1998；Eyler，2002）基于服务经历的语言学习在真实的社会环境下与人和社会形成互动的关系，学习者在贡献知识中获得作为公民的快乐和成就感，这种愉悦会不断激励着学习者的奉献意识，在社会网络中找到个人在学习团队的归属感，在学校归属感和作为社会成员的归宿感；而参与真实活动为学习者带来作为集体成员的个体荣誉感、学科荣誉感等。一位学生这样写道：

"如果把本次活动比喻为一个"孩子"，那么我见证了包括胚胎发育、诞生、成长各个阶段的情形。因为，作为一名活动全程参与者和组织者，我见证了活动从构思筹备到实施开展的全部过程。本次活动的意义重大而深远，使得作为一名参与者的我倍感荣幸与自豪。"（杨文龙）

2. 成长意识

对于教育与人的问题，潘光旦指出教育必须"以每一个人为目的"，是完成"健全的、完整的人"的教育。教育主要目的是"完成一个人"，教育最大目的是为了促进人的个性发展，教育最终目的是自我达到"至善"的境界，成为"完人"。专家人才必须完成人的教育后才能成为完整的"人"的意义上的专才，否则只能是优良的工具。（转引自李工，2010）人是教育的起点也是教育的终点。潘光旦结合欧美教育的精髓与中国教育国情，提出"德、智、体、群、美、富"的教育思想，德、智、体、美业已为人所熟悉，"群育"是培养协作精神及处理人与人之间的关系的能力，"富育"就是培养吃饭能力，并在生计上富裕的能力。（贾海红，2004）教育对人多元能力的培养，在 Johannisson 看来就是应该是教育的起点：

> "应该视个体为完整的人，只有这样，作为个体的潜力，包括情感潜力才可能被开发；也只有这样，个体与集体的行动方可被真正理解。"
> (Johannisson, 1987: 10)

前导研究发现服务性英语学习有助于学习者形成对自我、学校和社会的认识。核心研究对学习者成长意识的考察发现学习者在解决问题和服务社会过程中认识自我能力，认识对社会和多元文化，这些新的经历成为学习者个体成长的一部分，而且在与更多社会成员的分享中形成迁移和新的个体成长的动力，成长反映在学习者彼此的经历分享之中：

> "开始做后期的工作，由于我在采访的时候相机存储卡满了，只能换手机拍，视频十分模糊，声音就更更模糊。还好我用手机录了音，只能当听力来做，把对话一字一句给记录下来。要命的是，贺敏还有一点德国口音，有些词听不懂，只能反复听，反复斟酌，十分痛苦，听了一个小时，头昏眼花，但看到一页页满满的英文时，还是挺有成就感的。
>
> 晚上去老师办公室开会，大家分享了自己的'劳动成果'和一些采访中的趣事，窘事和无奈的事，十分有意思，奇闻轶事都在这里汇总了，比如外国人也不一定有素质，也会放人鸽子。还有诺丁汉一个老师居然资助了 20

多个中国学生，听得我目瞪口呆的……"（苏霞，2010 年 7 月 16 日）

3. 多元能力培养

在多元能力的调查中，学习者决策、适应、发现三种能力发展在服务性学习模式下表现突出，以陈冰娟的日志记录来看学生发现和模仿能力的发展：

> "今天蔡老师陪我们一起去采访，看到他对队员稿子的修改，我明白了，在设计问题的时候一定要注意问题的逻辑性，在问问题的时候，思维一定要开放点，比如说，你想问别人他是做什么生意的，问'你能和我们谈谈你的生意吗？'就比'你是做什么生意的？'要好。这样子问，别人不会觉得大家关系很陌生，反而会很亲切，而这就是语言的技巧，所以我们要善于运用语言的技巧来办事，这样就会事半功倍了。在和这个美国的小伙子聊天的时候，他谈到在中国，只要你有背景，有关系，你就能找到好的工作。而作为中国人，我们是代表中国形象的，蔡老师当时就反驳了他的观点。所以，当别人对我们有所误解的时候，就要纠正他们，要表现得自信点，以平等的态度来看待人与事。"（陈冰娟，2010 年 7 月 7 日）

服务性学习经历让学习者在思维和看问题的方法获得成长的机会，在对自我体验的反思中，尤其是解决问题的过程中和问题解决后的成就感会让学习者重新以新的视角观察世界和自我，这种经历会在今后的人生规划中起到重要的作用：

> "上午，Jandy 到我们班来做了个小型的讲座，讲述了他在美国的生活。之后，大家与 Jandy 互动交流，纷纷讲述了我们眼中的美国，再与 Jandy 所说的美国相比较，了解了很多我们以前所不知道的美国文化。下午，我们小组的三个成员金晶，苏霞和我一起讨论撰写对 Jandy 的采访稿，并多次对稿子进行修改，以做到尽善尽美。除了撰写采访稿，我们还积极地通过发送邮件等联系方式联系在甬的外籍人士，还准备了采访问题等。一天下来，大家都忙得很累，但大家都没有抱怨，想到以后的成果，大家都觉得这些累是值得的。"（沈渊桑，2010 年 7 月 17 日）

服务性学习所创造的真实性活动使真实文本在课堂及课堂之外中获得了生命力和活力，参加课程的学习者通过真实经历和体验完成了对真实文本的解读和跨越，阅读文本所带来了快感以及参与活动所获得的经验和情感最终将转化为学习者参与真实生活交流的动力：

"今天上午，我们小组的成员们继续做采访后期的工作，包括与 Peter、贺敏、Michael 对话内容提取，采访稿撰写和修改等。在制作后期工作时，我们积极联系在甬外籍人士。让人意外的是，我们终于收到了一位外籍人士的回信。可是，信上说他现在在澳大利亚，要打 8 月份才会回到宁波。虽然是空欢喜一切，但是还是礼貌地回信感谢了他。"（沈渊桑，2010 年 7 月 18 日）

对于来自语言专业的学习者，服务性学习过程提高的绝不仅仅是量化了的语言能力，数据同样可以显示学生思想的成长。这一数据有来自问卷的，也有来自学生个人报告、日志的和后期的学生座谈，结果显示学生对个体作用与社会意识的提高。由于未来专业的英语相关性较高，人群语言学习融入动机较高，语言交际能力的优势也成为他们参加服务性学习的热情所在：

"因为已经连续采访了两个人了，这一天并没有继续采访。当然，也是因为没有联系到采访对象，所以这一天还是待在学校。当然，在学校并不意味着闲着，我们小组的成员还是在努力地寻找采访对象。尽管屡屡被拒，但是我们没有放弃。在联系的过程中，有些人在电话里的语气并不好，我们也没有抱怨，只是把这样的一种过程当作一次次成长的经历。每一个人的道路都不会是一帆风顺的，目前我们所经历的也只是些微不足道的小事。我想老天还是比较眷顾我们的，这天其他小组有联系得多了，所以就给了我们一个联系人，我们约好第二天见面。所以，这一天还是快乐地过去了。"（何凯，2011 年 7 月 6 日）

4.5 服务性英语学习下的课程模式满意度分析

4.5.1 引　言

服务性学习课程类型：服务性学习在美国的影响巨大，其模式类型繁多，其中涉及课程中的服务性学习主要有五类：

（1）课程中的服务性学习：将服务性学习引入课程之中，帮助学生将知识与其情境联系起来。

（2）作为课程组成部分的服务性学习：服务性学习是课程的组成部分，教师通常要求学生在服务性学习的基础上完成小论文、课堂发言或者其他作业。

（3）作为课程重要要求的服务性学习：服务性学习虽然是课程的组成部分，但并不是课程的主要要求，而是在某种程度上从属于学术性课程。

（4）课程簇中的服务性学习：一般包括两三门课程，由共同的主题、作业、课堂活动和其他专题项目联结为一体，帮助学生从不同的角度探索同一个主题和思想。

（5）高峰体验课程中的服务性学习：深入体验和了解服务对象的文化与生存环境，有时间和深度的要求，目的在于最大程度发挥服务性学习的作用。（刘宝存，2004，2005）

研究实验中三种服务性英语课程模式设计的前两种可以与以上第（1）和（2）类对应，而第三种模式在一定程度上体现了第（4）类的特点，因为课程"专业实践一"本身就是对不同语言技能的实践和应用。无论是哪种模式，服务性学习课程设计都应该符合一定的流程和标准。经验教育认为学习活动是筹备、经历、反思、应用四个阶段的循环。（Wurr，1999）在此基础形成的服务性学习的组织和实施一般涵盖准备、规划、行动、反思、庆贺和评估几个基本环节。（Kaye，2004；张荷皎，2009）传统课堂向服务性学习课堂转变的过程中要充分考虑新环境与课程整体目标的相关性，这样服务性英语学习活动和项目才能促进服务相关和语言学习两个目的，所以本研究中服务性英语课程的设计采纳了以下计划—行动—巩固—反思—评估五个阶段（修正自Rubin, 2001），见图4-1。

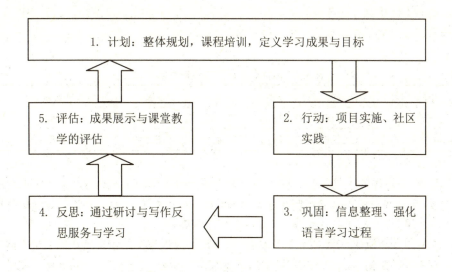

图4-1 服务性学习课程设计模式

以整体规划、课堂培训、定义目标、项目实施、社区实践、信息整理、小组研讨、个体或共同写作、成果展示与评估。

对于课程模式满意度以及相对应的学习者学习满意度的考察，本研究在实验处理后，分别进行相同内容的问卷测试，实验组 E1、实验组 E2 为服务性课程模式实验，完整地体现在主题活动"用声音叙事"之中，设计服务性课程作为实验处理；四组皆实施同样问卷，实验 E1、E2 性质相近、内容相似，数据做合并处理；实验组 C1、实验组 C2 为自主性学习课程模式，性质相近、内容相似，数据做合并处理；然后比较两组情形，其内容为课程满意度问卷，包括课程模式满意度和课程学习满意度两个部分，本量表为 Likert 五点量表，1 代表"完全不同意"，5 则是"完全同意"，每一分量表加总后求平均数为受试对象在该类型分数。

主要问卷调查数据进行统计分析、教师观察日志和参与学生日志进行。学生访问音频视频文字提取以观察学习过程在服务性学习与自主性学习两种不同学习模式中的比较，重点探究学生在服务性学习模式活动中的表现。研究可以帮助比较两种学习模式中学生对于各个环节的满意度，结合课程学习满意度分析论证服务性教学模式的较之自主性学习模式的优势。

4.5.2 两种课程模式满意度比较分析

课程模式满意度主要基于受试对象参加课程教学模式的满意度来测量教学大纲所涉及的不同环节，共 8 题，依次体现教学要求、教学方法、活动设计、教学内容、评估方法、教师参与、学习过程、接受度。

表 4-74 课程模式满意度组统计量对比

	组　别	n	均　值	标准差	均值的标准误差
课程模式满意度	控制组 C1+C2	33	31.7576	3.15268	0.54881
	实验组 E1+E2	33	35.5455	3.66649	0.63825

表 4-74 课程模式满意度，实验组 E1+E2 和控制组 C1+C2 数据对比显示，实验组平均分 35.5455 比控制组 31.7576 高 3.78788 分（见表 4-74），且两者之间存在显著性差异（$t=-4.500$，$df=64$，$p=0.000<0.050$，见表 4-75）。

实验组和控制组数据对比显示，实验组学习者对课程模式满意度在的八个方面得分中均高于控制组学习者，课程模式满意度都存在显著性差异，由此可判断，在学习者对于课程的设置在参加之后表现出更高的满意度。

表 4-75 课程模式满意度独立样本检验

		方差方程的 Levene 检验		均值方程的 t 检验					差分的 95% 置信区间	
		F	Sig.	t	df	Sig.（双侧）	均值差值	标准误差值	下 限	上 限
课程模式满意度	假设方差相等	4.982	0.029	−4.500	64	0.000	−3.78788	0.84176	−5.46949	−2.10627
	假设方差不相等			−4.500	62.595	0.000	−3.78788	0.84176	−5.47022	−2.10554

表 4-76 数据显示实验组学习者在教学要求、教学方法、活动设计、教学内容、评估方法、教师参与、学习过程、接受度八方面的课程模式满意度平均分中，接受度得分最高，达 4.6667 分；学习过程得分略次之，4.5758 分；然后依次是教师参与 4.5152 分，教学方法 4.4848 分；教学要求与活动设计同分，为 4.4242 分；教学内容 4.3636 分；评估方法得分最低，4.0909 分。由此可见，服务性学习下的学习者对接受度，学习过程，教师参与的课程模式满意度较高，而对评估方法的课程模式满意度相比之下最低。

表 4-76 实验组课程模式满意度各指标总分平均

实验组活动性质	平均数	标准差
Q1.教学要求	4.4242	0.4942
Q2.教学方法	4.4848	0.6091
Q3.活动设计	4.4242	0.6045
Q4.教学内容	4.3636	0.6428
Q5.评估方法	4.0909	0.7120
Q6.教师参与	4.5152	0.4998
Q7.学习过程	4.5758	0.5521
Q8.接 受 度	4.6667	0.4714

表 4-77 数据显示控制组学习者在教学要求、教学方法、活动设计、教学内容、评估方法、教师参与、学习过程、接受度八方面的课程模式满意度平均分中，教学要求得分最高，达 4.1515 分；教师参与略次之，4.0909 分；活动设计与学习过程，得分相同，为 4.0303 分；然后依次是接受度 4.0000 分，教学方法 3.9091 分，教学内容

3.8788 分；评估方法最低，为 3.6667 分。由此可见，自主性学习下的学习者对教学要求的课程模式满意度最高，而对评估方法的课程模式满意度相比之下最低。

表 4-77 控制组课程模式满意度各指标总分平均

控制组活动性质	平均数	标准差
Q1.教学要求	4.1515	0.4349
Q2.教学方法	3.9091	0.6680
Q3.活动设计	4.0303	0.6269
Q4.教学内容	3.8788	0.6400
Q5.评估方法	3.6667	0.7654
Q6.教师参与	4.0909	0.5143
Q7.学习过程	4.0303	0.4596
Q8.接 受 度	4.0000	0.4924

表 4-78 两组学习者课程模式满意度对比

项 目	组 别	平均数	实验组-控制组分差
Q1	实验组 E1+E2（33 人）	4.4242	0.2727
	控制组 C1+C2（33 人）	4.1515	
Q2	实验组 E1+E2（33 人）	4.4848	0.5757
	控制组 C1+C2（33 人）	3.9091	
Q3	实验组 E1+E2（33 人）	4.4242	0.3939
	控制组 C1+C2（33 人）	4.0303	
Q4	实验组 E1+E2（33 人）	4.3636	0.4848
	控制组 C1+C2（33 人）	3.8788	
Q5	实验组 E1+E2（33 人）	4.0909	0.4242
	控制组 C1+C2（33 人）	3.6667	
Q6	实验组 E1+E2（33 人）	4.5152	0.4243
	控制组 C1+C2（33 人）	4.0909	
Q7	实验组 E1+E2（33 人）	4.5758	0.5455
	控制组 C1+C2（33 人）	4.0303	
Q8	实验组 E1+E2（33 人）	4.6667	0.6667
	控制组 C1+C2（33 人）	4.0000	

表 4-78 实验组和控制组数据对比显示，实验组学习者对活动模式满意度在上表所体现的八个方面得分中均高于控制组学习者的满意度，其中 Q8 接受度分差最高，达 0.6667；继而是 Q2 教学方法，分差达 0.5757；Q7 学习过程分差达 0.5445；后依次 Q4 教学内容分差为 0.4848，Q6 分差为 0.4243，Q5 分差为 0.4242，Q3 分差为 0.3939；Q1 教学要求最低，为 0.2727。由此可判断，服务性学习环境下的学习者对不同活动模式的满意度比自主性学习环境的学习者更高，尤其在课程接受度和教学方法、学习过程满意度三个方面。

4.5.3 两种课程模式学习满意度比较分析

课程模式学习满意度与课程模式满意度在考察指标上基本对应，主要测量学生对课程学习的满意度情况，从而形成测量之间的相互印证，依次为：

Q1. 我认为本课程模式要求可以增进我的学习效果。

Q2. 我认为本课程模式活动充分调动了我的学习主动性。

Q3. 我认为我能充分领会本课程模式的活动设计。

Q4. 我认为我能充分理解本课程模式的学习内容。

Q5. 我认为我能将本课程模式所学到的应用到未来的工作上

Q6. 我认为本课程模式学习可以增进我的英语语言学习能力。

Q7. 我认为本课程模式学习可以增进我的语言综合应用能力。

Q8. 我认为本课程模式学习可以增进我的非语言学习能力。

表 4-79 两组学习模式满意度组统计量表

	组　别	n	均　值	标准差	均值的标准误差
课程学习满意度	控制组 C1+C2	33	30.9091	3.04512	0.53009
	实验组 E1+E2	33	34.8788	3.68067	0.64072

表 4-79 课程学习满意度，实验组和控制组数据对比显示，实验组 E1+E2 平均分 34.8788 比控制组 30.9091 高 3.96970 分（见表 4-79），且两者之间存在显著性差异（$t=-2.127$，$df=64$，$p=0.000<0.050$，见表 4-80）。

实验组和控制组数据对比显示，实验组学习者对课程学习满意度在八个方面得分中均高于控制组学习者，课程学习满意度存在显著性差异。由此可判断，在服务性英语学习者课程参加中对学习表现出更高的满意度，这与服务性学习在学习过程和学习环境方面的比较形成了呼应。

表 4-80 两组学习模式满意度独立样本检验

		方差方程的 Levene 检验		均值方程的 t 检验						
		F	Sig.	t	df	Sig.（双侧）	均值差值	标准误差值	差分的 95% 置信区间	
									下　限	上　限
课程学习满意度	假设方差相等	1.595	0.211	−4.774	64	0.000	−3.96970	0.83158	−5.63096	−2.30843
	假设方差不相等			−4.774	61.830	0.000	−3.96970	0.83158	−5.63208	−2.30731

表 4-81 显示实验组学习者在学习效果、主动性、领会活动设计、理解学习内容、应用到未来工作、语言能力、语言综合应用能力、非语言学习能力八方面的课程学习模式的平均分中，应用到未来工作得分最高，达 4.5152 分；语言综合应用能力略次之，达 4.4848 分；再次之是学习效果与主动性，得分相同，为 4.4545 分；然后依次是非语言学习能力 4.4242 分，语言能力 4.3030 分，理解学习内容 4.1515 分；领会活动设计最低，为 4.0909 分。由此可见，服务性英语学习下的学习者对课程与未来职业的联系满意度最高，其他在语言综合应用能力、学习效果、主动性与非语言学习能力课程模式满意度也较高，而领会活动设计课相比之下最低。

表 4-81 实验组学习模式满意度总分平均

课程学习模式满意度	平均数	标准差
Q1.学习效果	4.4545	0.7003
Q2.主动性	4.4545	0.7003
Q3.领会活动设计	4.0909	0.6680
Q4.理解学习内容	4.1515	0.6091
Q5.应用到未来工作	4.5152	0.5571
Q6.语言能力	4.3030	0.7971
Q7.语言综合应用能力	4.4848	0.8210
Q8.非语言学习能力	4.4242	0.6976

表 4-82 控制组学习模式满意度总分平均

学习模式满意度	平均数	标准差
Q1.学习效果	4.0303	0.5766
Q2.主动性	3.9697	0.5766
Q3.领会活动设计	3.6364	0.5938
Q4.理解学习内容	3.7576	0.6045
Q5.应用到未来工作	3.4545	0.7003
Q6.语言能力	4.0909	0.6210
Q7.语言综合应用能力	4.0606	0.6000
Q8.非语言学习能力	3.9091	0.7925

　　表 4-82 显示控制组学习者在学习效果、主动性、领会活动设计、理解学习内容、应用到未来工作、语言能力、语言综合应用能力、非语言学习能力八方面的课程学习模式的平均分中，语言能力得分最高，达 4.0909 分；语言综合应用能力略次之，达 4.0606 分；再次之是学习效果，得分为 4.0303 分；然后依次为主动性 3.9697 分，非语言学习能力 3.9091 分，理解学习内容 3.7576 分，领会活动设计 3.6364 分；应用到未来工作最低，为 3.4545 分。由此可见，自主性学习下的学习者对语言能力学习满意度最高，其他如自动性、语言综合应用能力等课程学习模式满意度也较高，而应用到未来工作课程模式满意度相比之下最低。

　　表 4-83 实验组和控制组数据对比显示，实验组学习者对活动模式满意度在上表所述的八个方面得分中均高于控制组学习者，其中 Q5 应用到未来工作分差最高达 1.0607 分，这是两者的最重要区别；继而是 Q8 非语言学习能力，分差达 0.5151 分；后依次 Q2 学习主动性分差为 0.4848 分，Q3 领会活动设计分差为 0.4545 分，Q1 学习效果与 Q7 语言综合应用能力分差同为 0.4242 分，Q4 理解学习内容分差为 0.3939 分；Q6 语言能力分差最低，为 0.2121 分。由此可判断，服务性学习环境下的学习者对课程学习模式满意度比自主性学习环境下的学习者更高。尤其是应用到未来工作、非语言能力及学习主动性。

151

表 4-83 两组学习者学习模式满意度对比

项　目	组　别	平均数	实验组-控制组分差
Q1	实验组 E1+E2（33 人）	4.4545	0.4242
	控制组 C1+C2（33 人）	4.0303	
Q2	实验组 E1+E2（33 人）	4.4545	0.4848
	控制组 C1+C2（33 人）	3.9697	
Q3	实验组 E1+E2（33 人）	4.0909	0.4545
	控制组 C1+C2（33 人）	3.6364	
Q4	实验组 E1+E2（33 人）	4.1515	0.3939
	控制组 C1+C2（33 人）	3.7576	
Q5	实验组 E1+E2（33 人）	4.5152	1.0607
	控制组 C1+C2（33 人）	3.4545	
Q6	实验组 E1+E2（33 人）	4.3030	0.2121
	控制组 C1+C2（33 人）	4.0909	
Q7	实验组 E1+E2（33 人）	4.4848	0.4242
	控制组 C1+C2（33 人）	4.0606	
Q8	实验组 E1+E2（33 人）	4.4242	0.5151
	控制组 C1+C2（33 人）	3.9091	

4.5.4 总　结

在模式满意度的比较中，服务性学习在各个指标的考核同样高于自主性学习模式，特别是对这种教学方法以及这个过程的认可，因此不难理解为什么服务性学习模式下的学生对教学模式接受度会高过对于自主性学习模式。与之相呼应的是学习模式满意度比较，服务性学习在各个指标的考核同样高于自主性学习模式，特别是看重知识应用到未来工作中，服务性学习模式本身职业相关或者发展职业相关技能特点得到凸显。

自主性学习与课程的结合也是教学发展的一种趋势，然而就与未来职业的相关度，服务性学习有着显著的优势。这其实也是服务性学习区别与志愿者活动的一个特征，即参与者社区服务行为是为了提高服务和参与者自身学习的反思之间形成平衡，服务性学习在承认个人与知识发展重要性的同时蕴涵着深刻的社会目的（Gray，et al，2000：32）。服务性学习导入课程的类型虽然有所不同，但是一些核心的要素是不变的。根据刘宝存（2004，2005）对服务性学习类型的介绍，这样的课程通常把经验与学术性内容联系起来，要求学生学习某一个问题，反思经验中的认知和发展方面，而不必太关注服务的结果。对于这种学习模式的考察应该关注探索善行的不同定义和对于社会问题根源的不同解释，质询知识的目的和功用，发现意义的多层次性。

4.6 服务性英语学习模式评价

浙江大学宁波理工学院以主题活动"用声音叙事"为载体开展服务性英语教学实验，教学实验在逻辑上符合项目递进式、链条式的发展过程。从 2008 年"综合英语"课程中设置的实践元素，表现形式为口头报告的产出性呈现，强调实践过程的完整和与实践结果的逻辑关系，口语表达能力的提高依托实现过程中听的能力、说的能力、跨文化交际能力的综合；2009 年此活动实践过程中加强了听力理解能力的训练，即后期视频的字幕填加，同时侧重了活动前期策划环节的团队建设、调研能力等综合能力提高，后期的文本输出，具备了专业实践项目的雏形。

"用声音叙事"活动作为专业实践项目，于 2009 年 7 月应用到课程："专业实践一"，项目鼓励学生立足专业优势，进一步探索宁波的国际化形象，为宁波的发展建言献策。此活动将英语教学过程中听、说、读、写、译、跨文化交际等实践元素整合在一起。在此过程中，学生组建实践小组、完成策划方案、实施活动计划、之后回归课堂研讨和学术反思，后期在视频文字提取和翻译的基础上完成形成性总结报告，采访和报告成为课程评估的重要组成部分。这一从点到面的动态专业实践能力培养模式最终在 2010 年成为专业实践项目并与社会实践活动相结合，与文化建设相结合，与宁波的国际化形象建设相结合。对于这种教学模式实践需要从不同方面进行论证其可行性和可推广性，下面研究者从参加实验学生评价、学生家长及外籍人士评价、教育专家评价、政府评价、教育同行评价、媒体评价六个方面评估服务性英语教学模式。

4.6.1 学习者评价

作为服务性英语学习研究的主体，学习者是教学实验的参与者、实践者，他们从经历中反思学习活动所带给自己包括语言能力在内的各方面成长，这种心得体现在他们对教学活动最真实的评价中。

1. 实验组 E1 受试对象评价

实验参加者浙江大学宁波理工学院外语学院 2008（5）班苏霞说：

> "'用声音叙事'活动的参与度很高，每个参与者都有自己的任务，不
> 会有任务分配不均的问题。活动包括了个人参与与团队协作两部分，既锻炼

了个人处事能力，也培养了团队协作精神。同时，该课程实践性很强，让学生将理论化为实践，也很有趣味，也让学生很有成就感。"

实验参加者浙江大学宁波理工学院外语学院 2008（5）班金晶说：

"'用声音叙事'不仅锻炼了我英语口语、听力、写作、翻译等专业方面的能力，还让我体验了全新的实践模式，走出校园走进外国人，行动前期的准备以及实践后的感悟总结都让我收获良多。这个模式非常值得推广，作为参与者我很有成就感。"

实验参加者浙江大学宁波理工学院外语学院 2008（5）班陈棵可说：

"参加'用声音叙事'活动我体会到了付出的艰辛，感受到了同学之间合作团结的重要性，了解到自己语言中的不足，尤其口语有待提高。享受了和同学老师互动合作的乐趣，加深了相互之间的了解，享受到了收获的快乐感和成就感。"

以上学生为 2010 年"实验组 E1 的受试对象"，他们从语言学习、多元能力发展、个体情感等不同方面评价服务性英语学习课程模式"用声音叙事"。在他们的评价中不约而同地出现了一个词汇"成就感"，这是他们在参加活动一年后写下的反思，这个时候他们的作品已经出版，并且在校园内外引起了不小的反响。这个结果是他们当初参加活动时所没有预料到的，所以服务性英语学习带给教学的启示还应该包括这种教学方法的教育意义，特别是活动对学习者情感迁移作用发挥的长期跟踪和评估。

2. 实验组 E2 受试对象评价

参加 2011 年"用声音叙事"模式的同学们，也就是实验组 E2 的受试对象也从个体经历中探讨活动的意义，浙江大学宁波理工学院外语学院 2009（3）班何亚运说：

"'用声音叙事'的课程模式有着巨大的吸引力和影响力，作为英语专业的学生，我觉得从构思、实践、反思这一系列的过程，我们的听、说、写几个方面的能力都得到了提高。而这个活动的实质则是从城市出发，为建设更好的城市作出了贡献，这无形促进了大学生责任意识的提高。"

浙江大学宁波理工学院外语学院 2009（3）班周瑾说：

　　"尽管我参加活动只有短短的 20 天，在这 20 天里不同于在教室正常上课的同学，我们在城市的大街小巷奔波，体会到了许多在学校里老师无法传授的东西。在课堂上听老师教授的是知识，而如何灵活运用知识是课程里无法学到的，所以我个人认为这种教学实践活动非常有意义。"

浙江大学宁波理工学院外语学院 2009（3）班何凯说：

　　"人总是在不经意间成长，成功也好，失败也罢，经历过，至少不留有遗憾。这样一次体验，对于学习或是生活都是一次不可忽视的成长经历。我也相信在今后的道路上，这种心灵上的成长也会指引我走向成功的彼岸。"

3. 实验后期拓展活动"公益汉语课程"成员评价

　　英语教育在更深和更广层面参与社会建设是服务性英语学习模式"用声音叙事"活动不断发展的一个最直接结果。长期的调研工作让研究者发现，很多外籍人士面临语言交流的困境，并表达出强烈的汉语学习热情。为满足这一实际需要，同时，也为更好地实践服务性英语学习模式在中国英语教学领域的探索，研究者在"用声音叙事"的基础上拓展活动"公益汉语课堂"。活动依托《跨文化交际》课程，并且成为课程的重要评估手段，学生以双语的形式对外籍人士进行"一对一"汉语教学，每周 2 个学时，考察手段为课堂观摩及中英文双语教学日志填写，对每学期 20 学时的授课活动考察作为课程的期中考试成绩。活动委托机构为宁波市国际文化研修中心及浙江大学宁波理工学院外国语学院，目的在于解决外籍人士在宁波生活、工作中面临的语言沟通问题。这一模式与前导研究 P2 实验组同一类型，即服务性学习活动作为课程的重要组成部分，虽然具体针对性的探讨没有在研究中出现，但是作为研究的后续成果，非常有必要思考学习者在这一活动的感受。

浙江大学宁波理工学院外语学院 2009（4）班陈凝玲感言：

　　"毫不夸张地说，参加'公益汉语课堂'是进入大学以来最为难忘的一段经历。从这个课程中，我收获了自信，开发了潜能，也在不断地改变自己的教学模式，不断创新与试验。在这个过程中，得到了老师与同学的肯定，虽然不能说实现了自我的价值，但也算是发现了自我的一个长处，我对于中文和中国文化的认识也在不断的深入。'公益汉语课堂'的开展激发我去学习更多的中国文化，这样当外国学生问起时我才不会哑口无言。这一次的经验到底会给我的将来带来多大的影响，现在不得而知。但我相信，这影响一定是积极的，无论将来我是否从事与之相关的工作，都将会作为一份珍贵的记忆放在心中。"

浙江大学宁波理工学院外语学院 2009（4）班周徐说：

"我参加用声音叙事系列公益汉语课堂的实践活动经历有三点重要的体会：一是活动与专业结合紧密，我用英语和汉语对外国人进行教学，我的学习自信心得到了极大的提高；二是对外国人态度的转变，我教一个来自诺丁汉大学的英国学生，真实的教学和思想交流让我改变了对外国人在文化上的仰视，平等的交流是文化交流的根本；三是我直观地学习到外国文化和思维方式，书本上枯燥的知识因为实践活动突然生动起来。"

浙江大学宁波理工学院外语学院 2009（4）班房曙霞说：

"虽然学习英语多年，但是和外国人交流的时候还是有恐惧感。为参加'用声音叙事''公益汉语课堂'活动，我做了大量的前期准备，包括书面的、口语的，也参加了对外汉语教学的相关辅导。这个过程中，我真实地体验和感受了教外国人的快乐和艰辛，'公益汉语课堂'提高了我的语言使用的自信心和对外国文化的了解。这种真实的学习方法不仅仅对我英语能力有提高，同时对中国传统文化也有了重新的认识。"

4.6.2 教育专家评价

对于以"用声音叙事"主题活动开展的服务性英语学习，教育及语言教学领域的专家学者从专业的角度出发给出评价。各位专家学者的视角集中在对这种服务性英语学习模式的肯定以及活动所体现的创新外语人才培养模式的尝试。

上海外国语大学博士生导师、中国认知语言学研究会会长束定芳教授对教学模式所创造出的真实语言交际环境表示肯定，认为实践活动可以促进学生的学习动机和学习策略，他说：

"浙江大学宁波理工学院外语学院'用声音叙事'语言实践活动，立意新颖，教学效果显著，社会反响强烈。该活动源于课堂、服务社会、又回归课堂，这种教学理念将语言学习和学生人文素质的培养结合在一起，将语言教学融入真实的语言交际环境、文化环境和社会发展环境，并且在语言学习者的学习动机和学习策略方面起到了极大的引导和促进作用，这种极具创意的语言教学模式在实践教学中很值得推广。"

浙江大学博士生导师、浙江大学宁波理工学院院长金伟良教授从创新人才培养模式的视角说：

> "'用声音叙事'活动是以团队形式开展的教研活动，也是将教育的服务性、学习的实践性、科研的时代性完美地结合在一起的教学活动。活动是利用专业优势培养具有国际视野人才的教学探索，是师生践行'教育服务地方'理念的具体举措，活动已经超越了单纯的语言实践，在培养学生的国民意识、跨文化意识、责任意识、关注现实的意识等方面意义非凡。"

浙江大学英语语言文学博士生导师、浙江省外文学会会长、教育部高校英语专业教学指导分委员会委员殷企平教授关注英语课堂与服务社会、文化传播的结合，以及这种教学模式对学习者能力的提升作用，他说：

> "'用声音叙事'系列活动把外语课从课堂教学延伸到实际应用的语言交际之中，从而使学生在与外籍人士的交流活动中，增长了外语能力，并得到了跨文化交际能力的锻炼，同时服务于宁波的国际化城市建设。这一集外语专业学习、社会服务和文化传播'三位一体'的创举，为唤醒大学生传播中华文化的自觉性做出了显著的成绩。"

教学活动对学习者学习策略的改变和情感态度的促进功能，宁波大学副校长、浙江外文学会常务副会长赵伐教授认为：

> "'用声音叙事'活动是一次很有意义的专业实践活动，它不仅提高了外语专业学生的交际沟通能力，还宣传了我们城市的形象，促进宁波的进一步开放。更为可贵的是，它也许会让我们的青年学子们学会如何借'第三只眼'来审视自己的城市和社会、自己的文化和传统，从而更加从容地面对未来的挑战，更加自信地拥抱更多彩的世界，不再妄自菲薄、怨天尤人。"

浙江大学博士生导师、浙江外文学会常务副会长庞继贤教授从大学的使命和英语教育的育人功能点评活动：

> "我们经常讲大学精神，那么什么才是真正的大学精神？大学精神就是'育人'：培养适应经济社会发展需求的人才，培养大学生适应未来社会变化的能力和适应多元文化的能力。外国语学院'用声音叙事'活动正是从这

157

超越与回归——服务性英语学习

个理念出发,'知行合一','知行并进',学生和教师不但提高了语言实践的能力和跨文化交际的能力,而且增强了公民的责任意识和知识服务社会的意识。我们要不断总结,努力实践,为创新教育模式、为推进宁波城市国际化进程、为传播中国文化做出我们的贡献。"

4.6.3 家长及外籍人士评价

高等教育,或者说高校外语教学的首要目标,是为社会培养合格的人才。在这个基本目标中,寄托着无数家庭的期望。"用声音叙事"服务性教学模式可以给学生背后的家庭,以及受益于这种教学模式的外籍人士带来什么,他们的评价同样非常的重要。

关尔佳同学母亲来信写道:

"近日收到孩子所传的信息并浏览了媒体关于浙大宁波理工学院'用声音叙事'活动的报道,觉得这是一个非常好的活动。非常感谢学院能给学生提供这样的平台,使他们有机会亲身体验并参与到传播中国文化的活动中,孩子表示这一活动对自身文化素养的提高很有启迪和促进作用。尤其可贵的是,她对文化认同有了新的理解,认识到只有深入了解了中国文化,才能更好地利用自己所学的外语知识让世界了解中国。"

陈凝玲父亲陈刚在邮件写道:

"作为学生家长,看到孩子在'用声音叙事'活动中的表现与成长感到十分的欣喜。11 月 8 日晚 7 点半,全家老少早早守在电视机前,锁定"宁波一套",焦急而又兴奋地等待着孩子出现在电视机屏幕上。妻子兴奋地打电话告诉其他的亲戚朋友这个喜讯,希望更多的人看到这一激动人心的时刻,孩子的爷爷奶奶则是时不时问两句,怎么还没放到自己孙女的片段。尽管新闻中只出现了短短的几十秒钟,但难以抑制的全家的喜悦之情。真心感谢学校开展的这项实践活动,让孩子在授课的过程中发挥所长,实现了自我的价值。"

外籍人士 Courtney Cruzan 来信写道:

"There is so much meaning behind traditional Chinese stories, similar to the classic western fables I grew up with. I would be more lost with the limited professional instruction if it wasn't for the complimentary Chinese language program at the Ningbo Institute of Technology. I am very grateful for the tireless efforts of Cai Liang, Byron, for establishing the program and the patience and dedication of my tutor, Rita, 感谢谢您们！"

4.6.4 政府评价

作为一个服务性英语学习教学实验，"用声音叙事"活动逐渐引起社会的关注主要基于以下两个原因：首先是学生作为主体参与社会服务的持续性和创新性；二是服务性英语学习模式中融入了中华文化的学习和中华文化的传播，如后期拓展出的"公益汉语课堂"；三是活动实践成果丰富，包括主题调研、专栏策划、论坛召开、著作出版等，尤其是标志性成果《用声音叙事：筑梦宁波》的出版凸显出教学活动服务社会的理念和人才培养模式的创新。

2011 年 12 月 16 日，浙江省省委书记赵洪祝亲笔批示：

"'用声音叙事'的同学们你们好，看了同学们的实践活动成果感到非常高兴。教育如何为经济社会发展服务，高校如何探索社会实践的载体和方法，'用声音叙事'实践活动提供了有益探索，重要的是你们用来叙事的不仅仅是声音而是信念、责任、真诚和执着，这才是大学生应该有的人生态度。请同学们继续坚持，努力实践，在服务社会中锤炼品质，增长才干，创造业绩。"[①]

浙江省省长夏宝龙给"用声音叙事"活动全体成员来信，勉励同学们将"用声音叙事"这项实践活动薪火相传，在宁波乃至浙江与外籍友人之间架起沟通与交流的桥梁，继续为浙江的开放发展作出贡献。信中说：

"同学们认真践行'教育服务地方'的理念，着力创新教研方式，积极投身社会实践，加强与在甬外籍人士的沟通交流，认真倾听外籍人士对宁波建设的意见和建议，以'用声音叙事'的新颖方式撰写了翔实的实践报告，公开发表了有关成果，可喜可贺。通过这一社会实践活动，你们不仅开阔了视野，提高了专业能力，而且对提升宁波城市形象，促进跨国交

159

超越与回归——服务性英语学习

---

① 见 2011 年 12 月 29 日华禹教育网：浙江大学宁波理工学院师生创作《用声音叙事：筑梦宁波》受肯定 http://www.huaue.com/dlxy/20111229165817.htm

流，传播中华文化，促进宁波乃至浙江开放发展，都有着积极的推动作用。希望广大像参与活动的同学们一样，积极投身社会实践，勤学勤练，学以致用，在服务社会中练就本领，在实践锻炼中增长才干，为将来实现自身价值、奉献社会打下扎实的专业基础，为创造浙江更加美好的明天贡献聪明才智。"

浙江省教育厅副厅长蒋胜祥充分肯定这样的创意教学，他说：

"'用声音叙事'的同学们，你们利用自己专业优势积极参加社会实践，长见识，强能力，宣传宁波，服务社会。很有创意，很有特色，赞一个！请继续努力，形成品牌，不仅让自己受益，也让学弟学妹们受益。"

宁波市人民政府外事办公室副主任郑醒尘博士在为《用声音叙事：筑梦宁波》撰写的序言中说：

"'用声音叙事'活动以在甬外籍人士为调研对象，记录他们在宁波寻梦、圆梦的历程，倾听外籍人士对甬城国际化城市建设的建议性意见，了解他们在宁波的生活情况和需求，这个视角非常独特。在服务外籍人士、改善投资软环境等方面，高校可以整合和利用各种资源帮助外籍人士了解、理解中国以及宁波的文化特点，这有益于外籍人士更好地实现跨文化沟通与交流，提高工作效率，提升生活品质。这种创新涉外服务机制的实践行动大有可为。"

4.6.5 同行评价

"用声音叙事"系列活动所代表的是一种新的教学模式，需要不断地研讨和论证。这种教学模式在中国外语教学环境下的实践可以在中国"知行合一"的教育哲学中找到渊源，也可以在语言教育工作者的评价中发现方向。

中国海洋大学徐莉娜教授在翻译教学中多年实践翻译教学与社会服务的结合，她认为：

"对学习者而言，'用声音叙事'活动所代表的服务学习模式与一般意义上的公益活动和社会实践不同，这一学习模式不仅将学生所学知识系统地应用到实践中，活动还对他们的学术发展、职业发展非常有益，因为这个过程中学习者会感受到理论与实践的真正结合, 这是知识的传播, 更是职业素养的培养。"

中国农业大学外语系副教授赵星于 2012 年初开始与浙江大学宁波理工学院合作开展"用声音叙事——在华外籍人士汉语与中国文化学习"活动, 她在学习者学习策略的改变中认识这种教学模式所蕴涵的能量:

> "我在大学英语教学中借鉴'用声音叙事'教学模式, 设计课程教学、开展教学活动, 这是教学改革也是科学研究。最为重要的是, 我发现当成就感、荣誉感参与到语言学习过程的时候, 学习者对语言学习表现出的热情令人惊喜, 学习者会尝试用一些创造性的方法去完成教学任务, 而且他们期待将自己的学习成果与人分享。"

浙江大学宁波理工学院外语学院教师南二丽老师在参与"用声音叙事"活动后期学习者文稿修改中看到了自己的职业发展, 她说:

> "从一个教师的角度来看, 我在修改学生文章的过程中, 比较深刻地体会到两点。一是发现学生的一些问题, 比如翻译是逐字逐句, 不口语, 也不生动, 这些发现可以重新应用到我的教学活动中让学生受益; 二是这个过程对我的科研和教学能力有所促进, 我在做语言教学的相关研究, 比如教材比较、课程设计和学生者动机等方面数据的收集会很有裨益。"

4.6.6 媒体评价

服务性英语学习教学实验"用声音叙事"活动的成长也伴随着媒体的关注。到目前为止, 已经有包括《光明日报》、《浙江日报》、《中国教育报》、《浙江教育报》、《宁波日报》、《宁波晚报》、《都市快报》、《东南商报》、《现代金报》以及人民网、中国网络电视台、中国日报网、中国新闻网、凤凰网、新浪、网易、浙江新闻网、浙江在线、浙江教育厅官网、北京日报网、宁波电视台等 100 多家平面、网络和电视媒体对"用声音叙事"系列活动进行过报道和转载。

通过网络舆情监控与决策支持系统平台 (SocialPulse) 对国内多个知名网站特定网络舆情的爬行和特定指标提取, 结合网络舆情的特性, 利用链接分析方法对互联网上所有简体中文网页解析"用声音叙事"活动, 新闻报道所占比例较高 (见图 4-3, 表 4-84)。该舆情爆发缘起新闻报道, 该舆情已经引起了主流新闻媒体的广泛关注,

超越与回归——服务性英语学习

目前并未引起网友的积极参与。但 SocialPulse 的辅助决策系统中将该舆情定义为"警示级舆情（III 级，黄色）"，预测该事件在未来存在极大的扩散空间（见图 4-2）。

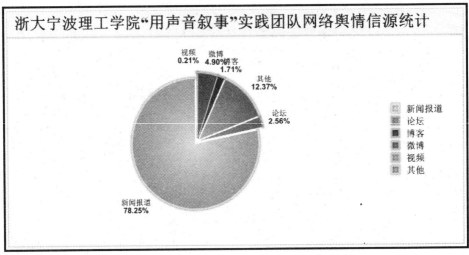

图 4-2 "用声音叙事"网络舆情信源统计图

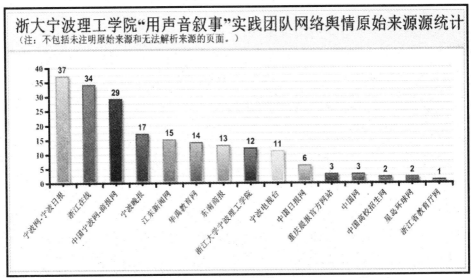

图 4-3 "用声音叙事"网络舆情原始来源统计图（截至 2012 年 1 月 2 日）

表 4-84　"用声音叙事"系列活动媒体报道收集（截至 2012 年 2 月 6 日）

序号	描　述	来　源	情感评价
1	浙江大学宁波理工学院"用声音叙事"传播文化 http://www.jyb.cn/high/gdjyxw/201202/t20120206_476221.html	《中国教育报》	积极
2	传播中国文化的生力军 http://news.163.com/12/0109/08/7NAIU85R00014AED.html	网易新闻 人民网	积极
3	共话文化交流 http://www.chinanews.com/hwjy/2012/01-10/3593030.shtml	中新网	积极
4	有声叙事，无声成长 http://nbwb.cnnb.com.cn/forum.php?mod=viewthread&tid=48413	中国宁波网	积极
5	"用声音叙事"提升宁波国际形象 http://dnsb.cnnb.com.cn/system/2012/01/09/007206301.shtml	《东南商报》	积极
6	浙大宁波理工学院："用声音叙事"彰显"知行合一"的教学成果 http://news.cnnb.com.cn/system/2012/01/06/007205613.shtml	中国宁波网	积极
7	在服务社会中提升人生价值 http://daily.cnnb.com.cn/nbrb/html/2012-01/09/content_414488.htm	《宁波日报》	积极
8	七百多名老外说宁波（图） http://roll.sohu.com/20120109/n331543024.shtml	《现代金报》	积极
9	浙大宁波理工学子对外文化交流有担当 http://edu.zjol.com.cn/05edu/system/2012/01/09/018131570.shtml	《浙江教育》	积极
10	用声音叙事：以世界语言 传文化中国	宁波电视台	积极
11	服务城市建设"公益汉语课堂"受老外青睐 http://daily.cnnb.com.cn/nbrb/html/2011-11/09/content_388714.htm	《宁波日报》、中国宁波网	积极
12	自创教学法受到老外喜欢志愿者活跃在"公益汉语课堂" http://daily.cnnb.com.cn/nbwb/html/2011-10/15/content_373546.htm	《宁波晚报》、中国宁波网	积极
13	服务国际化城市建设 浙大宁波理工开办"公益汉语课堂" http://edu.zjol.com.cn/05edu/system/2011/10/09/017898486.shtml	浙江在线	积极
14	一份来自"公益汉语课堂"的成绩单 http://wyfy.nit.net.cn/wgyfydt/24546.htm	浙江大学宁波理工学院	积极

（续表）

15	宁波"公益汉语课堂"志愿者自创教学法吸引老外 http://www.hwjyw.com/info/content/2011/10/17/21776.shtml	中国华文教育网	积极
16	浙大宁波理工学院公益汉语课堂人气旺 http://news.cnnb.com.cn/system/2011/10/22/007118279.shtml	中国宁波网	积极
17	浙江大学宁波理工学院师生创作《用声音叙事：筑梦宁波》受肯定 http://www.huaue.com/dlxy/20111229165817.htm	华禹教育网	积极
18	浙大宁波理工学子"用声音叙事"传播中国文化 http://www.zjedu.gov.cn/gb/articles/2012-01-10/news20120110160627.html	浙江省教育厅	积极
19	《用声音叙事：筑梦宁波》得到省、市领导肯定我校师生学习各级领导批示和回信精神 http://www.cuepa.cn/cate_13/detail_35679.html	《中国高校校报》	积极
20	《宁波日报》头版头条并配发评论员文章报道学校"用声音叙事"活动	浙江大学宁波理工学院	积极
21	浙江大学宁波理工学院"用声音叙事"活动采访会举行	浙江大学宁波理工学院	积极

仅从新闻报道的标题分析，"文化"和"服务"是媒体对"用声音叙事"活动最为关注的方向。媒体虽然没有刻意强调这一活动本身是一次教学实验，但是对活动服务社会的贡献给予了高度的认可。同时"文化"的导入也丰富了服务性教学活动的内涵，尤其是在传播中国文化也就是母语文化方面。这是一种期待，也给了研究者一个思考的机会。

第 5 章

结　论

5.1 引 言

语言教学和语言学习如何以适当的形式服务社会一直是教育工作者关心的问题，"服务性学习"概念的导入为问题的解决提供了可能。这种可能会随着教学参与社会建设、学习承担社会责任而变得更为真实可行。"服务性学习"是一种有担当的教学态度和学习态度，是认识论与方法论的统一，是教育目标与公共目标的结合；通过服务和学习在学校、社区和社会三者之间建立起有意义的关联，通过教学与学习在教师、学习者和课程三者之间建立起有成效的互动。这种教学方法需要振臂高呼的倡导者更需要脚踏实地的实践者，浙江大学宁波理工学院是通过"用声音叙事"活动来实践"服务性学习"在语言教学中的应用。

5.2 主要发现

5.2.1 服务性英语学习的课程融合度与学习者的受益程度正相关

研究共尝试三种模式将服务性学习应用于专业英语实践教学中，模式一：导入课程的服务性英语学习，简称导入型；模式二：成为课程构成部分的服务性英语学习，简称构成型；模式三：课程为服务性英语课程，简称课程型。三种模式在教学活动形式上接近，但是依托课程、教学要求、学习难度、持续时间、评估难度等有所不同。依托课程共涉及"综合英语"、"专业实践一"两门课程；从导入型到构成型再到课程型，教学要求、学习难度、持续时间和评估难度几方面有逐渐上升趋势。前导研究涉及导入型、构成型两种模式，导入型实验组前后测对比发现，学习者各项指标都有提高，语言学习和应用提高程度最显著；构成型实验组前后测对比发现，学习者各项指标都有提高，文化学习方面提高有显著性差异。将两种模式进行对比发现，随着教学要求的加大、学习难度增加、持续时间的加长、评估难度的加大，学习者的受益度在几个方面都呈正态上升趋势。

依据以上发现，核心研究将课程"专业实践一"设计为服务性英语课程，即模式三。这也意味着更高的要求和难度，研究发现实验组学习者对活动模式的满意度比控制组学习者更高，在课程接受度和教学方法、学习过程三个方面差异明显。实验组学习者对课程学习模式满意度比控制组更高，在应用到未来工作和学习主动性方面差异显著。研究没有再对模式三与模式一和模式二进行比较，结合后期与各个模式学生（包括两个控制组学生）的座谈，研究发现服务性英语学习中课程难度不是学习者受益程度的抑制因素；在学习者背景相当的情况下，课程难度会激发学习者并促进学习者学习过程的表现，课程容易反而对一些学习者的创新和建构意识有抑制效果；与此呼应的是研究发现活动真实性和互惠性的提高会全面促进学习环境的提升，因此服务性英语学习的课程融合度与学习者的受益程度正相关。

5.2.2 学习环境的真实性促进学习者语言综合应用能力的提高

服务性英语学习下，学习者的语言综合应用能力是研究考察的一个重点。前导研究发现，在真实的语言交际环境下，学习者在真实需求驱动下获得更多语言输出和输入的机会，这也意味着伴随着学习环境的改变：（1）学习者在真实的社会环境下学习和经历语言；（2）学习者的个体语言经验成为获取语言知识的手段，这一点在核心研究中得到充分证明。核心研究中，学习者在服务性英语学习环境下，在现实生活相关性、利用资源学习、自主学习、寻找特定信息完成任务、承担角色、与同伴和教师互动、与学校和城市互动、观察和模仿机会、被教师指导机会、促进反思这十项指标都出现显著性差异。相应地，学习环境的变化影响着学习者在学习过程的表现，实验组学习者较之控制组更为突出，学习者在参与程度、自主探究、建构活动三项出现显著性增长。

学习环境改变的直接结果就是学习者语言综合应用能力的提高，研究发现实验组学习者在语言综合应用能力比控制组更有优势。在语言技能发展中，学习者在听力、口语表达、写作、翻译、语言理解能力都出现显著性差异。听、说、写、译、理解几个方面与服务性英语学习活动特点以及课程要求吻合，语言技能的训练和提高与交际环境的关系也就非常明显了。语言知识的比较中，学习者在词汇量、词汇、语音、句法、语法、语篇知识各项指标均高于控制组学习者，句法学习存在显著性差异；实验组学习者的文化意识各项指标均高于控制组学习者，包括母语文化意识、目标语文化意识、跨文化交际意识存在显著性差异；服务性学习环境下，学习者情感态度的变化较之控制组更为突出，如目标语学习态度、对待目标语使用者的态度，英语交际自信心出现显著性差异。服务性英语学习者在文化意识与情感态度表现活跃的直接诱因是真实语言交际环境和文化环境的参与，包含密切文化接触的学习环境对学习者知识建构，尤其是文化知识建构有非常积极的影响。

5.2.3 个体成就感激发学习动机，交际环境的不确定性激活学习策略使用

定量研究结合定性研究包括对学生日志以及访谈等资料收集，研究发现服务性英语学习下的学习者在学习动机和学习策略使用方面出现明显变化。实验组在学习动机

方面较控制组更具优势，服务性英语学习下，学习者在内在动机、学科价值方面存在显著性差异。服务性学习下的学习者在学习策略较之控制组提高明显，在练习、融会、组织化三个方面存在显著性差异。

首先学习者对语言实践的需求真实存在，这也是学习者对高校英语教学的内在期待；其次，服务性学习所创造的真实语言学习环境弥补了课堂教学中的交际环境匮乏的不足；再者，个体体验和教育生态系统的变化直接关联学习者学习动机与学习策略的使用，总结而言，个体经历的成就感激发学习者的学习动机，交际环境的不确定性激活学习策略的使用。

（1）个体经历的成就感激发学习者内在动机和重视学科价值。学生成就感往往产生于教师肯定、任务完成、问题解决、成果被认可、实践知识、集体荣誉、帮助他人等情形下。内在动机的提升直接激发学习者参与学习活动的热情和愉悦感，学习者在内在动机的驱使下参与学习活动，获得学术发展和心理成长的满足感。服务性英语学习过程对于学习者变得更有意义，更有持久的可能性。实验组 E1 在结束后半年接受教学模式满意度调查问卷，成就感是学习者感受中出现频率最高的词汇，可见，服务性英语学习给学习者个体学习动机的影响要在实验后更长期观察中才能发现。服务性英语学习下，学习者不再把学习任务当成额外的负担，相反，学习者的内在动机成为学习者克服困难和焦虑的主要动力，完成任务过程中产生的焦虑情感会在任务完成后获得更大的成就感。课程、课业与教学相关的活动都将赋予学习者观察和认识专业学习的机会，学习者在更广泛的层面理解课程教学以及课程教学的目的实现，这也就是学科价值提升的关键。一位学习者的日志记录着如何内在动机驱动下的学习过程：

"看到别的组都陆续找到了采访的对象，或者是已经有了预约。而我们组还停留在只采访了一个其他都还未知的阶段。很多人都说我们没有什么好担心着急的。他们一个都还没有完成呢。但这些话完全不能缓解我内心的焦急。

每天查看邮箱，运气好一点，就不会被退回来，再好一点，就是有回复的信息，但是要么说自己很忙不愿意，要么说已经远在国外度假了，要么刚做完手术不方便……执着和乐观是有回报的。就在我有点小失落的时候，一封来自外国人的主动请缨，给了我希望和动力。我如同打了兴奋剂，又恢复了当初的活力。"（袁晓燕，2010 年 7 月 13 日）

（2）交际环境的不确定性使得学习者频繁使用多种学习策略，练习、融会和组织化策略的使用尤其活跃。未知的交际环境需要学习者在非预演的状态下完成任务，焦虑往往会伴随着学习者直到任务的结束，而学习者主动缓解焦虑的方式包括模拟练习、预测情景、合作学习、自我评估、归纳演绎、完善方案等策略。为了完成交际任务，学习者通过练习策略积极收集资料准备计划实施，通过组织化策略选择与未来相关信息，使用融会策略整合学习内容，例如在寻找和确定访问对象的过程中，学习者尝试包括论坛发帖、电话预约、邮件询问、求助亲朋、主动拜访等各种办法。非预演的交际环境在预演的练习中形成对语言知识的总结、归纳和重述，凡此种种都在为与真实语言环境的互动做准备。一位学习者是这样记载自己处理这种交际环境的不确定性的：

> "最后一个采访终于联系好了。在联系之前，我很紧张，我很怕对方会不会有很重的口音，我会不会听不懂，地址会不会找不到，路上会不会遇到什么状况。我把要说的写下来，然后打电话。果然，对方是有点口音，但是还是大致能听清楚，我们把时间、地点约好了。我可以和外国人聊电话？我不敢相信，但这很真实，这是我们课堂上模拟了无数遍的练习啊！不过心里还是不踏实，很怕明天会出错。接下来，就要准备明天的采访稿了，在和老师讨论的时候，发现了自己的很多问题，没有注意问题间的逻辑性，另外语言的技巧掌握也不是很好。通过老师的改正，我也学到了一些设计采访稿的知识。"（陈冰娟，2011 年 7 月 8 日）

定量与定性研究显示服务性学习下，学习者的学习策略使用频繁，最显著的表现就是使用多元的学习方法，除了参加教学活动，学习者还会通过不同途径寻找资料、做笔记、整理资料并且形成报告。在此过程中，学生通过讨论、团队访问、分享研究成果、反馈家庭等形式完成各种学习策略的应用。合作学习与个体学习的结合是本研究学习模式的操作方法，前期调研和访问侧重合作学习，学习者以团队的形式策划方案、实施访问；学习后期侧重以个体为基础的调研报告撰写和提交。合作学习与个体学习以完成任务为主线，互相交叉、重叠使用，贯穿整个学习过程，实验结束后涉及论文发表以个体完成者署名，同时文章结尾列出团队成员的名字。

5.2.4 服务性英语学习促进学习者非语言能力发展

研究发现，服务性学习下学习者的公民意识均高于自主性学习模式下的学习者，归属感、奉献意识、荣誉感存在显著差异；服务性学习下的学习者在成长意识均高于自主性学习模式下的学习者，在思想的成长和对世界的认识存在显著性差异。服务性学习下的学习者所涉及的 22 项多元能力均强于自主性学习模式下的学习者，决策、适应、发现、观察、领导等能力发展存在显著性差异。

服务性英语学习下，学习者通过教学活动将课本知识与社会生活建立起联系，与未来人生发展建立起联系，学习者会在个体体验中获取包括专业知识在内的诸多非语言能力的发展。《纲要》强调人的培养要坚持能力为重:"优化知识结构,丰富社会实践,强化能力培养。着力提高学生的学习能力、实践能力、创新能力,教育学生学会知识技能,学会动手动脑,学会生存生活,学会做人做事,促进学生主动适应社会,开创美好未来。"《纲要》所指的能力是包括了学习能力在内的为适应社会的多元能力的培养。

前导研究中,服务性学习导入课程教学可以促进学习者认识自我、学校与社会。体验学习理论(Dewey,1938;Lewin,1951)认为学习是循环的过程涉及直接经历、积极反思、假想形成、未来学习经历中的新知识应用。服务性学习提供与社会持续的互动机会,学习者在实践知识,形成经验,在测试和修正与经历相关的假想中培养能力发展。"用声音叙事"活动不仅在提升学生语言技能上发挥了作用,同时也培养了学生的国际视野和时代责任感,唤醒了学习者与城市及中国文化的关联。学习者记录服务对象在城市的工作和生活,感受到服务对象对城市的热爱,和在更广泛层面融入当地文化的意愿;了解服务对象对城市经济、文化和社会等方面的建设性意见。这种学习经历超越了单纯的语言学习,而涉及了广泛的文化交流范畴。这在很大程度上促进着学习者的个人成长,如领导力的发展:

> "我们思考着这座城市的方方面面,尽情地享受着 20 岁带给的活力,和这座城市一起拼搏成长。这次语言社会实践活动带给我的将是一生最宝贵的财富,因为每一次的队长发言,每一次的任务分配,每一次的研究讨论,都是对我的历练。'大胆尝试,细心工作,团结合作',这便是我最大的感受。我想用一句话来总结'用声音叙事——在甬外籍人士眼中的宁波'语言实践活动,那就是:有声的叙事、无声的成长。"(实验组 E1,郑丽琼,2011)

当研究者再次回访问实验组 P2 一位受试对象的时候,他能清晰地记得自己找到访问对象的激动,当被问及原因的时候,他回答说在一个宾馆蹲点三天后才找到合适的访问对象,这样的事情一辈子也不会忘记。当服务性学习经历成为长期记忆的时候,可以预期这种学习方法有让学习者终身受益的可能。此外,应对具有挑战性学习活动的过程中,学习者解决问题能力获得提升:

> "吃一堑长一智,这次白跑一趟的经历告诉我,凡事要尽量想的周全一些,对一些实在是很远的地方,不一定要自己跑过去,可以找一个相对折中一点的地方会面,这样的话就不会受挫了。"(袁晓燕,2010 年 7 月 17 日)

一些服务性学习研究者报告称服务性学习导致高阶思维(Watters & Ford,1997;Fenzel & Leary,1997),这一点在参与者的分析报告得到体现,学习者对服务经历中反映出的问题能够给以深入的探讨，批判性思维也有所发展；这种批判能力的发展表现在文化接触中的反思和对比，实验组一位同学在采访一位留学生后说：

> "这位外国友人明显表达了他对中国的不满，我们必须承认有些方面我们的确没有做得很好，但他说的却过于偏激。他认为中国人不友好，不邀请他过节什么的，却从来没有反省过别人为什么这样待他。"（张维，2010 年 7 月 15 日）

社会学习理论也对服务性学习产生了重要影响，Bandura（1986）认为年轻人在与他人的接触和关系中获得了新的态度和行为习惯，特别是通过与榜样和有影响力的人交往，青年人通过观察、模仿学会与人沟通，并且完成自己我的成长。（Scheckley & Keeton，1997）与环境中人的互动可以培养学习者发现世界能力：

> "今天，我们去看了小品演出，感觉她们在校的学习也很有趣，电影配音、演讲、辩论、小品，但是我们选择了出去做调研活动，我没有觉得自己很亏——她们在寝室吹着空调的时候，我却在外面日晒雨淋，但是我学到了东西，这是最重要的。我学到了在课本上所没有的一种能力，技能。这次的采访活动，对我的影响很大，最主要的是体现在自我的能力提高，听、说、读、写、跨文化交流，这是一次很珍贵的经历，从第一位的老华侨那里，我开阔了视野；从第二位美国小伙子那里，我懂得年轻人应该具有灵活的思维，不能很古板，要有创新；从第三位土耳其商人那里，我懂得，人是为了生活而工作，而不是为了工作而生活，他很享受生活，不把成功看得很重，心态很平和，这样的生活态度是我们该学习的。"（陈冰娟，2011 年 7 月 11 日）

5.3 结　论

服务性英语学习带来的不仅仅是课程内容的丰富和学习环境的改变，更重要的是对英语教学模式的创新、教学评估手段和教育理念的突破。服务性英语学习突破课堂的"围墙"和高校的"围墙"，以人才培养为目标、以服务社会为导向成为教学活动的主线，这也使教学模式将学习和服务两个元素有机地结合在一起成为可能。在课程教学中融入社会议题并进行服务性教学，设置符合"社会适应度"提高的教学环节，教师指导学生从全新的学习环境和学习过程中了解知识的本质和教育的本质。学习者获得自己主动设计解决问题的机会，在挑战性学习活动中学习者积极主动调整学习策略。因此，本研究认为，在服务性英语学习下：

5.3.1 "对话"关系的形成创造真实语言交际环境

二语学习对真实情景的忽视不可能全面发展学习者的语言能力,也无法有效实现人际交流和知识分享,而信息分享是语言学习的重要因素,因此,交际式、自主式或者情景依托式的学习越来越显示出重要性。然而,这些外语教学法难以实现让课堂同时满足真实的社区需求与学习者需求,要系统性地提高外语水平,必须去经历和体验课堂之外的真实语境。真实的语言交际环境依赖于真实的交际关系的形成。根据生态系统理论,个体发展的关键因素在于个体与生态系统内部各方互动关系的形成。服务性英语学习下教育生态系统内部关系互动极为活跃,各层之间的界限也随着多种互动关系的形成而打破,个体处在受环境影响和影响环境的密集阶段,这种双向影响可以通过对服务性英语学习下几个关键因素为中心的关系形成来考察。

(1)以学生为中心的对话关系:学生与同伴、学生与教师、学生与学校、学生与课程、学生与城市、学生与外籍人士、学生与家庭、学生与相关课程教师、学生与政府部门、学生与社会组织如报社、学生与地方文化、学生与中国文化、学生与目标语文化等;

(2)以教师为中心的对话关系:教师与学生、教师与学校、教师与外籍人士、教师与城市、教师与课程、教师与相关教师、教师与学生家庭、教师与政府部门、教师与社会组织、教师与外籍人士社团等。

考察教师为中心的对话关系的形成是因为师生对话关系的形成是服务性英语学习的关键,有效的师生对话有利于其他互动关系的形成。服务性学习应用于语言课程设计之中的教学法涉及教师行动探究,这是教师自主发展的关键步骤,教师将服务性学习应用与 ESL 教学和语言课堂教学,教师在课程结构的决策权和职业发展的自主空间保证了学生自主性的发挥。(吴宗杰,2005)这种体现参与特点的教师行动研究"有意去接触那些非传统意义上业已形成或者发表的知识",教师和学生通过对话参与到调查和研究的行动中,这种对话模式最终可以形成服务性学习作为二语习得方法的效果评估。

没有服务对象的服务性学习是不成立的,如果将本研究中的服务对象考虑在内,会发现一个以外籍人士为中心的对话关系包括:外籍人士与城市、外籍人士与中国文化、外籍人士与中国人、外籍人士与高校、外籍人士与政府部门、外籍人士与社会组织等。政府公共服务部门也是服务性英语学习的服务对象,这样一个以政府公共服务部门为中心的对话关系也形成了:政府与高校、政府与外籍人士、政府与学生、政府与教师、政府与其他公共服务部门、政府与社会组织等。

超越与回归——服务性英语学习

Bronfenbrenner（1979）的"生态系统理论"和 Bereiter & Scardamalia（1994）"知识构建共同体"都强调学习者与社会环境的互动，在复杂的社会互动关系形成过程中，一个以创造社会所需知识，完成教育使命为目的的"学习共同体"逐渐成形。（钟启泉，2001）服务性英语学习下，互动关系的形成让学习者共同体的内涵和外延以社会学习、体验学习的形式不同扩大，这也就是服务性英语学习所创造的真实交际环境。围绕着真实任务，学习者与系统或者共同体内的成员发展语言交际关系，这种"对话"关系的形成是学习者主动构建一个属于自己的"语言学习共同体"或者"语言学习生态系统"，学习者承担社会责任，贡献语言知识，与对话伙伴分享信息，参与语言学习的探究活动。"对话"关系的形成为学习者提供了真实的交际环境，语言信息的交换场域被无限扩大，表 5-1 显示服务性英语学习下，学习者语言交际的内容。

表 5-1 实验组学习者语言交际内容

听	听故事、俗语、个人情感、爱好、经历、科技、文化、来源国历史、西方生活方式、科学、人物、评估说话者信息、选择或者拒绝问题相关信息
说	符合社交规范的语言，如介绍、问候、告别、致谢、讲述、解释；讲故事、声明、辩论、电话交谈、建议、比较、提供方案、问与主题相关问题、澄清问题、分享信息、作为团队代言人、采访
读	阅读主题相关资料、选择材料、制作问卷、撰写采访方案、阅读相关国家资料、相关领域资料、信息收集后的比较、在各种学习资源中寻找和选择信息
写	以撰写报告形式表达思想、撰写信笺、书信往来、日志、为报纸或杂志创作
翻译	翻译宁波相关材料、外籍人士访谈文字翻译、报告中英互译
跨文化	涉外礼仪、中外文化对比、母语文化重新认识、自我身份认同、检验相关文化知识、中国文化介绍、跨文化交际意识、目标语文化的重新认识

与传统的以课堂为主的外语学习模式相比，融合课业学习与服务实践的服务性英语学习能更好地促进学生的学习方法从被动接受向主动质疑转变，而这正是有效学习外语所必需的。Piaget（1977）认为经验是智力或思维发展的关键因素，语言能力的发展与个体认知过程有关，即语言能力的发展与个体思维能力发展密切相关，语言的能力的发展促进抽象思维能力的发展，反过来，思维能力的发展有助于语言的发展。何克抗（2004）因此主张通过语言能力发展和思维能力发展的结合来促进创造性思维能力的发展。依据他的主张，服务性英语学习的优点在于：

（1）服务性英语学习提供了丰富的实践语言的教学资源、信息资源、环境资源，这为大量扩展知识提供了可能性；

（2）服务性英语学习突破了传统教学中将课堂、真实环境、语言学习三者孤立、割裂的做法，在真实的人际交流和互动环境下把三者有机结合起来，从而实现了以语言运用为和问题解决中心的教学；

（3）服务性英语学习将语言能力的培养和思维能力（尤其是创新思维能力）的培养有机结合起来。

接触丰富的语言资源，学习者的思维能力参与到语言活动中，伴随着语言的应用和问题的解决，学习者作为对话关系成员其思维能力在个体和社会两个方面获得发展，见表 5-2。

表 5-2 实验组学习者思维能力发展

个体方面	社会方面
充分表达思想与情感；	团队中获得满足感；
获得个体的满足感；	考虑其他人的利益；
理解交往人士的问题；	理解个体与团队关系；
提高口语和文字表达的有效性；	作为领导者或者成员；
在解决问题中获得自信；	与团队成员积极评估信息来源；
独立完成工作；	欣赏他人语言和文化；
客观评价自我和他人的工作；	选择话题等。
决定或者推迟决定；	
预测问题解决；	
有效利用时间等。	

巴赫金（1989）也把语言看作有具体语境和社会环境背景的实践活动，认为语言应该始终纳入历史文化和社会诗学的范畴。Richard & Rodger（1986）重视语言本身所蕴涵的社会性，认为语言的基本功能就是互动和交流。这种语言的社会功能在服务性英语学习中找到本源，在与社会的密切互动中，语言能力尤其是交际能力得到提高，这也是交际法教学所提倡的教学目标。（Stern，1990）服务性英语学习模式在教学中营造良好的实践人类价值的情景、场景，具有"对话"性质的个体真实语言交际经历有助于增加学生对语言学习动机和理解语言能力，同时也让学习了解语言的使用离不开真实的情景和具体语言使用环境，这种使用环境为学习者语言使用策略创造了条件和可能，为了"对话"关系的建立，学习者的思维能力，甚至是创造性思维能力参与到语言使用策略，见表 5-3。

表 5-3 实验组学习者语用策略使用案例

例	访问初询问方法	调整后询问方法	策略分析
1	"请问你们公司老板是外国人吗？"	"你们公司老板是中国人吧？"	前期的询问方式得到的答案往往是怀疑的眼神。调整方式的改变带来了不一样的反馈——"怎么可能，我们老板是老外。"学习者在后来的描述中谈到策略的改变是考虑到一些中国人的思维习惯。
2	"您能抽出一点时间接受我们的采访吗？"	"目前已经有包括在 XX 在内的几位外籍企业家接受了我们的采访，我们欢迎您的参与。"	前期说话者的态度谦卑诚恳，操作结果得到的反馈大都不积极；调整后，说话者态度自信大度，听话者在信息接收上有了考虑了的空间和作出选择的可能。
3	我非常非常希望您能接受我们的采访。	我有 100 个采访您的理由，请您给我一个不接受采访的理由。	前后出现了语言使用技巧的变化，以问题挑战的形式进行询问，同时注意到对听话者态度的关照。

　　沈家煊（1997）指出交际成为一种智能活动，正是因为有了推理和联想。真实的语言交流环境下，为了实现"对话"关系，学习者会考虑把语言使用的实际环境参与到语言的交际过程，在自我怀疑中验证语言知识并且通过自我调整的形式完成对交际的认知。以上三个案例中，语用策略的使用是学习者利用语言以及语言意义产生的环境，甚至包括认知主体的心理等因素来确保任务的完成。在熊学亮（1999）看来这是发话人利用"交际双方共存的认知环境"来保证语言交际的成功，这是言语活动更是智力活动。根据研究者对学习者现场语言交际观察发现，即便是交流中的焦虑也在一定程度上激发学习者的智能活动，如肢体语言应用，而对话关系建立过程中的困难更能激发学习者的动力甚至是创造性思维在语言交际中的参与。

　　此外，对话关系的形成也有助于学习者语言交流自信心的建立，研究数据和日志以及后期报告显示这是学习者提高较为明显的地方。

5.3.2 文化接触有助于学习者实现母语文化、目标语文化和多元文化建构

Zlotkowski（1996）认为"开发与社区服务关联的课程项目，教师在帮助学习者自然发展更广阔的人际、文化、道德敏感度的同时增进学生的技能"。应用到语言学习上，通过服务性学习的体验式教育，学习者获得与目标语言文化的真实经历，从而使得学习者有与英语使用者（包括英语为母语以及其他国家的英语使用者）生活的沉浸，这种对真实文化环境的体验和反思对文化能力的形成有积极作用。Stuart（2004：6）将这种文化能力定义为："有能力理解并且可以建设性地将个体的独特性与影响个体观念形成的不同文化联系起来。"

与文化能力发展紧密联系的语言能力学习包括了学习者对母语文化、对目标语语言文化以及多元文化的认知和发展。文化能力发展是服务性英语学习中的重要方面，因为以语言为媒介进行服务本身就是跨文化交际活动，是文化的真实接触，这个过程为学习者提供了一个难得学习和反思机会。服务性英语学习过程中，学习者在中国社会环境下参与真实语言环境的创造，个体独特的文化体验帮助个体理解文化并在以下几个方面形成文化意识的建构：母语文化、目标语文化、多元文化。

1. 对母语文化的重新建构

拉康的他者理论将"自我"归结为"他者"，自我身份的认同形成于自我对另外一个完整对象（即他者）的认识过程。他者理论是拉康以他者形象米解构和建构主体的尝试，解构是对主体与自我联系的割裂，拉康认为自我在他处；建构是指主体的身份认同来自外部的参照系，"人在看自己的时候也是以他者的眼睛来看自己，因为如果没有作为他者的形象，他不能看到自己"。（拉康，2001）

对待种族、意识形态以及宗教信仰差异的态度体现着语言者的文化身份，语言的服务性学习就是对异文化的了解。学习者承认文化间的差异性就意味着对自我文化身份意识的提升，因为了解和认识对方的文化，也有利于对自己文化的认识。"用声音叙事"活动以真实跨文化交际活动为驱动，为学习者提供在学术课程内接触外籍人士的机会，学习者在与包括目标语文化在内的外籍人士接触的过程中，文化交流活动成为一个重新认识自我文化、自我身份的契机。外国人眼中的中国和中国文化让学习者以持续反思形式建构对母语和母语文化的理解。这种有参照系的学习方式让学习者在个体经历和体验中实现了对母语文化的重新认识。一位实验组成员这样反思：

> "在与包括日籍人士在内的外籍人士交流的过程中，我体验到了为他们介绍中国历史文化、中国人物风情带给自己的快乐。每次看到他们或惊奇或羡慕的眼神和表情，我就觉得仿佛无意中完成了某种无形的历史使命。"（杨文龙，2011 年 7 月）

每个民族都有沿袭世代的文化和精神，文化中所体现出的民族精神是可以通过教育的形式传承。服务性学习所传递的在实践中求真知，在服务中长才干的精神，其实就是"知行合一"的传统哲学思想。这种教学方法所提供的是通过严谨论证形成的科学的教学规律，精神的实质与"行知"理念是完全一致的，这一点完全可以借鉴到英语专业的教学改革中，从而让语言教学获得新的活力和养分。精神和文化的传承都要解决载体和方法、内涵和形式的问题，服务性学习是方法论与认识论的结合，它最终形成生命力要与中国的具体英语教学实践相结合，与中国传统教育哲学相结合形成最鲜活的当代发扬。这种结合是教学上的"拿来主义"，不是全盘接受，中国传统哲学也注定会成为这种学习方法的营养。

2. 目标语文化的建构

学习者在对英语语言文化的态度改变会随着教学内容、教学形式出现明显的变化，有积极，也有消极的。比如这个过程学生对于外籍人士在约定时间没有出现的情况，一些固有的思维"外国人都是守时的"或者"英美人都是守时"概念就会出现变化。研究中根据随机选定学习者反思服务性学习经历的不同侧面，对反思的观测发现学习者通过服务性学习经历获得了文化理解，以词频测试发现学习者对文化的反思体现在饮食、语言学习、文化体验。

教师在跟踪和观察采访中发现学习者对于外籍人士对中国的批评往往是义正词严地反驳，也有的会碍于面子或为采访考虑采取冷处理，在事后会反思这种现象。访问和调研中学生以语言为手段接触不同文化，充分认识到语言的工具功能，更认识到不是所有说英语的人都是一个样，这个简单的道理只有在经历过了才更有体会深刻，而对于接受访问对象的配合、守时、诚信等问题的反思也会让学习以此为基础对目标语文化重新建构。

3. 多元文化建构

《纲要》要求高等教育"适应国家经济社会对外开放的要求，培养大批具有国际视野、通晓国际规则、能够参与国际事务和国际竞争的国际化人才"。为达到以上目的可以通过扩大教育开放借鉴国际上先进的教育理念和经验。服务性英语学习创造真实的语言和文化学习情景，学习者接触包括目标语在内的英语使用者，学习者不再把英语使用者简单的归纳于西方文化或者英语语言文化。在与来不同文化的群体接触中，学习者认识文化的多样性和跨文化交际的复杂性。多元文化下的服务性英语学习，为学习者提供了与来自不同文化背景的人真实交流的机会，这种亲身经历的积极参与促进了学习者对多元文化的反思：

"这次实践，不仅让我在英语交流技能上有很大的提高，同时也让我接触到了不同的人，以及来自世界各地的不同的声音。我想，后者是更为重要

的，因为它带给我的是一种思想上的提升，是对人生态度的一次体悟。"（詹梦露，2011 年 7 月 9 日）

高等教育应该创造机会将世界视野融入到教学项目与社区之中，国际视野的培育首先是与各种不同文化的真实接触。服务性英语学习对于引入多元文化的价值得到肯定，需要在指出的是英语的霸权地位恰恰可以成为服务性英语学习创造接触多元文化的条件。从这一点来看，跨文化交际能力的培养也有了丰富的教学资源、信息资源和环境资源。

5.3.3 个体体验促进学习者反思能力发展

弗莱雷认为："经验创造知识，但是只有到了我们能够或者有能力对经验进行批判性地思考的时候，经验才能创造知识。"他的观点得到了服务性学习中 Wingspread 原则的呼应："服务性学习中有效的项目会给学习者提供系统地对自己服务经历进行批判性反思的机会。"（Kendall & Associates，1990：40）

服务性英语学习下学习环境对知识建构产生促进作用，尤其是对语言知识的认识和语言学习的反思，依据 Eyler & Giles（1999）总结的 5C 反思模式：

（1）联系性（Connected）反思须联系课程与活动及人；

（2）持续性（Continuous）在服务经历前、经历中和经历后持续反思；

（3）情境性（Contextualized）反思须将服务经历与学生智力和学术收获结合；

（4）挑战性（Challenging）反思挑战学生改变观点和解决争端；

（5）协助性（Coached）智力和情感上帮助学生反思，以形成新的思路，发展出对经历的不同的解释。[①]

伴随着联系性反思，学习者通过具体的事例，实质的发现将学习活动与课程中的特定目标相结合，以下这则显示语言交际技能提升反思与课程创造真实交际环境的目标结合起来：

"我的紧张随着访谈的开始慢慢释放，渐渐地，我竟发现我开始轻松从容地倾听，同外国友人交谈了。以前的我可不是一个能和陌生人轻松交谈，更别说一个陌生的外国人了。这种转变让我狂喜，也真正体验到了此次实践的意义所在。"（詹梦露，2011 年 7 月 9 日）

持续性反思促进学习者自我对语言学习的认识，尤其是整个过程持续聚焦式反思

---

① 蓝采风，许为民（2011）介绍过 Eyler etal（1996）的 4C 反思模式，即 5C 模式的前四种。

既体现出学习者的关注重点，也为某一语言技能的突破形成心理上的准备，以一位同学通过连续两天的时间反思自己的听力为例（见表5-4）。

表 5-4 实验组学习者持续性反思案例

时　间	反思内容	分　析
2010 年 7 月 12 日	对方是西班牙人，带有浓重的西班牙口音，所以整理语音资料花了很久，大部分的时间都花在了听写上。这个痛苦的经历再次让我感受到了提高听力的重要性。	反思中出现"口音"、"语音"、"听写"、"听力重要性"等词，与听力相关词频的密集出现折射出反思者对自我听力水平的认识。
2010 年 7 月 13 日	我们跟不上他的语速，我们在课堂上所学的听力和在生活中遇到的截然不同。	反思中再次出现"语速"、"所学的听力"等与听力相关的表达，体现了学习者对听力的持续关注，这种持续反思伴随着对问题的进一步发现，即对听力学习的深刻理解。

（李亚亚，2010 年 7 月 12-13 日）

虽然仅仅是对同一位学习者两天反思日志的观察，同一内容的不断出现首先说明问题对学习者而言是重要的，其次学习者的持续关注蕴涵着解决问题的可能，学习者自我经历中发现自我，也在改变对某个问题的习惯思维。

反思能力的发展在学习日志中体现明显，个体真实经历带来的思想上的冲击是教学课本和传统课堂无法给予的，实验组在数据对比中全面地超过控制组自主性学习模式就可说明。实验组学生在文化反思、社会反思、语言反思、自我认识意识不断提高，其中语言反思就是出现对于学习策略的调整，对实践能力的关注和未来学习策略的改变，这也就形成了新的学习动机。教师观察记录中显示大部分经过实验教学的学生对于解决问题有非常强烈的兴趣，对于挑战性教学活动充满期待，同时在挫折之后也会表现出沮丧和气馁的情形，调整解决问题的方法是大多数学生的反应，团队协助和教师也扮演非常重要的作用。一位同学在日志中写道：

"简单地介绍了来意之后，就开始了采访。由于他有西班牙的口音，好几次都不知道他具体说的是什么，虽然有些茫然与不知所措，还是咬咬牙，坚持到了最后。没有预想的逻辑，顺畅的回应，就结束了不是很令人满意的采访。在这个热情老总的带领下，秘书的解说下，我们参加了这家主产电缆的工厂，这倒是当初没有预料到的。

在回校的车上，对自己的反省和采访过程的批判占据了绝大部分。因为我不是负责采访，所以有些事情看得比较清楚。总觉得我们想的还不够多，比如说，在知道这个外国人愿意接受采访后，应该及时准备小礼物，这个也是建立长期关系的一部分。其次，应该准备足够的问题，以免到时候出现冷场或者是重复问题的情况。同时，还应该把大部分问题熟记于心。以促进交谈的顺畅，避免因照着本子念，而缺乏眼神交流或错过了有待挖掘的信息。当然，要注重双方交流，而不是单方发问，并加强随机应变的能力。"（袁晓燕，2010 年 7 月 11 日）

服务性英语学习真实的题材有助于学生的学习，服务经历过程有计划、实施、巩固、反思、评估，各个阶段学习者对于完整事件经历对学习者起到塑造的作用。学习者展现了高度学习动机和勇气，同时学会了理解和尊重他人，理解和尊重目标语文化。对于真实的服务性教学活动学习者感到了满足，知识可以用来帮助别人这是对知识的价值也是个人价值的实现。教师在教学经历中的角色会不断调整，从策划者、组织者、示范者、引导者、协调人、观察者，后期书稿的创造当有学生准备放弃的时候，教师更扮演着激励者的角色。学生参与到教学情景中成为学习的共同设计者，服务性学习过程中，学习者又成为情景学习的主人，学习者不但获得了学习的选择权，更获得了学习的决定权，这也意味着，较之自主性学习模式，学习者的权利和义务在服务性学习模式中都得到坚强，何凯写道：

"因为下午要出去采访，所以早上小组的成员都没闲着，各自都在准备着一些相关的材料。这一天是有老师陪同一起去的，可能因为有老师的陪同，这天的采访进行的还是相当的顺利。主采访也没有感到很紧张，我这个做笔记的也还是把大部分老外所要表达的东西记录了下来。能基本写下来对方所表达的东西，说实话，心里还是比较高兴的。当然在采访的过程中，有很多东西是我们与外国人之间存在分歧的，那么，我们也没有妥协，尤其是老师，站在了我们自己的立场，反驳了他的观点。我想，这也是一个很好的学习过程，做人要有自己的原则。今天半小时快速又成功，满心欢喜地回到了学校，继续寻找下一个采访人。"（何凯，2011 年 7 月 7 号）

知识的合作建构、主动建构，这个过程学习者的学习出现较为密集的使用。一方面贯彻学习者学习情形不断反思和检讨并且不断调整和改进教学在动态循环推进中实现教学的提升。研究者通过质的研究包括观察记录唤起研究者对教学经历的重新审视反思探讨学习者在服务性学习模式的学习过程中如何实现语言习得、文化习得、学习动机策略等方面的改变。通过提高教学活动的互惠性来实质提高学习者能力，实验研究后根据反思整体教学活动增加了服务性学习活动的互惠性，并且提出和实践的

"公益汉语课堂"、"中华文化大讲堂"就是对实验反思的结果。

5.3.4 解决问题中凸显服务性英语学习的育人功能

以人为本、全面实施素质教育的核心"是解决好培养什么人、怎样培养人的重大问题"[①]。《纲要》指出：

> "重点是面向全体学生、促进学生全面发展，着力提高学生服务国家服务人民的社会责任感、勇于探索的创新精神和善于解决问题的实践能力。"（2010）

服务性英语学习以主题活动"用声音叙事"将语言学习与社会服务结合，在创造真实学习环境的同时也自然融入学习者的社会责任感，通过解决问题的教学目标培育人才。Dewey 强调教育的道德功能，指出教育的引导功能就是成年人对年轻人引导以帮助其适应个体与群体冲突的过程；教育是成长；经验的学习是个人潜力的激发和接受他人的激励帮助，经验学习让个体学会控制环境、尊重环境、发展能力。他说：

> "最好和最深刻的道德训练恰恰就是通过使一个人在生活和思考的统一中与别人建立正当联系而获得的那种训练。"（Dewey，2006：394）

Fenzel & Leary（1997：15）发现参加服务性学习的学生"有更深为社区解决社会问题的承诺，以及更相信他们可以给别人的生活起到作用"。服务性学习的道德功能在个体体验的教学过程中完整地传递，并且通过个体体验的形式多向度地实现，对于这种教学过程，在 Belyayev（1963）看来是既是对学生的知识发展也是对学生能力的丰富：

> "在教学过程中教师同时也在进行着教育，在教育过程中同时也在教学。在实践中，教育与教学形成一个有机的整体，然而我们必须在理论上区分教育与教学。教育必须被视为促进学生发展的过程，而教学则在理论知识和实践技能、能力等方面丰富学生。"（Belyayev，1963：2-3 转引自戴忠信，2004：105）

[①] 胡锦涛：在全国教育工作会议上的讲话，网络来源：人民网，2010-09-09 http://politics.people.com.cn/GB/1024/12676590.html

与社会的互动有助于年轻人培养社会责任感和利他行为,这与服务性学习倡导的重振 Dewey "社区精神" 相吻合。(Scheckley & Keeton, 1997) "用声音叙事" 所依托的服务性学习课程即以专业实践与社会实践结合的形式开展课堂教学,发挥专业优势,组织学生走向社会、走进企业、走访外籍人士,在"走、访、谈、录、感、叙"的过程中,了解外籍人士的需求,解决外籍人士的困惑,建言宁波国际化形象提升。大学生通过参加实践活动,深刻体会到中华文化的魅力和中国形象的提升,体会到爱国主义和集体主义的精神内涵,更加坚定了实现中华民族伟大复兴的信念,进一步激发了历史使命感和社会责任感。使命感和服务社会的意识充分体现了大学精神的"育人"本质,对于这一点,学习者说:

> "我发现,这是因为我受到了较多以集体主义、爱国主义、奉献精神为核心的思想文化的熏陶。毫不含糊地讲,我觉得这一点既可以成为个人的闪光点,同时也更应该成为我们一代人乃至全民族所拥有的价值观。"(杨文龙,2010)

在本实验之后,研究导入了传统中国哲学,融入了文化建设的实践,服务性英语学习在与中国文化传播中找到了语言服务社会的载体和方法问题,高校所起到的文化引领功能也可以通过服务性学习的方式得到了实现。E1 实验组在访问的基础上与教师团队一起策划了宁波首个"在甬外籍人士与宁波国际化形象"论坛,实验者自然成为论坛的组织者、参与者、志愿者和发言人,这样的结果是当初开展实验前无法想象的,这意味着服务意识的是在不断的发展中完成迁移,育人功能的实现还依赖活动的连续性开展。

另外,实验组报告最终经过多次修改后正式出版,这也成为学习者成就感体验的重要原因。这个时候学习反思会出现新的变化,对于人生态度、做事情态度、奉献意识的发展通过一个活动达到迁移并且形成了未来指向。

> "有时想想这次的实践挺像文武状元的,在外奔波之后便要静下来好好整理一番了。趁着还新鲜的记忆,把视频的资料都听下来。敲打键盘的声音一直持续,直到是由室友陆续回来,才意识天色黑了,肩膀还挺酸疼的。这时,我想到妈妈热腾腾的饭了。爸妈再唠叨,跟外面比起来就什么也不是了。我也该奋斗才不枉他们花了这么多钱把我送到这里。"(林珊珊,2010 年 7 月 19 日)

这种指向有针对个体的未来,也有对未来活动参与者的示范指向,这也对更对后期实验和未来英语教学改革打下了坚实基础。比如 085 班实验组 E1 同时对 093 班实验组 E2 的示范作用形成是一个客观存在，实验组 E2 游静婷写道：

> "终于可以睡一个懒觉了，这几天的睡眠严重缺乏，大家都觉得特别疲惫，急需好好地补眠。起床洗漱之后，我登了 QQ，看到了昨晚凯凯发到群里的模板，我又开始有些担心了。去年的活动那样成功，这份采访报告写得这么好，内容这么丰富。而我看着那些零零碎碎的采访笔记，反复播放着那段仅有几分钟的采访视频，不断地问自己，这样的采访报告，我能写得出来呢？我们能不能把这次的采访做一个完整的收尾呢？担忧又一次淹没了我。"（游静婷，2011 年 7 月 9 日）

服务性学习对学习者自信心的培养，已经在文献中多次出现。就语言学习而言，真实交际机会的提高带个参与者最直接的自信，这种自信是个体经历的感受，也是真实合作学习情景所创造的。一位同学说：

> "今天早上蔡老师和我们开了一个上午的会，讲到我们接下来该做些什么，怎么去做好它，大家互相分享了这段时间里的学习心得。大家收获都很多，虽然过程很艰辛，但是走到现在，也是值得的。我现在觉得，我和外国人交谈时比以前更有自信了，我学到了更多和人交流时的语言技巧，这点对以后走到社会是很重要的；还有，要完成一项任务，团队合作真的很重要，我们都是以小组为单位出去进行采访的，一个人负责采访，一个人记录，另一个人照相，缺了一个都完成不了。在前期联系外国人的过程中，我们都保持着一颗积极向上的心态，慢慢来，总会找到的。所以到现在，每个小组都按时完成了任务，大家都蛮有成就感的。而接下来，我们都做好了心理准备，做好后期的任务。"（陈冰娟，2011 年 7 月 10 日）

服务性学习的育人功能在学习者思维习惯的改变中逐渐显现。在真实的语言交际环境中，学习者得以接触新的人和环境，包括服务经历在内与人的真实接触让学习者在换位思考中改变主观固有的思维，比如对外籍人士的态度。解决问题的过程让学习者有了逻辑思维能力，学习者从复杂的现象中学习超越表象而聚焦事物本质；服务性学习与未来的相关性让学习者可以前瞻地看待语言学习和文化学习，一些狭隘的观念出现转变，比如对待考试的态度和学习的目的；与环境的接触赋予学习者开放的心态，课程的僵化也在教学环境的改变中被突破；在个体与社会的互动中，学习者从客观的角度分析问题，逐渐形成自我的判断，这个过程学习者的独立思维能力和批判性思维能力得到发展。

5.4 启 示

2007 年 10 月，经中国高等教育学会批准，宁波市成为国内首个"高教教学改革试验区"，浙江大学宁波理工学院成为试验区重点成员单位，"用声音叙事"活动就是源于学校"实践教学体系"建设的背景之下。2008 年 4 月，研究者根据语言学习真实性原则，在浙江大学宁波理工学院外国语学院 2007（6）班和 2007 中美（1）班"综合英语"课程实践环节设置三分钟外籍人士"印象宁波"采访视频作业，学生对视频的演示和讲解成为课程的评估手段。活动模式诞生后，很快在外国语学院英语、日语两个专业推广并且取得了良好的实践效果。浙江大学宁波理工学院英语专业"综合英语"和"专业实践一"课程中导入服务性学习的概念是基于体验学习与社区服务的理念进行的语言实践活动，依据体验学习以及语言教学中的真实性原则，课程设计和鼓励服务社会的教学活动，并且对活动进行反思。

2009 年活动进一步将服务城市建设与学术性课堂结合，师生开始利用语言专业知识探讨宁波的国际化形象；2010 年开展"用声音叙事——在甬外籍人士眼中的宁波"专业实践；2011 年开展"用声音叙事——在甬中小外资企业发展调研"专业实践，这些实践活动为创新人才培养模式打下了坚实的基础。

启示一：以"用声音叙事"活动为载体的服务性英语学习模式是创新英语专业人才培养模式的有益探索。

能力培养是《大纲》重点强调的环节，在人才培养目标中明确指出：要注重培养人才"获取知识的能力、独立思考的能力和创新的能力"；课程设置中强调培养学习者"综合应用语言进行交际的能力"；教学要求中的文化素养指明对学习者"汉语口头与书面表达能力"的培养；教学原则中要求突出"说、写、译能力的培养"，"注重培养跨文化交际能力"和"加强学生思维能力和创新能力的培养"。（高等学校外语专业教学指导委员会英语组，2000）"用声音叙事""服务+学习"的实践教学模式以人才培养为目标，在专业实践中充分结合社会实践、思想教育和文化建设，这种英语专业人才培养模式融社会服务、课程教学和系统反思于一体，可以满足社会真实需求，促进学生对课程内容的深刻了解，培养公共意识和发展职业相关技能。

活动第一种模式就是在"综合英语"课程中设置听与说的实践元素，表现形式为口头报告的产出性呈现，强调实践过程的完整与实践结果的逻辑关系，口语表达能力的提高依托实践过程听的能力、跨文化交际能力的综合。模式二突出语言学习中写作能力和跨文化交际能力的提高，模式三尝试在课程"专业实践一"的应用，在语言能力及非语言能力学习者都得到较明显的提高，尤其在利用语言解决问题的过程中，学习者思维能力和创新能力得到了提高，这一点已经在数据呈现中得到证明。

浙江大学宁波理工学院"用声音叙事"服务性学习模式在实现学科目标过程中，

形成"计划—行动—巩固—反思—评估"5 段式专业实践人才培养方案。方案在融入服务性学习理念的同时结合语言学习特点，注重语言应用能力学习过程的体现，以整体规划、课堂培训、定义目标、项目实施、社区实践、信息整理、小组研讨、个体或共同写作、成果展示与评估等环节为支撑，强调学习者个体在各个环节的主动性发挥，以激发学生英语学习的动机和提高英语学习的策略，从而实现包括语言能力在内的学习者多元能力的提高。以 2011 年度"用声音叙事——在甬中小外资企业发展调研"为例，教学活动主题围绕在甬中小外资企业发展现状展开，实践队员在教师的指导下，参与到服务性学习方案的整个实施过程中。

计划阶段：包括整体规划，课堂培训和定义学习目标。学习者以信息收集、问卷制作、信函发放、企业联系等方式与教师一起设计课程"专业实践一"，明确服务学习与课程联系，参加相关教学培训、定义社区需求与学习目标。

行动阶段：包括项目实施、社区实践两部分。开展服务性学习项目实施，学习者以调研中小外资企业发展现状为服务社区的主要方式，成员联系走访外资企业，访问企业负责人，调研内容包括企业发展趋势、人才需求、企业面临困难与问题和对公共服务部门建议等问题。成员走访来自 14 个国家和地区的外资企业 20 余家，访问企业高管负责人 50 多位，涉及服务业、加工制造业、电子业等近十个领域。

巩固阶段：主要强调学习者语言学习目标的实现。团队成员提取通过文字、音频和视频等方式记录下的对外籍人士访谈内容，翻译访问过程，整理分析搜集到的信息和数据，理解服务学习经历与学术课程的关联，为进一步的反思做准备。

反思阶段：通过小组研讨和个体或共同写作反思服务经历和学习心得。学习者参加由教师组织的研讨和座谈，分享个体学习和服务经历，从服务和学习两个方面进行反思学习。学习者的反思成果为个体和小组活动报告，鼓励学习者以独立和批判的思考探究问题的解决。

评估阶段：涉及成果展示与评估两个步骤。首先，项目成员以图片展览、研讨会、媒体报道、论坛等形式展示活动成果（如 2011 主要成果展示为论坛"海洋经济下跨文化人才需求与培养"）。其次，教师邀请相关教师参与到评估标准的制定过程中，鼓励成员以与"专家对话"等形式开展对个体活动报告评估，形成最终成果。（蔡亮，2012）

"用声音叙事"活动对英语专业人才培养模式的探索还为服务性英语学习模式的适用范围提供了启示：这种人才培养模式（1）既适用于英语专业实践教学的课程层面也适用专业层面（该模式源起课程层面的实践，发展于专业层面的实践），在专业实践中该模式涉及多种语言能力培养的实践教学，包括写作、翻译、跨文化交际、听力、口语等课程教学目标都可以在活动得到充分体现；（2）适用于中高年级阶段的专业实践课程，活动参加对象都为大学二年级英语专业学生，服务难度与学习者水平成为影响活动效果的主要因素，由此可以假想低年级段的学习者会在挑战性教学活动前产生强烈焦虑，这对语言学习的消极影响是明显存在的；（3）适用于链条式发展的专业实践教学，就是说这种"服务+学习"的模式应该符合一定递进发展的规律，由易而难，先从课程层面开始再向专业层面发展，学习者先前的经验和经历会促进后续发展中的学习者表现。

启示二：以"用声音叙事"活动为依托的服务性英语教学模式对探索英语教育服务社会的载体和方法提供了范例。

高校英语教育服务社会的载体和方法到底是什么？"用声音叙事"系列活动在高校、教育者、学习者、城市的共同努力下对这个命题的回答做了一些尝试。在服务社会中增长才干的方法是"服务性学习"的中国实践，更是对王阳明"良知体验美学"的当代发扬。"服务性英语学习"是一种行动学习的方法，是中国"知行合一"哲学思想的当代实践。在这一理念的指导下，以培养人才"社会适应度"为目标，高校、教师、学生和城市形成一个"学习共同体"，四者共同参与社会服务活动，共享对于社会服务活动的理解，并且通过持续的沟通和交流实现共同的成长。"用声音叙事"活动就是一个中国式"服务性学习"实践教学范例，活动倡导教育者和学习者以担当的精神在服务社会中与课程一起成长，与专业一起成长，与国家一起成长。

"用声音叙事"活动主张在高校英语专业的课程教学与专业实践层面中融入志愿服务与社会实践理念，以实践教学的形式开展相关教学和科研活动。英语教育服务社会同样"要处理好教学、科研和社会服务三者之间的关系"（高等学校外语专业教学指导委员会英语组，2000），认真思考服务性学习如何、又在什么时候去应用到语言教学之中，才能实现服务性学习超越单一学习目标的潜力。语言教育传授语言学的基本知识，包括语法、词汇、句法、语音知识等，而社区服务可以创造语言实践和技能拓展的真实交际环境，这种真实交际环境可以非常明确地回答"为什么学英语"和"学英语干什么"的问题。也就是说语言教育在社会服务的过程中找到着力点和未来着眼点，这是完成当下和未来衔接的关键一步。

服务性英语学习研究在中国的实践刚刚起步，和课程教学的结合也非常有限，然而作为一个全新的概念，服务性学习在中国英语教学的应用空间巨大。首先，服务性学习创造的真实语言环境可以弥补英语学习中交际不足的缺陷；其次，课堂教学与社会的密切互动可以推进英语教学改革，促进学习者语言实践能力的提高；再者，服务性学习所主张的"做学"理念可以帮助语言学习者在解决问题中激发学习动机和改进学习策略；此外，服务性学习的育人功能有助于培养学习者的社会责任感和多元能力发展。

中国环境下服务性学习在英语课程中的应用是可行且有效的，三种不同服务性学习模式的应用证明服务性学习可以有效提升学习者语言综合应用能力，学习动机和学习策略，以及多元能力发展。服务性学习下学习者对语言知识能力的掌握程度上要比具有相同语言熟练度的控制组学习者高。服务性学习模式可以激发学习者对语言知识的求知欲并提升其相应的语言知识学习能力。服务性学习超越课堂又回归课堂，这个学习过程也构成了学习者基于经历的学习循环。希望通过实证研究的具体分析，本研究可以促进服务性学习与中国英语教学环境的结合，为有志于此的教师提供可供批评的借鉴。

5.5 本研究的局限性与进一步的研究方向

（1）就开展实验的地域而言，本研究选取案例学校为浙江大学宁波理工学院，学校所在地宁波具有鲜明的地域特点，城市商贸发达，经济高度外向，教育非常重视地方产业需求。宁波市确立了构建服务型教育体系发展战略，高等教育教学改革着力培养各类经济社会需要的高素质、创新性、应用型人才。2007年，宁波市被中国高等教育学会正式批准为高等教育教学改革试验区，这是国内首个被中国高等教育学会认可的教育教学改革试验区。[①]

在此背景下浙江大学宁波理工学院成为实验区重点会员单位，着力推进实践教学体系建设，鼓励培养学生实践能力的改革，这也成为本研究实验开展的土壤。另外，宁波的外籍人士的比例相对较高，城市在涉外服务领域有改善投资软环境和提高城市国际化形象的客观需要，在调研外籍人士的过程中，本研究得到政府相关部门的支持，这也为实验开展提供了必要的条件。这种产生实验背景的地域特点是否具有代表性，服务性英语教学模式是否具有推广的可能，至少在不能满足以上两个条件的地方推广和实践这一模式还需要不断论证。但是，服务性学习在与相关学科的英语教学中可以找到结合点，如体育英语、医学英语、酒店英语、旅游英语、会展英语等，这也为今后研究服务性学习与专门用途英语领域的结合提供了思路。此外，城市中也存在着语言真实的语言需求领域，如教育辅导、公共场所语言服务、涉外行业语言服务等都是开展服务性英语学习的潜在社区合作伙伴。

（2）在研究方法上，本研究中对服务性英语学习下学习者语言能力提高的探讨大多建立在问卷调查和学习者日志观察的基础上。定量分析尚缺乏可信服的数据的证明学生参与服务性英语学习获得语言能力的实质提高，未来研究可以引进语言水平测试的方式考查服务学习经历对学习者语言熟练度提高的帮助；定性研究中，除了片段式语用策略分析，对学习者语言能力方面的质的研究缺乏深入探讨，反思日志及访谈片段中所描述的语言能力提高有自我感觉的意识，不排除受访者有主观夸大的可能。所以，后期研究中计划建立服务性英语学习写作数据库，期待呈现服务性学习中学习者语言交际能力以及语用策略的使用情况，也可以从跨文化话语分析为入手研究学习

---

① 宁波市成为国内首个高等教育教学改革试验区，浙江省教育厅官网：http://www.zjedu.gov.cn/gb/articles/ 2007-11-09/ news20071109102717.html

者写作能力、跨文化能力、批判性思维的提高，这样就可以为服务性学习的中国英语教学实践提供更为系统的学习者语言能力提升的证明。

（3）对于服务性英语学习活动的设计，研究者认为教学活动首先需要让学习者受益，这种思维并非狭隘，服务性学习只有提高了教学活动的互惠性，服务活动才能让学习者最大程度受益，让社会最大程度受益。"用声音叙事"发展的后期发展充分考虑到服务活动的互惠性因素，设计出服务性学习项目："公益汉语课堂"，至少从学习者反馈来观察，活动互惠性的提高直接影响着学习者动机因素，学习者语言学习收获的假想也是可以被证明的。服务社会或者志愿者精神是一种世界语言，但是如果一方不接受或者听不懂这种语言，另外一方就难免受挫折，在接受采访中一些外籍人士居高临下的姿态让学习者情绪出现抵触和怀疑，这种情绪的变化同样会体现在语言学习收获上，相反当外籍人士谦虚礼貌的时候，语言和思想的交流会更融洽。服务性英语学习的过程中无法期待每一个被服务对象都彬彬有礼，但是如果可以提高教学活动的互惠性，学习者的语言能力和知识提升会更显著，这也是未来设计服务性英语活动需要格外注意的环节。

（4）外语教师发展一直是服务性学习领域关注的方向，TESOL 协会社会责任联盟的目标和意义中明确指出："TESOL 协会成员要积极融合社会责任、世界公民意识、诸如和平、环境等全球化问题于语言教学中，委员会致力于在 TESOL 领域促进社会、提升社会公平、尊重不同和通过教育的多文化理解。"[①]可见，外语教师通过服务性项目的组织和参加来提供本身对职业荣誉感和语言学习环境非常重要。美国弗吉尼亚理工大学（Virginia Polytechnic Institute and State University）实施了一项"跨越界限的服务性学习项目"（The Crossing the Border through Service-Learning Course），参与者为 ESL 教学领域工作者，项目要求学习者每学期与当地家庭聚会 30-50 hours，并且辅导所在家庭小孩相关课程学习，课程研究显示外语教师有机会在低压力情景下实践教学策略，服务性学习项目为外语教师提供了将理论应用于实践的平台，参加者对多元文化以及移民家庭的生活产生深刻理解。

弗吉尼亚理工大学的服务性学习项目中外语教师是作为学习者参与其中，本案例中外语教师作为设计者、发起者和指导者开展服务性学习实验，研究后期"用声音叙事"活动整合外语专业多个相关课程的实践环节，不断有教师加入到活动的指导中，同时实验的示范作用也影响到相关课程的实践教学。在这个过程中，教师的实践能力、科研能力和社会适应等能力都得到了不同程度的发展，但是限于篇幅、研究重点和样本较少等因素，研究没有太多探讨教师能力在这个过程的发展，这是研究的局限之处但也可以成为未来的研究方向。

（5）反思英语课程如何以适当的形式服务社会，不可忽略的就是语言与文化的

---

① http://www.tesol.org/s_tesol/sec_document.asp?CID=2968;DID=689

关系，研究后期"用声音叙事"受到社会关注的重要原因之一是研究与中国文化的结合，这里既有国家"文化大发展大繁荣"的战略背景，也有语言与文化的天然不可分割性，所以这是外语专业应用服务性学习模式发展的一个契机，也是服务性英语学习可以获得生命力的关键因素，这一点同样可以成为未来研究的思路和方向，尤其是研究服务性英语学习对目标语文化和学习者跨文化能力培养；同时服务性学习所传递出一些与中国传统哲学相呼应和吻合的思想，比如"知行合一"、"良知体验美学"，这些传统思想的精髓除了理论的梳理更需要实践中的丰富，这些都可以成为建设有中国特色的服务性英语学习的重要探索方向。

参考文献

蔡亮. 用声音叙事：我的企业在宁波[M]. 杭州：浙江大学出版社，2012.

蔡亮. 用声音叙事：筑梦宁波[M]. 杭州：浙江大学出版社，2011.

陈昌义. Hymes 交际能力理论的反思[J]. 外语学刊，2003（2）.

陈佳铭. 服务性学习在大学 TEFL 教育中的理论与实践研究[D]. 北京：交通大学，2009.

陈丽芳. 服务学习在大学 EFL 教育中的应用——理论依据和实践设想[J]. 宁波大学学报，2004（5）.

陈志辉. 美国中小学服务学习的实施与评价研究[D]. 广州：华南师范大学，2007.

戴炜栋. 构建具有中国特色的英语教学"一条龙"体系[J]. 外语教学与研究，2001（5）.

戴炜栋. 立足国情，科学规划，推动我国外语教育的可持续发展[J]. 外语界，2009（5）.

戴忠信. 外语言语交际能力形成过程：个体体验理论视角[D]. 北京：北京师范大学，2004.

丁钢. 声音与经验——教育叙事探究[M]. 北京：教育科学出版社，2008.

丁文祥. 美国服务学习研究[D]. 上海：上海师范大学，2009（07）.

杜威. 杜威文选[M]. 涂纪亮，等译. 北京：北京社会科学文献出版社，2006.

杜威. 民主主义与教育[M]. 王承绪，译. 北京：人民教育出版社，1990.

杜威. 评价理论[M]. 冯平，等译. 上海：上海译文出版社，2007.

杜威. 确定性的寻求：关于行知关系的研究[M]. 傅统先，译. 上海：上海人民出版社，2005.

杜威. 确定性的寻求：关于知行关系的研究[M]. 傅统先，译. 上海：上海人民出版社，2005.

杜威. 学校与社会·明日之学校[M]. 赵祥麟，等译. 北京：人民教育出版社，2005.

杜维明. 对话与创新[M]. 桂林：广西师范大学出版社，2005.

多尔，杜伊特，张光陆. 复杂性思维：存在于关系之中[J]. 全球教育展望，2011（5）.

范捷平. 研究型大学的外语自主学习与创造性人才培养[J]. 外语与外语教学，2004（6）.

伽达默尔. 伽达默尔集[M]. 严平，编选；邓安庆，译. 上海：上海远东出版社，2002.

高等学校外语专业教学指导委员会. 关于外语专业面向 21 世纪本科教育改革的若干意见[EB/OL]. 1998-8. http://pg.sisu.edu.cn/ReadNews.aspNewsId=151&page=1.

高等学校外语专业教学指导委员会英语组. 高等学校英语专业英语教学大纲[Z]. 上海：上海外语教育出版社，北京：外语教学与研究出版社，2000.

高风彦，包睿欣，李会霞. 美国高校服务学习产生及发展动力初探[J]. 河北科技大学学报，2005（2）.

超越与回归——服务性英语学习

超越与回归——服务性英语学习

192

高文. 情境学习与情境认知[J]. 教育发展研究，2001（8）.

哈贝马斯. 论杜威的《确定性的寻求》//杜威. 确定性的寻求：关于行知关系的研究[M]. 傅统先，译. 上海：上海人民出版社，2005.

何刚. 话语、社交、文化——文化驱动的社会语用视角[J]. 外语教学理论与实践，2011（3）.

何静，陆效用. 美国 SHINE 项目对于我国 ESL 教学的借鉴作用——将服务学习纳入课程学分制度的探讨//复旦外国语言文学论丛[C]. 上海：[出版者不详]，2007.

胡文仲，孙有中. 突出学科特点，加强人文教育——试论当前英语专业教学改革[J]. 外语教学与研究，2006（5）.

胡文仲. 建国 60 年来我国外语教育的成就与缺失[J]. 外语界，2009（5）.

贾海红. 教育以人为本——访费孝通先生[J]. 人民教育，2004（9）.

凯瑟琳，坎普，梅休，等. 杜威学校[M]. 王承绪，等译. 北京：教育科学出版社，2007.

坎贝尔. 杜威的重要性杜威、实用主义与现代哲学[M]. 俞吾金，主编. 北京：人民出版社，2007.

康纳利，克兰迪宁. 教师成为课程研究者——经验叙事[M]. 刘良化，邝红军，译. 杭州：浙江教育出版社，2004.

拉康. 拉康选集[M]. 褚孝泉，译. 上海：上海三联书店，2001.

蓝采风，许为民. 服务——学习：在高等教育中的理论与实践[M]. 杭州：浙江大学出版社，2011.

李工. 潘光旦教育思想的重新认识[J]. 书屋，2010（6）.

李宇明. 中国外语规划的若干思考[J]. 外国语，2010（1）.

梁春芳. 中学服务学习的理论与实践研究[D]. 广州：华南师范大学，2004.

岭南大学服务研习处. 服务研习计划：岭南模式 [EB/OL]. 岭南大学，2008. http://ln.hk/osl/publications/LU.pdf.

刘宝存，王维，马存根.美国高等学校的服务性学习[J]. 比较教育研究，2005（11）.

刘宝存. 大学对地方社会经济发展的贡献——加州大学伯克利分校的个案研究[J]. 清华大学教育研究，2005（6）.

刘宝存. 美国研究型大学的高峰体验课程[J]. 中国大学教育，2004（11）.

刘宝存. 美国研究型大学服务性学习的基本模式[J]. 复旦教育论坛，2005（2）.

刘宝存. 美国研究型大学服务性学习的基本模式[J]. 复旦教育论坛，2005（2）.

刘宝存. 美国研究型大学服务性学习的基本模式[J]. 复旦教育论坛，2005（2）.

刘润清，戴曼纯. 中国高校外语教学改革现状与发展策略研究[M]. 北京：外语教学与研究出版社，2003.

陆效用. 美国 21 世纪的“5C”外语教育[J]. 外语界，2001（5）.

庞继贤，范捷平. 自主性语言学习：开放与管理[C]. 杭州：浙江大学出版社，2005.

庞继贤，叶宁，张英莉．学习者自主：身份与自我[J]．外语与外语教学，2004（06）．

裴新宁．"学习者共同体"的教学设计与研究——建构主义教学观在综合理科教学中的实践之一[J]．全球教育展望，2001（3）．

全建强．英语课堂教学的真实性[J]．国外外语教学，2006（1）．

沈家煊．语用·认知·言外义[J]．外语与外语教学，1997（4）．

束定芳，陈素燕．宁波诺丁汉大学英语教学的成功经验对我国大学英语教学改革的启发[J]．外语界，2002（6）．

束定芳．呼唤具有中国特色的外语教学理论[J]．外语界，2005（3）．

束定芳．外语教学改革：问题与对策[M]．上海：上海外语教育出版社，2004（10）．

束定芳．中国认知语言学二十年——回顾与反思[J]．现代外语，2009（3）．

王德春等．社会心理语言学[M]．上海：上海外语教育出版社，1995．

王洁，赵飞，戈芮卿．服务学习应用于高校英语教学初探[J]．社科纵横，2011（3）．

王涛．服务学习——美国大学中一门独特的反规范课程[J]．现代大学教育，2006（5）．

王文岚．社会科课程中的公民教育研究[D]．兰州：西北师范大学，2004．

王寅．Lakoff & Johnson 笔下的认知语言学[J]．外国语，2001（4）．

王寅．认知语言学的哲学基础：体验哲学[J]．外语教学与研究，2002（2）．

吴华清．服务学习简述[J]．上海教育研究，2003（10）．

吴宗杰．抑制课程自主性的控制符号——教师发展的话语权[J]．外语与外语教学，2004（3）．

肖绍明，扈中平．教育即言语行动——杜威语言意义理论及其教育意蕴[J]．华东师范大学学报（教育科学版），2010（1）．

谢维和．"新教育"的社会基础和特点[J]．教育研究，2001（1）．

熊学亮．认知语用学概论[M]．上海：上海外语教育出版社，1999．

尹钟宏．大学母语教育的失落和突围[J]．文史博览·理论，2007（11）．

袁建萍．服务学习在高职商务英语人才培养中的应用[J]．宁波职业技术学院学报，2011（6）．

袁平华．中国大学英语教学环境中以内容为依托的外语教学模式研究[D]．上海：上海交通大学，2008．

詹姆斯．彻底的经验主义[M]．上海：上海人民出版社，2006．

张荷皎．美国服务学习研究[D]．重庆：西南大学，2009．

赵立芹．从做中学：美国服务学习的理论与实践[D]．上海：华东师范大学，2005．

赵立芹．服务学习在美国[J]．上海教育，2004（11）．

赵希斌，邹泓．美国服务学习实践及研究综述[J]．比较教育研究，2001（8）．

赵中建，贾爱武．走向沟通和理解——美国 21 世纪外语学习的"5C"共同标准[J]．全球教育展望，2002（6）．

中华人民共和国教育部. 国家中长期教育改革和发展纲要（2010—2020）[EB/OL]. 2010. http://www.gov.cn/jrzg/2010-07/29/content_1667143.htm.

中华人民共和国教育部. 全日制义务教育普通高级中学英语课程标准（试验稿）[S]. 北京：北京师范大学出版社，2001.

钟启泉. 课堂转型：静悄悄的革命[J]. 上海教育科研，2009（4）.

钟启泉. 学科教学论基础[M]. 上海：华东师范大学出版社，2001.

钟志贤. 面向知识时代的教学设计框架——促进学习者发展[J]. 华东师范大学学报，2004（4）.

周加仙. 美国服务学习理论概述[J]. 外国教育研究，2004（4）.

ABBOTT A, LEAR D. The connections goal area in Spanish community service-learning: Possibilities and limitations [J]. *Foreign Language Annals*, 2010: 321-345.

ACHESON K. *Do Our Kids Have an Attitude?: A Closer Look at the U.S. Foreign Language Classroom* [D]. Atlanta: Georgia State University, 2004.

ADLER-KASSNER L, CROOKS R, WATTERS A. Service Learning and composition at the crossroads [C] // ADLER-KASSNER L. *Writing the Community: Concepts and Models for Service-Learning in Composition*. Washington, DC: American Association for Higher Education, 1997: 1-17.

AL-QAWASMI J, GUILLERMO V, DE VELASCO R. *Changing Trends in Architectural Education* [M]. CSAAR, 2006.

APCO Associates. A brief history of service learning [DB/OL], 1999, [2012-4-5]. http://servicelearningpartnership.org/

ARCA R L. Systems thinking, symbiosis, and service: The road to authority for basic writers [C] // ADLER-KASSNER L. *Writing the Community: Concepts and Models for Service-Learning in Composition*. Sterling, Virginia: Stylus Publishing, LLC, 2006: 133- 142.

ARONSON K. A literature review on implementing service learning into an ESL curriculum for generation 1.5 learners and recently immigrated students written in ENG 730: Introduction to Graduate Study of TESOL [DB/OL], 2011, [2012-2-28]. http://kendraaronson.efolioworld.com/Uploads/[ENG730Literaturereview]ImplementingservicelearningintoanESLcurriculumforgeneration1.5learnersandrecentlyimmigratedstudents.pdf

ARRIES J. Critical pedagogy and service-learning in Spanish: Crossing the border in the freshman seminar [C] // HELLEBRANDT J. *Construyendo Puentes (Building Bridges): Concepts and Models for Service-Learning in Spanish*. Washington, D.C.: American Association for Higher Education, 1999: 33-47.

ARTINO A R., Jr. A review of the motivated strategies for learning questionnaire [DB/OL], 2005,

[2012-2-28]. http://www.sp.uconn.edu/~aja05001/comps/documents/MSLQ_Artino.pdf

ASTIN A W, SAX L J, AVALOS J. The long-term effects of volunteerism during the undergraduate years [R]. *Review of Higher Education*, 1999(2):187-202.

ASTIN A W, SAX L J. How undergraduates are affected by service participation [J]. *Journal of College Student Development*, 1998(39): 251-263.

ASTIN H S. *Evaluation of Learn and Serve America, Higher Education: First Year Report Vol. 1.* [R]. Santa Monica, CA: RAND Corp, 1996.

BACHMAN L F. *Fundamental Considerations in Language Testing* [M]. Oxford: Oxford University Press, 1990.

BACON N. Community service writing: Problems, challenges, questions [C] // ADLER-KASSNER L. *Writing the Community: Concepts and Models for Service-Learning in Composition*. Washington, DC: American Association for Higher Education/National Council of Teachers of English, 1997.

BANDURA A. *Self-efficacy: The Exercise of Control* [M]. New York: Freeman, 1997: 133-134.

BANDURA A. *Social Foundations of Thought and Action: A Social Cognitive Theory* [M]. Englewood Cliffs, NJ: Prentice-Hall, 1986.

BARBARA J H, BENZ C M. Connect to success: The new kids on the block meet their college counterparts [C] // DANTAS-WHITNEY M. *Authenticity in the Language Classroom and Beyond: Children and Adolescent Learners*. Alexandria, VA: TESOL, 2010.

BATTISTONI R M. *Civic Engagement across the Curriculum: A Resource Book for Service-Learning Faculty in All Disciplines* [M]. Providence, RI: Campus Compact, 2002.

BEEBE S A, MASTERSON J T. *Communicating in Small Groups: Principles and Practices* [M]. 8th ed. Boston: Allyn & Bacon, 2006.

BENWARE C A, DECI E L. Quality of learning with an active versus passive motivational set [J]. *American Educational Research Journal*, 1984: 755-765.

BERK L E. *Child Development* [M]. 5th ed. Boston: Allyn and Bacon, 2000: 23-38.

BERRY H A. Service Learning in international/intercultural settings [J]. *Experiential Education*, 1988.

BERRY J W. A psychology of immigration [J]. *Journal of Social Issues*, 2001.

BONSALL D L, HARRIS R A, MARCZAK J N. The community as a classroom [J]. *New Directions for Student Services*, 2002, 100: 85-95.

BORDELON T, PHILLIPS I. Service-Learning: What students have to say [J]. *Active Learning in Higher Education*. 2006, 7(2): 143-153.

BOUD D, et al. *Using Experience for Learning* [M]. Buckingham: SRHE and Open University Press, 1993.

超越与回归——服务性英语学习

BOYER E L. *College: The Undergraduate Experience in America* [M]. New York: Harper & Row, 1987.

BOYLE J P, OVERFIELD D M. Community-based language learning: Integrating language and service [C] // HELLEBRANDT J. *Building Bridges: Concepts and Models for Service-Learning in Spanish*. Washington, D.C.: American Association for Higher Education, 1999: 137-147.

BRACK G, HALL L. Combining the classroom and the community: Service Learning in composition at Arizona State University [C] // ADLER-KASSNER L. *Writing the Community: Concepts and Models for Service-Learning in Composition*. Washington, DC: American Association for Higher Education, 2006: 143-152.

BREEN M P. Authenticity in the language classroom [J]. *Applied Linguistics*, 1985(6): 60-70.

BRINGLE R G, HATCHER J A. A service-learning curriculum for faculty [J]. *Michigan Journal of Community Service Learning*, 1995(2):112-122.

BRINGLE R G, HATCHER J A. Institutionalization of service learning in higher education [J/OL]. *The Journal of Higher Education*, 2000(3): 273-290.

BRINGLE R G. *Partnerships as Mission: Implications for Work and Rewards of Institutions, Faculty, and Students* [C]. Paper presented at the Fourth AAHE Conference on Faculty Roles and Rewards, Atlanta, GA. 1996.

BRONFENBRENNER U, CROUTER A C. The evolution of environmental models in development research [C] // KESSEN W. *History, Theories, and Methods: Handbook of Child Psychology*. New York: Wiley, 1983(1):39-83.

BRONFENBRENNER U. Ecology of the family as a context for human development: Research perspectives [J]. *Developmental Psychology*, 1986(22): 723-742.

BRONFENBRENNER U. *The Ecology of Human Development* [M]. Cambridge, MA: Harvard University Press, 1979.

BROWN A L, BRANSFORD J, FERRARA R, et al. Learning, remembering, and understanding [M] // MUSEN P H. *Handbook of Child Psychology*: Vol. III. New York: Wiley, 1983: 77-166.

BROWN H D. *Teaching by Principles: An Interactive Approach to Language Pedagogy* [M]. New York: Addison Wesley Longman, 2001: 25-61.

CALDWELL W. Taking Spanish outside the box: A model for integrating service learning into foreign language study [J]. *Foreign Language Annals*, 2007: 463-469.

CAMPBELL A. *Exploring Experiential Education: Service Learning and Second Language Acquisition* [EB/OL]. 2006, http://filebox.vt.edu/users/acampbel/Campbell_Research.pdf.

CANADA M, SPECK B W. Developing and implementing service-learning programs [J]. *New Directions in Higher Education*. San Francisco, CA: Jossey-Bass, 2001.

CANALE M, SWAIN M. Theoretical bases of communicative approaches to second language teaching and testing [J]. *Applied Linguistics*, 1980 (1):1-48.

CHRISTENSEN, Jonas. Proposed enhancement of Bronfenbrenner's development ecology model [J]. *Education Inquiry*, 2010(1): 101-110.

CHRISTISON M A. Applications of Brain-Based Research for Second Language Teaching and Learning [J]. *TESOL Matters*, 1999(3).

CLEMENT R, MAJOR L, GARDNER R C, et al. Attitudes and motivation in second language acquisition: An investigation of Ontario francophone [J]. *Working Papers on Bilingualism*, 1977: 1-20.

COLLINS A, BROWN J S, HOLUM A. Cognitive apprenticeship: Making thinking visible [J]. *American Educator: The Professional Journal of the American Federation of Teachers*, 1991.

COLLINS A, BROWN J S, NEWMAN S E. Cognitive apprenticeship: Teaching the crafts of reading, writing, and mathematics [C] // RESNICK L B. *Knowing, Learning and Instruction: Essays in Honor of Robert Glaser*. Hillsdale, NJ: Lawrence Erlbaum Associates, 1989.

CUSHMAN E. The public intellectual, service learning, and activist research [J]. *College English*, 1999(3):328-336.

DANTAS-WHITNEY M, RILLING S. Authenticity and the sociocultural context of children and adolescent language learners [C] // DANTAS-WHITNEY M. *Authenticity in the Language Classroom and Beyond: Children and Adolescent Learners*. Alexandria, VA: TESOL, 2010: 1-7.

DAVID, White-Espin, BERNIER K R. Connecting students to global issues through local action [C] // DANTAS-WHITNEY M. *Authenticity in the Language Classroom and Beyond: Children and Adolescent Learners*. Alexandria, VA: TESOL, 2010.

DAVIES P, Pearse E. *Success in English Teaching* [M]. Oxford: Oxford University Press, 2000.

DAVIS D R. Teaching American English as a foreign language: an integrationist approach [C] // HARRIS R. *Integrational Linguistics: A First Reader*. Oxford: Elsevier-Pergamon, 1998: 305-312.

DEANS T. Service-Learning in two keys: Paulo Friere's critical pedagogy in relation to John Dewey's pragmatism [J]. *Michigan Journal of Community Service Learning*, 1999(6): 15-29.

DEWEY J. *Democracy and Education* [M].New York: Macmillan, 1916.

197

超越与回归——服务性英语学习

DEWEY J. *Experience and Education* [M]. New York: Collier Books, 1938.

DEWEY J. *How We Think* [M]. Boston: DC Heath, 1933.

DEWEY J. *The School and Society* [M]. New York: McClure, Phillips & Co, 1900.

DOBRIN S, Weisser C. Breaking ground in ecocomposition: Exploring relationships between discourse and environment [J]. *College English*. 2002, 64(5): 566-590.

DORMAN W, Dorman S. Service-Learning: Bridging the gap between the real world and the composition classroom [C] // ADLER-KASSNER L. *Writing the Community: Concepts and Models for Service-Learning in Composition*. Washington, DC: American Association for Higher Education/National Council of Teachers of English, 2005: 119-132.

DÖRNYEI Z. Motivation and motivating in the foreign language classroom [J]. *The Modern Language Journal*, 1994: 273-284.

DRAKENBERG M. *Kontinuitet eller förändring? (Continuity or Change?)* [M]. [S.l]: Equal Ordkraft Rapport, School of Education, Malmö University, 2004.

DU PRE R. Coping with change in South Africa [J]. *Adults Learning*, 2003(11): 10-11.

DUNCAN T G, MCKEACHIE W J. The making of the motivated strategies for learning questionnaire [J]. *Educational Psychologist*, 2005: 117-128.

ECCLES J S, WIGFIELD A. Motivational beliefs, values, and goals [J]. *Annual Review of Psychology*, 2002:109-132.

ELLIS R. *The Study of Second Language Acquisition* [M]. Oxford: Oxford University Press, 1994.

ELWELL M D, BEAN M S. The efficacy of service-learning for community college ESL students [J]. *Community College Review*, 2001(4): 49-66.

ESHACH H. Bridging in-school and out-of-school learning: Formal, non-formal, and informal education [J]. *Journal of Science Education and Technology*, 2007(2): 171-190.

EYLER J S, GILES D E, Jr., BRAXTON J. The impact of service-learning on college students [J]. *Michigan Journal of Community Service Learning*, 1997(4): 5-15.

EYLER J, Giles D E, Jr., STENSON T, et al. *At a Glance: Summary and Annotated Bibliography of Recent Service-Learning Research in Higher Education* [M]. 3rd ed. San Diego: Learn and Serve America National Service-Learning Clearinghouse, 2001.

EYLER J, Giles D. *Where's the Learning in Service-Learning?* [M]. San Francisco, CA: Jossey-Bass Publishing Company, 1999.

EYLER J. Creating your reflection map [C] // CANADA M. *Developing and Implementing Service-Learning Programs*. San Francisco, CA: John Wiley, 2001: 35–43.

FENZEL L M, LEARY T P. *Evaluating Outcomes of Service-Learning Courses at a Parochial*

College [C]. Paper presented at the annual meeting of the American Educational Research Association, Chicago, IL, 1997.

FERGUSON C U. A new paradigm of learning for urban adult learners: Challenges for educators and policymakers regarding education and community service [J]. *Journal of Pedagogy, Pluralism & Practice*, 1997, [2012-3-5]. http://www.lesley.edu/journals/jppp/1/jp3ii4.html

FLEENER M J. Learning as dynamic spacing: Changing language games through complexity [J]. *Complicity: An International Journal of Complexity and Education*, 2005, 2(1): 77-80.

FREIRE. *Pedagogy of the Oppressed* [M]. New York: The Seabury Press, 1970.

FRODESEN J, EYRING J. *Grammar Dimensions 4: Form, Meaning, and Use* [M]. 3rd ed. Boston: Heinle & Heinle, 2000.

FRYE R, THOMAS J. Garza, Authentic Contact with Native Speech and Culture at Home and Abroad [C] // RIVERS W M.*Teaching Languages at College: Curriculum and Content*. Lincolnowooed, IL: National Textbook Company, 1991, 225-241.

GARDNER R C. Individual differences and second language learning [C] // TUCKER G R. *Encyclopedia of Language and Education: Volume 4, Second Language Education*. Dordrecht: Kluwer, 1997: 33–42.

GARDNER R C. *Social Psychology and Second Language Learning: The Role of Motivation and Attitudes* [M]. London, Edward Arnold, 1985.

GARDNER R C. The Socio-educational model of second language learning: Assumption, findings, and issues [J]. *Language Learning*, 1988(38): 101-126.

GILES D F, EYLER J. The theoretical roots of service-learning in John Dewey: Toward a theory of service-learning [J]. *Michigan Journal of Community Service Learning*, 1994(1):77-85.

GODFREY P C, GRASSO E T. *Working for the Common Good—Concepts and Models for Service-Learning in Management* [M]. Washington, D. C.: American Association for Higher Education, 2000.

GRASSI E, HANLEY D, LISTON D. Service-Learning as an innovative approach for second language learners [J]. *Journal of Experiential Education*, 2004(1), 87-110.

GRAY M J, ONDAATJE E H, FRICKER R D, et al. Assessing service-learning: Results from a survey of "Learn and Serve America, Higher Education." [J]. *Change*, 2000: 30-39.

GRELLET F. *Developing Reading Skills* [M]. Cambridge: Cambridge University Press, 1981.

HAGAN M. Acculturation and an ESL program: a service learning project [OJ]. *Journal of Multicultural Counseling and Development*, 2004, [2011-3-8]. http://goliath.ecnext.

超越与回归——服务性英语学习

com/coms2/gi_0199-5565299/Acculturation-and-an-ESL-program.html

HALE A. Service-Learning and Spanish: A missing link [C] // HELLEBRANDT J. *Building Bridges: Concepts and Models for Service-Learning in Spanish*. Washington, D. C.: American Association for Higher Education, 1999, 9-31.

HALE A. Service-Learning as an Applied ESL Methodology [EB/OL]. ANUPI Conference. Acapulco, Mexico, 2005. [2012-1-3]. www.anupi.org.mx/PDF/05018_AileenHale.pdf

HALE W, ALEXANDRIA A. *Second Language Acquisition and Cultural Understanding through Service Learning in Higher Education: A Participatory Research Study* [M]. University Of San Francisco Press, 1997.

HALL J K, RAMÍREZ A. How a group of high school learners of Spanish perceives the cultural identities of speakers, English speakers, and themselves [J]. *Hispania*, 1993: 613-620.

HAMP-LYONS L. The challenges of second-language writing assessment [C] // WHITE E M. *Assessment of Writing: Politics, Policies, Practices*. New York: Modern Language Association, 1996: 226-240.

HANNAFIN M, LAND S, OLIVER K. Open learning environments: Foundations, methods, and models [C] // REIGELUTH C. *Instructional Design Theories and Models.* Mahwah, NJ: Lawrence Erlbaum Associates, 1999: 115-140.

HARRIS R. Language as social interaction: integrationalism versus segregationalism [C] // HARRIS R. *Integrational Linguistics: A First Reader*. Oxford: Elsevier-Pergamon, 1998: 5-14.

HEATH S B. It's about winning! The language of knowledge in baseball [C] // RESNICK L B. *Perspective on Socially Shared Cognition*. Washington, DC: American Psychological Association, 1991, 101-124.

HEDGE T. *Teaching and Learning in the Language Classroom* [M]. Oxford: OXFORD UNIVERSITY PRESS, 2000.

HEIDEGGER M. *Being and Time: A Translation of Sein und Zeit* [M]. trans. J. Stambaugh. Albany, NY: State University of New York Press, 1996.

HELLEBRANDT J, VARONA L. *Construyendo Puentes (Building Bridges): Concepts and Models for Service-Learning in Spanish* [M]. Washington, D.C: American Association for Higher Education, 1999.

HEUSER L. Service-Learning as a Pedagogy to promote the content, cross-cultural, and language-learning of ESL students [J]. *TESL Canada Journal*, 2000(1): 54-71.

HOBART P. *Authentic Learning Beyond the Classroom: Authentic Learning* [C]. Paper presented at Museums Australia Conference, 2004: 12-19

HONNET E P, POULSEN S J. *Principles of Good Practice for Combining Service and Learning*

[R]. Wingspread Special Report. Racine, Wis.: The Johnson Foundation, 1989.

HOWARD J. Service-Learning course design workbook [J]. *Michigan Journal of Community Service Learning*. University of Michigan Edward Ginsberg Center for Community Service and Learning/OCSL Press, 2001.

HUGG R, WURDINGER S. A practical and progressive pedagogy for project based service-learning [J]. *International Journal of Teaching and Learning in Higher Education*, 2007, 19(2), 191-204.

HUTCHINSON T, WATERS A. *English for Specific Purposes* [M]. Cambridge: Cambridge University Press, 1987, 39: 49-54.

HYMES D. On communicative competence [C] // PRIDE J. *Sociolinguistics*. Harmondsworth: Penguin, 1972.

JACKSON E T. Making Community-Based Research Work: Managing the Politics, Carleton University [DB/OL]. University Lecture, Lansdowne Lecture Series, University of Victoria, 2005, [2012-1-12]. HTTP://www.sjfc.edu/dotAsset/518651.ppt.

JACOBY B & Associates. *Service-Learning in Higher Education: Concepts and Practices* [M]. San Francisco: Jossey-Bass Publishers, 1996.

JAMES W. *Philosophical Conceptions and Practical Results* [C]. New York: Longmans, Green and Company, 1920, 406-437.

JAMES W. Pragmatism: *A New Name for Some Old Ways of Thinking* [M]. New York: Longmans, Green and Company, 1907.

JAMES W. The pragmatic method [J]. *Journal of Philosophy, Psychology, and Scientific Method*, 1904(1): 673-87.

JAMIESON L H. Service Learning in computer science and engineering [J]. *SIGCSE Bulletin*, Association for Computing Machinery, 2002.

JOHANNISSON B. *Beyond Processes and Structure—Social Exchange Networks* [M]. International Studies of Management and Organization, Växjö University Publication, 1987.

JONASSEN D. Designing constructivist learning environments [C] // REIGELUTH C. *Instructional Design Theories and Models*. Mahwah, NJ: Lawrence Erlbaum, 1998: 1-21.

KAYE C B. *The Complete Guide to Service Learning: Proven, Practical Ways to Engage Students in Civic Responsibility, Academic Curriculum, & Social Action* [M]. Minneapolis: Free Spirit Publishing. 2004.

KENDALL J C & Associates. *Combining Service and Learning: A Resource Book for Community and Public Service Volume I* [M]. Raleigh, NC: National Society for Internships and Experiential Education, 1990.

超越与回归——服务性英语学习

KNUTSON S. Experiential learning in second-language classrooms [J]. *TESL Canada Journal*, 2003(2): 52–64.

KOHONEN V. Authentic assessment in affective foreign language education [C] // ARNOLD J. *Affective in Language Learning*. Cambridge: Cambridge University Press, 1999.

KOLB D. *Experiential Learning: Experience as the Source of Learning and Development* [M]. Englewood Cliffs, N.J: Prentice Hall, 1984.

KRAMSCH C J. Introduction: 'How can we tell the dancer from the dance?' [C] // KRAMSCH C J. *Language Acquisition and Language Socialization: Ecological Perspectives*. London: Continuum, 2002: 1-30.

KRAMSCH C. *Context and Culture in Language Teaching* [M]. Shanghai: Shanghai Foreign Language Education Press, 1994.

KRASHEN S D. *The Input Hypothesis: Issues and Implications* [M]. London: Longman, 1985.

KRASHEN S. *Principles and Practices in Second Language Acquisition* [M]. Oxford: Pergamon, 1982.

LATULIPPE L L. Lessons learned from being a student again [J]. *TESOL Matters*, 1999 (2).

LEAR D, ABBOTT A. *Foreign Language Professional Standards and CSL: Achieving the 5 C's*. [S]. Michigan Journal of Community Service Learning, 2008:76-78.

LEAVER B L. Dismantling classroom walls for increased foreign language proficiency [J]. *Foreign Language Annals*, 1989: 67-77.

LEH A S C. Lessons learned from service learning and reverse mentoring in faculty development: A case study in technology training [J]. *Journal of Technology and Teacher Education*, 2005(1): 25-41.

LERNER R M. Changing organism-context relations as the basic process of development: A developmental contextual perspective [J]. *Developmental Psychology*, 1991(27): 27-32.

LERNER R M. *Concepts and Theories of Human Development* [M]. 2nd ed. New York: Random House, 1986.

LEWIN K. *Field Theory in Social Science: Selected Theoretical Papers*[C]. New York: Harper & Brothers, 1951.

LIGHTBROWN P M, SPADA N. Factors Affecting Second Language Learning [C] // CANDLIN C N. *English Language Teaching in its Social Context: A Reader*. Oxon: Routledge, 2001.

LITTLE D. *Learner Autonomy: Definitions, Issues and Problems* [M]. Dublin: Authentic, 1991.

LITTLEFIELD V M. *Community Service-Learning at Augsburg College: A Handbook for Instructors: Version 2.0* [M]. Minneapolis, MN: Augsburg College Center for Professional Development, 1999.

MARKUS G, HOWARD J, KING D. Integrating community service and classroom instruction enhances learning: Results from an experiment [R]. *Educational Evaluation and Policy Analysis*, 1993(4): 410-419.

MCLAREN P. *Life in Schools: An Introduction to Critical Pedagogy in the Foundations of Education* [M]. New York: Longman, 1998.

MINOR J M. Using Service-Learning as Part of an ESL Program [OJ]. *The Internet TESL Journal*, VII, 2001 (4). http://iteslj.org/Techniques/Minor-ServiceLearning.html

MINOR J. Incorporating service learning into ESOL programs [J]. *TESOL Journal*, 2002(4): 10-14.

MINTZ S, HESSER G. Principles of good practice service-learning [C] // JACOBY B. *Service-Learning in Higher Education: Concepts and Practices*. San Francisco, CA.: Jossey-Bass Publishers, 1996: 26-52.

MITCHELL C, HUMPHRIES H. From notions of charity to social justice in service-learning: The complex experience of communities [J]. *Education as Change, Special Issue: CSL*, 2007(3): 47-58.

MORRIS F A. Serving the community and learning a foreign language: Evaluating a service-learning programme [J]. *Language, Culture and Curriculum*, 2001(3): 244-255.

MORROW K. *Communication in the Classroom* [M]. London: Longman Group Ltd, 1981.

National and Community Service Act [EB/OL]. Public Law 101-610. 101st Congress, 1990.

National and Community Service Trust Act [EB/OL]. Public Law 103-82. 103rd Congress, 1993.

National Service-Learning Clearinghouse. Partnerships for Higher Education Service-Learning [DB/OL], 2004, [2011-1-15]. http:://www.servicelearning.org/article/view/10/1/35/

National standards in foreign language education project [S]. Standards for Foreign Language Learning in the 21st Century. Lawrence, KS: Allen. 1999.

NEGI S S. Service-Learning, personal development, and social commitment: A case study of university students in Hong Kong [J]. *Adolescence*, 2006: 165-176.

NEWMANN F M, WEHLAGE G G. Five standards of authentic instruction [J]. *Educational Leadership*, 1993 (7):8-12.

NUNAN D. *Designing Tasks for the Communicative Classroom* [M]. Cambridge: Cambridge University Press, 1989: 54.

NUNAN D. *Task-based Language Teaching* [M]. Cambridge: Cambridge University Press, 2004.

NUNAN D. *The Learner-Centered Curriculum* [M]. Cambridge: Cambridge University Press, 1988: 102.

OXFORD R L. *Language Learning Strategies: What Every Teacher Should Know* [M]. New York: Newbury House, 1990.

PAQUETTE D, RYAN J. Bronfenbrenner's Ecological Systems Theory [EB /OL], 2001. [2011-2-05]. http://pt3.nl.edu/paquetteryanwebquest.pdf.

PARKER B, DAUTOFF D A. Service-Learning and study abroad: Synergistic learning opportunities [J]. *Michigan Journal of Community Service Learning*, 2007(2): 40-52.

PEACOCK M. The effect of authentic materials on the motivation of EFL learners [J]. *ELT Journal*, 1997(2): 144-156.

PEIRCE B N. Social identity, investment and language learning [J]. *TESOL Quarterly*, 1995(2): 9-31.

PEIRCE C S. How to make our ideas clear [C] // WIENER P P. *Selected Writings*. New York: Dover Publications, 1966, 113-136.

PEIRCE C S. The fixation of belief [C] // WIENER P P. *Selected Writings*. New York: Dover Publications, 1966, 91-112.

PERKINS D N, UNGER C. Teaching and learning for understanding [C] // REIGELUTH C. *Instructional Design Theories and Models*. Mahwah, NJ: Lawrence Erlbaum Associates, 1999: 91-114.

PIAGET J. *Genetic Epistemology* [M]. New York: Columbia University Press, 1970.

PIAGET J. *The Construction of Reality in the Child* [M]. New York: Ballentine, 1954.

PIAGET J. *The Psychology of the Child* [M]. New York: Basic Books, 1972.

PINTRICH P R, DE GROOT E V. Motivational and self-regulated learning component of classroom academic performance [J]. *Journal of Educational Psychology*, 1990(1), 33-40.

PINTRICH P R, SMITH D A F, GARCIA T, et al. *A Manual for the Use of the Motivated Strategies for Learning Questionnaire (MSLQ)* [M]. Ann Arbor: University of Michigan, National Center for Research to Improve Postsecondary Teaching and Learning, 1991.

PINTRICH P R, SMITH D A F, GARCIA T, et al. Reliability and predictive validity of the Motivated Strategies for Learning Questionnaire (MSLQ) [J]. *Educational and Psychological Measurement*, 1993.

PINTRICH P R. A motivational science perspective on the role of student motivation in learning and teaching contexts [J]. *Journal of Educational Psychology*, 2003: 667-686.

POLLACK S S. *Three Decades of Service-Learning in Higher Education (1966—1996): The Contested Emergence of an Organizational Field* [D]. Stanford University, 1997.

PORTER-HONNET E, POULSEN S J. *Principles of Good Practice for Combining Service and Learning* [M]. Racine, WI: Johnson Foundation. 1989.

RAMA D V, ZLOTKOWSKI E A. *Learning by Doing: Concepts and Models for Service-Learning in Accounting* [M]. Washington, DC: American Association for Higher Education, 2007.

REARDON K M. Participatory action research as service learning [C] // RHOADS R. *Academic Service-Learning: A Pedagogy of Action and Reflection*. San Francisco: Jossey-Bass, 1998: 57-64.

RHOADS R A. Critical multiculturalism and service learning [C] // RHOADS R. *Academic Service-Learning: A Pedagogy of Action and Reflection*. San Francisco: Jossey-Bass, 1998: 39-46.

RICHARDS J C, ROGERS T S. *Approaches and Methods in Language Teaching: A Description and Analysis* [M]. Cambridge: Cambridge University Press, 1986:72.

RILEY P. Developmental sociolinguistics, competence & performance [C] // BROWN G. *Performance & Competence in Second Language Acquisition*. Cambridge: Cambridge University Press, 1996.

RILLING S, DANTAS-WHITNEY M. Authenticity, creativity, and localization in language learning [C] // DANTAS-WHITNEY M. *Authenticity in the Language Classroom and Beyond: Children and Adolescent Learners*. Alexandria, VA: TESOL, 2009:1-8.

RUBIN M S. A smart start to service-learning [C] // CANADA M. *Developing and Implementing Service-Learning Programs*. San Francisco: Jossey-Bass, 2001: 15-26.

RUSSELL R L. Informal Learning in Context [DB/OL]. [2011-2-05]. http://www.informal learning.corn/archive/Russell-77.

SALTMARSH J. Education for critical citizenship: John Dewey's contribution to the pedagogy of community service learning [J]. *Michigan Journal of Community Service Learning*, 1996(3): 13-21.

SAPP D A, CRABTREE R D. A laboratory in citizenship: Service-Learning in the technical communication classroom [J]. *Technical Communication Quarterly*, 2002(4): 411-431.

SARENA D S, HERMANNS K, LEWIS J. *Creating Community-Responsive Physicians: Concepts and Models for Service-Learning in Medical Education* [C]. Washington, DC: American Association for Higher Education, 2000.

SCARDAMALIA M, BEREITER C. Computer support for knowledge building communities [J]. *Journal of the Learning Sciences*, 1994(3): 265–283.

SCARDAMALIA M, BEREITER C. Technologies for knowledge-building discourse [J]. *Communications of the ACM*, 1993(36): 37-41.

SEFTON-GREEN J. Literature review in informal learning with technology outside school [EB/OL]. 2004 [2011-2-05]. http: //archive.futurelab.org.uk/resources/publications-reports-articles/literature reviews/.

超越与回归——服务性英语学习

SELTZER R. *Volunteerisms and ESL Make Everyone a Winner* [C]. Paper presented at the XV Rocky Mountain Regional TESOL Conference, Tucson, AZ, 1998.

SHECKLEY B G, KEETON M T. *Perspectives on How Adults Learn: A Framework for Discussing Approaches to Workforce Development* [C]. Paper presented to CAEL Board of Trustees, San Diego, CA, 1997.

SHUMER R. Community-based learning: Humanizing education [J]. *Journal of Adolescence*, 1994(17): 357-367.

SKEHAN P. *A Cognitive Approach to Language Learning* [M]. Oxford: Oxford University Press, 1998.

SLIMBACH R. Revitalizing the liberal arts through service-based learning [C] // HALE A. *Service-Learning as an Applied ESL Methodology*. ANUPI Conference. Acapulco, Mexico, 1995. [2011-1-12]. http://www.anupi.org.mx/PDF/05018_AileenHale.pdf

STIGGINS R J. Design and development of performance assessment [J]. *Educational Measurement: Issues and Practice*, 1987(3): 33-42.

STRAGE A A. Service-Learning: Enhancing student learning outcomes in a college-level lecture course [J]. *Michigan Journal of Community Service Learning*, 2000(7): 5-13.

STREVENS P. *Teaching English as an International Language: From Practice to Principle* [M]. Oxford: Pergamon Press Ltd, 1980.

STROTHER D L, DÍAZ-GREENBERG R. Harnessing the potential of international service-learning: An example working with a bilingual Mayan/Spanish community [C] // HELLEBRANDT J. *Learning the Language of Global Citizenship: Service-Learning in Applied Linguistics*. Bolton, MA: Anker Publishing, 2007.

SUMNER G A. *Folkways* [M]. New York: Ginn Custom Publishing, 1906.

TARONE E, YULE G. *Focus on the Language Learners* [M]. Oxford: Oxford University Press, 1989: 89.

THOMSON A M., Smith-Tolken, A., Naidoo, T., & Bringle, R. *Service Learning and Community Engagement: A Cross Cultural Perspective* [C]. Presentation at the Eighth International Conference for Third Sector Research, University of Barcelona, Spain, 2008. http://www.istr.org/sites/istr.site-ym.com/resource/.../thomson.smith-tolken.naidoo.pdf

TILLEY-LUBBS G. The intersection of the academy and the community: Researching relationships through community-based education [C]. HELLEBRANDT J. *Learning the Language of Global Citizenship: Service-Learning in Applied Linguistics*. Bolton, MA: Anker Publishing, 2007: 297-324.

TONKIN H. *Service-Learning across Cultures: Promise and Achievement* [M]. New York: The International Partnership for Service Learning and Leadership, 2004.

VARAS P. Raising cultural awareness through service-learning in Spanish culture and conversation: Tutoring in the migrant education program in Salem [C] // HELLEBRANDT J. *Building Bridges: Concepts and Models for Service-Learning in Spanish*. Washington, DC: American Association for Higher Education, 1999:123-135.

VOGELGESANG L J, ASTIN A W. Comparing the effects of community service and service-learning [J]. *Michigan Journal of Community Service-Learning*, 2000(7): 25-34.

VYGOTSKY L S. *Mind in Society* [M]. Cambridge, MA: Harvard University Press, 1978.

VYGOTSKY L. *Cultural, Communication and Cognition: Vygotskian Perspectives* [M]. Cambridge: Cambridge University Press, 1978.

VYGOTSKY L. *Piaget's Theory of the Child'S Speech and Thought Language and Thought* [M]. Cambridge, MA: Massachusetts Institute of Technology Press, 1962: 12-57.

WARD K, WOLF-WENDEL L. Community-centered service learning: Moving from "doing for" to "doing with" [J]. *American Behavioral Scientist*, 2000(5):767-780.

WATERMAN A S. *Service-Learning: Applications from the Research* [M]. Mahwah, New Jersey: Lawrence Erlbaum, 1997.

WATTERS A, FORD M. *A Guide for Change: Resources for Implementing Community Service Writing* [M]. New York: McGraw-Hill, 1995.

WELDON A A, SIGMON R L. Avoiding Trial and Error: Faculty Learning in Spanish Service-Learning Projects. [EB/OL], 2010. [2011-10-10]. http://www2.unca.edu/keycenter/tiraland error.pdf.

WERTSCH J V. *Cultural, Communication, and Cognition: Vygotskian Perspectives* [M]. Cambridge: Cambridge University Press, 1985.

WHITTIG E, HALE A. Confidence to contribute: Service-Learning in ESL [C] // HELLEBRANDT J. *Learning the Language of Global Citizenship: Service-Learning in Applied Linguistics*. Bolton, MA: Anker Publishing, 2007: 378-404.

WIDDOWSON H G. *Aspects of Language Teaching* [M]. Oxford: Oxford University Press, 1990.

WILHELM K H. Collaborative dos and don'ts [J]. *TESOL Journal*, 1999(8):14-19.

WILKINS D. *Notional Syllabuses* [M]. Oxford: Oxford University Press, 1976: 42.

WITTGENSTEIN L. *Philosophical Investigations (PI)* [M]. New York: MacMillan, 1953.

WOOD D J, BRUNER J S, ROSS G. The role of tutoring in problem solving [J]. *Journal of Child Psychiatry and Psychology*, 1976(2): 89-100.

WURR A J, HELLEBRANDT J. *Learning the Language of Global Citizenship: Service-Learning in Applied Linguistics* [C]. Bolton, Massachusetts: Anker Publishing Company, Inc, 2007.

超越与回归——服务性英语学习

WURR A J. A pilot study on the impact of service-learning in college composition on native and non-native speakers of english [J]. *Academic Exchange Quarterly*, 1999(4): 54-61.

WURR A J. English studies and Generation 1.5: Writing program administration at the crossroads [J]. *The Reading Matrix*, 2004(3), 14-23.

WURR A J. Service-Learning and student writing: An investigation of effects [C] // BILLIG S H. *Service-Learning through a Multidisciplinary*. Lens Greenwich, CT: Information Age Publishing, 2002: 103-122.

WURR A J. *The Impact and Effects of Service-Learning on Native and Non-native English Speaking College Composition Students* [D]. University of Arizona, 2001.

ZHENG X M, DAVISON C. *Changing Pedagogy: Analyzing ELT Teachers in China* [M]. London/New York: Continuum International Publishing Group, 2008.

ZLOTKOWSKI E. Opportunity for all: Linking service learning and business education [J]. *Journal of Business Ethics*, 1996(15): 5-19.

ZLOTKOWSKI E. Service-Learning research in the disciplines [J]. *Michigan Journal of Community Service Learning* [Special Issue], 2000: 61-67.

ZLOTKOWSKI H. Pedagogy and engagement [C] // BRINGLE R G. *Colleges and Universities as Citizens*. Boston: Allyn & Bacon, 1999: 96-120.

超越与回归——服务性英语学习

附 录

附录1：与课程结合的服务性英语学习调查问卷（前导研究）

日期： 性别：男 女 学号（后四位）＿＿＿＿＿＿＿

请根据您的实际情况填写问卷，答案无对错之分。您的回答将用于评估在课程中导入服务性英语学习概念以及计划的进一步改善。谢谢！

请在合适的分数上画钩√（1=非常不符合—5=非常符合）来显示你在以下方面的学习能力。

	1=非常符合	2=不符合	3=一般	4=符合	5=非常符合
1. 与外籍人士交流时，我觉得很轻松	1	2	3	4	5
2. 公众面前用英语展示自我，我觉得很自在	1	2	3	4	5
3. 在语言学习过程中，我会反思	1	2	3	4	5
4. 我知道语言使用要注意语境	1	2	3	4	5
5. 我知道如何与外籍人士交流	1	2	3	4	5
6. 我的语言知识可以服务社会	1	2	3	4	5
7. 我能从自己的经历中学习	1	2	3	4	5
8. 我了解跨文化交流中的文化因素	1	2	3	4	5
9. 我可以用英语传播中国文化	1	2	3	4	5
10. 我知道理论联系实践的重要性	1	2	3	4	5
11. 我知道如何为准备活动收集资料	1	2	3	4	5
12. 我在困难面前不气馁	1	2	3	4	5
13. 我可以从帮助别人中学习	1	2	3	4	5
14. 我善于与他人合作	1	2	3	4	5
15. 我对自己的能力很有信心	1	2	3	4	5
16. 我善于解决问题	1	2	3	4	5
17. 我可以改变世界对中国的看法	1	2	3	4	5
18. 我就是中国的形象	1	2	3	4	5
19. 我熟悉中国传统文化	1	2	3	4	5
20. 我的英语语言文化学习动机强烈	1	2	3	4	5

请将参加活动的感想写在下方，谢谢！

_____
_____
_____
_____
_____
_____
_____
_____
_____
_____
_____
_____
_____
_____
_____

问卷到此结束，谢谢您的填写！

附录2：教学模式实施调查问卷

日期：　　　　　性别：男　　女　　学号（后四位）＿＿＿＿＿＿＿

各位同学：

　　你们好！感谢你能抽出时间来帮我完成这项调查，这份问卷的主要目的是了解各位同学在课程中的一些学习情况，同时本学术研究也是为了完成我博士毕业论文的撰写工作。本问卷不记名，答案无对错之分，请认真阅读下列问题，依据自己的实际情况给出答案。各位同学的回答将对评估本课程模式实施和进一步改善课程起到关键的作用。感谢各位同学的配合及大力支持！

蔡亮

　　请在您认为恰当的数字上用"√"标记，选择一个最接近您的行为描述的选项。

第一部分：基本情况				
1. 您的性别	1. 男　　2. 女			
2. 您的英语语言熟练度	1. 非常不熟练　2. 不熟练　3. 一般　4. 熟练　5. 非常熟练			
3. 您对专业的认同度	1. 非常不认同　2. 不认同　3. 一般　4. 认同　5. 非常认同			
4. 持续时间	1. 一个月内	2. 1～2个月	3. 2～3个月	4. 3～4个月	5. 半年左右
5. 专业实践一课程的难易度	1. 非常难　2. 难　3. 适中　4. 容易　5. 非常容易			
6. 活动的难易度	1. 非常难　2. 难　3. 适中　4. 容易　5. 非常容易			
7. 活动的服务性（指对城市或某群体的服务）	1. 非常低　2. 低　3. 中等　4. 高　5. 非常高			
8. 活动的真实性	1. 非常低　2. 低　3. 中等　4. 高　5. 非常高			
9. 活动的互惠性	1. 非常低　2. 低　3. 中等　4. 高　5. 非常高			
10. 活动的交际性	1. 非常低　2. 低　3. 中等　4. 高　5. 非常高			
11. 活动的体验性	1. 非常低　2. 低　3. 中等　4. 高　5. 非常高			
12. 活动的反思性	1. 非常低　2. 低　3. 中等　4. 高　5. 非常高			

第二部分：学习过程与学习环境
学习过程
请您根据自己的日常表现与以下行为做比较，来进行判断。 1—完全不符合，2—不符合，3—不确定，4—符合，5—完全符合。

1. 我积极参与团队讨论与交流。	1　2　3　4　5
2. 我与其他成员密切合作。	1　2　3　4　5
3. 活动中，我可以提出创新的思路。	1　2　3　4　5
4. 活动中，我努力完成活动任务。	1　2　3　4　5
5. 活动中，我积极探究问题。	1　2　3　4　5
6. 活动中，我会自觉形成解决问题的能力。	1　2　3　4　5

学习环境

请您根据自己在活动中的表现与以下行为做比较，来进行判断。

1—完全不符合，2—不符合，3—不确定，4—符合，5—完全符合。

1. 我参加的活动真实，与现实生活联系紧密。	1　2　3　4　5
2. "该教学模式"活动中，我会利用包括网络资源在内的各种资源进行学习。	1　2　3　4　5
3. "该教学模式"活动中，我会利用卡片、笔记本等记录思路，写下要点。	1　2　3　4　5
4. "该教学模式"活动中，我会寻找特定信息完成学习活动任务。	1　2　3　4　5
5. "该教学模式"活动中，我承担多种角色，完成不同任务。	1　2　3　4　5
6. "该教学模式"活动中，我与同伴和教师互动频繁。	1　2　3　4　5
7. "该教学模式"活动中，我与学校和所在城市互动频繁。	1　2　3　4　5
8. 我在"该教学模式"活动中有观察与模拟的机会。	1　2　3　4　5
9. 我在"该教学模式"学习过程中有被教师指导的机会。	1　2　3　4　5
10. "该教学模式"的学习环境促进了我对学习过程和结果的反思。	1　2　3　4　5

超越与回归——服务性英语学习

第三部分：语言综合运用能力的发展	
语言技能	
请您根据自己的日常表现与以下行为做比较，来进行判断。 **1—完全不符合，2—不符合，3—不确定，4—符合，5—完全符合。**	
1. 参与"该教学模式"我提高了英语听力能力。	1　2　3　4　5
2. 参与"该教学模式"我提高英语口语表达能力。	1　2　3　4　5
3. 参与"该教学模式"我提高英语阅读能力。	1　2　3　4　5
4. 参与"该教学模式"我提高英语写作能力。	1　2　3　4　5
5. 参与"该教学模式"我提高英汉翻译能力。	1　2　3　4　5
6. 参与"该教学模式"我提高了语言理解能力	1　2　3　4　5
语言知识	
请您根据自己的日常表现与以下行为做比较，来进行判断。 **1—完全不符合，2—不符合，3—不确定，4—符合，5—完全符合。**	
1. 参与"该教学模式"扩大了我的词汇量。	1　2　3　4　5
2. 参与"该教学模式"扩充了我的词汇知识。	1　2　3　4　5
3. 参与"该教学模式"扩充了我的语音知识。	1　2　3　4　5
4. 参与"该教学模式"扩充了我的句法知识。	1　2　3　4　5
5. 参与"该教学模式"扩充了我的语法知识。	1　2　3　4　5
6. 参与"该教学模式"扩充了我的语篇知识。	1　2　3　4　5
文化意识	
请您根据自己的日常表现与以下行为做比较，来进行判断。 **1—完全不符合，2—不符合，3—不确定，4—符合，5—完全符合。**	
1. 参与"该教学模式"可以提高我对中国文化的认识。	1　2　3　4　5
2. 参与"该教学模式"可以提高我对英语国家文化的认识。	1　2　3　4　5
3. 参与"该教学模式"可以提高我对多元文化的认识。	1　2　3　4　5
4. 参与"该教学模式"可以提高我对交际中文化因素的认识。	1　2　3　4　5
5. 参与"该教学模式"可以提高我对词语的文化内涵认识。	1　2　3　4　5
6. 参与"该教学模式"可以提高我对不同文化的价值观念差异认识。	1　2　3　4　5
7. 参与"该教学模式"可以提高我对不同文化的思维习惯差异认识。	1　2　3　4　5
8. 参与"该教学模式"可以提高我的跨文化交际意识。	1　2　3　4　5

超越与回归——服务性英语学习

情感态度					
请您根据自己的日常表现与以下行为做比较，来进行判断。 **1—完全不符合，2—不符合，3—不确定，4—符合，5—完全符合。**					
1. 参与"该教学模式"后，我对英语使用者的态度出现正面变化。	1	2	3	4	5
2. 参与"该教学模式"后，我对英语语言文化的态度出现正面变化。	1	2	3	4	5
3. 参与"该教学模式"后，我对另一种文化的理解和宽容提高。	1	2	3	4	5
4. 参与"该教学模式"后，我对英语语言文化的学习态度出现正面变化。	1	2	3	4	5
5. 参与"该教学模式"后，在与英语使用者交流时，我的自信心提高。	1	2	3	4	5
6. 参与"该教学模式"后，我在公共场合讲英语时，我的自信心提高。	1	2	3	4	5

请将参加"该教学模式"的感想写在下方，谢谢！

_____
_____
_____
_____
_____
_____
_____
_____
_____
_____
_____
_____
_____
_____

问卷到此结束，谢谢您的填写！

附录3：教学模式下学习动机与学习策略调查问卷

日期：　　　　性别：男　　女　　学号（后四位）＿＿＿＿＿＿

各位同学：

　　你们好！感谢你能抽出时间来帮我完成这项调查，这份问卷的主要目的是了解各位同学在课程中的学习动机与学习策略应用情况，同时本学术研究也是为了完成我博士毕业论文的撰写工作。本问卷不记名，答案无对错之分，请认真阅读下列问题，依据自己的实际情况给出答案。各位同学的回答将对评估本课程模式实施和进一步改善课程起到关键的作用。感谢各位同学的配合及大力支持！

蔡亮

学习动机与学习策略

动机策略					
请您根据自己的日常表现与以下行为做比较，来进行判断。 **1—完全不符合，2—不符合，3—不确定，4—符合，5—完全符合。**					
1. 我喜欢"该教学模式"的挑战性，这样可以学到新的知识。	1	2	3	4	5
2. 即便难度很大，我仍喜欢"该教学模式"，因为可以激发我的好奇心。	1	2	3	4	5
3. 参与"该教学模式"，我最满意的是透彻地理解了课程内涵。	1	2	3	4	5
4. 即使不能取得好成绩，我仍会选择"该教学模式"，以便今后的学习和成长。	1	2	3	4	5
5. 到目前为止，参加"该教学模式"，得到高分是最令我满意的事情。	1	2	3	4	5
6. 对我来说，目前最重要的事情是提高我的整体平均成绩，所以参加"该教学模式"，我主要想获得好的成绩。	1	2	3	4	5
7. 参与"该教学模式"，我想得到比其他学生更好的成绩。	1	2	3	4	5
8. 我希望在"该教学模式"中表现出色，因为我可以向朋友、家人、同学、老师或者其他人展示我的能力。	1	2	3	4	5
9. 我认为我会把从"该教学模式"中学到的东西应用到其他课程里。	1	2	3	4	5
10. "该教学模式"模式中的学习内容和活动对我来说非常重要。	1	2	3	4	5
请您根据自己的日常表现与以下行为做比较，来进行判断。 **1—完全不符合，2—不符合，3—不确定，4—符合，5—完全符合。**					
11. 我对"该教学模式"的活动和内容非常感兴趣。	1	2	3	4	5
12. 我认为"该教学模式"的活动参与过程对我来说非常有用。	1	2	3	4	5

13. 我喜欢"该教学模式"模式中设计的主题活动。	1	2	3	4	5
14. 理解"该教学模式"的主要内容和要求对我来说非常重要。	1	2	3	4	5
15. 如果学习方法得当,我可以在"该教学模式"中学到相关的语言知识和技能。	1	2	3	4	5
16. 我认为在"该教学模式"中没能学到该学的,那是我自己的错。	1	2	3	4	5
17. 我能理解"该教学模式"模式的设计理念。	1	2	3	4	5
18. 如果我没能达到"该教学模式"的要求,那是因为我不够努力。	1	2	3	4	5
19. 参与"该教学模式",我自信会取得好的成绩。	1	2	3	4	5
20. 我能理解"该教学模式"中所涉及的大部分难点。	1	2	3	4	5

请您根据自己的日常表现与以下行为做比较,来进行判断。

1—完全不符合,2—不符合,3—不确定,4—符合,5—完全符合。

21. 参与"该教学模式",我自信能学到课程所传递的基本概念。	1	2	3	4	5
22. 参与"该教学模式",我可以了解老师所指出的最复杂的部分。	1	2	3	4	5
23. 参与"该教学模式",我自信可以在活动中表现出色。	1	2	3	4	5
24. 我很期待自己在"该教学模式"中表现出色。	1	2	3	4	5
25. 我确信自己可以掌握"该教学模式"所教授的技能。	1	2	3	4	5
26. 即便"该教学模式"活动有难度(如:教师指导、活动过程、和我的语言技能因素等)我认为自己还是可以做得很好。	1	2	3	4	5
27. 和其他同学比起来,我认为自己在"该教学模式"考核环节完成的不够好。	1	2	3	4	5
28. 参与"该教学模式"时,我会想到以前一些不愉快的学习经历。	1	2	3	4	5
29. 在参加"该教学模式"活动中,我会想到失败的后果。	1	2	3	4	5
30. 参加"该教学模式"时,我会感到不安和沮丧。	1	2	3	4	5
31. 当我无法完成活动任务或者无法达到考核要求时,我会紧张不安。	1	2	3	4	5

学习策略

请您根据自己的日常表现与以下行为做比较,来进行判断。

1—完全不符合,2—不符合,3—不确定,4—符合,5—完全符合。

32. 参加"该教学模式"活动中,我会不断练习想要表达的内容。	1	2	3	4	5
33. 参加"该教学模式"活动过程中,我会不断地阅读笔记和活动相关材料。	1	2	3	4	5
34. 参加"该教学模式"活动中,我会记住关键词来提醒自己活动中的重要内容和观点。	1	2	3	4	5
35. "该教学模式"活动中,我会列出学习和活动重点并且记住他们。	1	2	3	4	5
36. 为完成"该教学模式"活动任务,我会从不同的渠道收集有价值信息,比如课程材料、相关读物以及同学之间的讨论等。	1	2	3	4	5

37. 如果可能，我会把这一课程中的概念和其他课程联系起来。	1	2	3	4	5
38. 在"该教学模式"活动中，我会把活动与已知的语言文化知识联系起来。	1	2	3	4	5
39. 在"该教学模式"活动中，我会简单总结学习内容或活动内容。	1	2	3	4	5
40. 为了完成"该教学模式"活动，我会努力在理论和实践之间建立起联系。	1	2	3	4	5
41. 我会尽量把"该教学模式"中学到的概念应用到其他课程的活动中。	1	2	3	4	5

请您根据自己的日常表现与以下行为做比较，来进行判断。
　1—完全不符合，2—不符合，3—不确定，4—符合，5—完全符合。

42. 参加"该教学模式"学习中，我会先设计方案以便组织自己的思路。	1	2	3	4	5
43. 参加"该教学模式"活动中，我会通过阅读和浏览自己的笔记，找出重要的概念。	1	2	3	4	5
44. 我会用简单的图表、表格来组织自己的学习或者活动。	1	2	3	4	5
45. 在"该教学模式"活动中，我会归纳出与课程相关的重要概念。	1	2	3	4	5
46. 参加"该教学模式"活动中，我会质疑听到或者看到的事情。	1	2	3	4	5
47. 参加"该教学模式"活动过程中，无论出现什么理论、解释或者结论，我都会思考它的可信度。	1	2	3	4	5
48. 我把参加"该教学模式"活动当作发展自己思想的开始，并且试着融入自己的风格。	1	2	3	4	5
49. 我会努力将自己的思想和这门课程中学到的知识联系起来。	1	2	3	4	5
50. 在"该教学模式"活动中，不论听到或看到任何结论或描述，我都会想到其他的可能性。	1	2	3	4	5
51. 参加"该教学模式"活动时，我会因为走神错过重要的内容。	1	2	3	4	5
52. 我会通过反问自己来专注于"该教学模式"活动实施。	1	2	3	4	5

请您根据自己的日常表现与以下行为做比较，来进行判断。
　　　　1—完全不符合，2—不符合，3—不确定，4—符合，5—完全符合。

53. 参加"该教学模式"活动时，当我感到困惑的时候，我会回顾之前的学习来寻找解决的方法。	1	2	3	4	5
54. 如果"该教学模式"要求难度太大，我会改变自己的学习方式。	1	2	3	4	5
55. 参加"该教学模式"活动前，我会大致思考活动的整体安排。	1	2	3	4	5
56. 我会通过问自己问题来确定参加"该教学模式"的活动内容或者实施。	1	2	3	4	5
57. 为了适应"该教学模式"活动和老师的教学风格，我会改变自己的学习方式。	1	2	3	4	5

58. 我通常发现我一直在努力提升自己的"该教学模式"表现，但我还是不了解自己要学习的内容。	1 2 3 4 5
59. 在参加"该教学模式"活动时，我会努力通过一个问题的解决来决定自己要学什么而不是不断地思考。	1 2 3 4 5
60. "该教学模式"中，我会努力找到自己没有很好理解的概念。	1 2 3 4 5
61. 参加"该教学模式"中，我会为自己设立目标，以便在不同的阶段规划自己的学习。	1 2 3 4 5
62. 如果在"该教学模式"活动中产生困惑，我一定会想法弄明白。	1 2 3 4 5
63. 我会在可以专心的地方学习"该教学模式"相关知识或者完成任务。	1 2 3 4 5

请您根据自己的日常表现与以下行为做比较，来进行判断。

1—完全不符合，2—不符合，3—不确定，4—符合，5—完全符合。

64. 我会很好地安排参加"该教学模式"活动的时间。	1 2 3 4 5
65. 我发现很难坚持自己的学习计划。	1 2 3 4 5
66. 我通常在固定的地方开展活动。	1 2 3 4 5
67. 在"该教学模式"活动中，我会努力保证定期完成任务。	1 2 3 4 5
68. 我会按计划实施"该教学模式"活动。	1 2 3 4 5
69. 我发现因为有其他的活动，我并没有花很多时间在"该教学模式"上。	1 2 3 4 5
70. 在提交活动总结或日志前，我找不到时间来回顾自己的作品。	1 2 3 4 5
71. 参加"该教学模式"活动经常让我感到懒惰或厌倦，我会在完成计划之前就放弃。	1 2 3 4 5
72. 即便不喜欢参加"该教学模式"活动，我也努力做到好。	1 2 3 4 5
73. 当完成任务遇到困难的时候，我或者放弃或只做简单的部分。	1 2 3 4 5
74. 尽管"该教学模式"乏味、没意思，我会尽量坚持直到完成。	1 2 3 4 5

请您根据自己的日常表现与以下行为做比较，来进行判断。

1—完全不符合，2—不符合，3—不确定，4—符合，5—完全符合。

75. 在参加"该教学模式"活动过程中，我会向朋友和同学解释我的学习或活动内容。	1 2 3 4 5
76. 我尽量和其他同学一起完成"该教学模式"活动要求。	1 2 3 4 5
77. 参加"该教学模式"活动过程中，我会找时间和小组成员、团队成员讨论内容或者活动计划。	1 2 3 4 5
78. 即便完成"该教学模式"活动任务中有困难，我也会尽量自己来做，而不是从别人那里获得帮助。	1 2 3 4 5
79. 对于我不懂的事情，我会询问老师来解释清楚。	1 2 3 4 5

80. 在"该教学模式"活动中，遇到不清楚的地方，我会求助于班级其他同学。	1	2	3	4	5
81. 如果必要的话，我会尽量在班级中找出可以帮我的同学。	1	2	3	4	5

　　请将参加"该教学模式"的感想写在下方，谢谢！

_____

_____

_____

_____

_____

_____

_____

_____

_____

_____

_____

_____

_____

_____

问卷到此结束，谢谢您的填写！

超越与回归——服务性英语学习

超越与回归——服务性英语学习

附录4：教学模式下个人成长调查问卷（非语言能力）

日期：　　　性别：男　　女　　学号（后四位）＿＿＿＿＿＿

各位同学：

　　你们好！感谢你能抽出时间来帮我完成这项调查，这份问卷的主要目的是了解各位同学在课程中在个人成长方面的一些情况，同时本学术研究也是为了完成我博士毕业论文的撰写工作。本问卷答案无对错之分，请认真阅读下列问题，依据自己的实际情况给出答案。各位同学的回答将对评估本课程模式实施和进一步改善课程起到关键的作用。感谢各位同学的配合及大力支持！

蔡亮

个人成长（非语言能力）

公民意识				
（奉献意识、荣誉感、归属感）				
对于下面的表述，我感觉：				
1—完全不同意，2—不同意，3—不确定，4—同意，5—完全同意。				
1. "该教学模式"提高了我的公民意识。	1　2　3　4　5			
2. 我的专业知识可以帮助别人。	1　2　3　4　5			
3. 我的专业知识可以帮助城市发展。	1　2　3　4　5			
4. 服务他人和服务城市是个有意义的经历。	1　2　3　4　5			
5. "该教学模式"提高了我未来参与志愿者活动的意愿。	1　2　3　4　5			
6. "该教学模式"提高了我的城市归属感。	1　2　3　4　5			
7. "该教学模式"提高了我对学校的归属感。	1　2　3　4　5			
8. "该教学模式"提高了我专业学习的荣誉感和认可度。	1　2　3　4　5			
9. "该教学模式"提高了我的中华文化荣誉感。	1　2　3　4　5			
成长意识				
对于下面的表述，我感觉：				
1—完全不同意，2—不同意，3—不确定，4—同意，5—完全同意。				
1. 我认为自己可以改变世界。	1　2　3　4　5			
2. 这段经历改变了我对世界的看法。	1　2　3　4　5			
3. "该教学模式"模式可以培养我的思想。	1　2　3　4　5			
4. "该教学模式"参与有助于我的个人成长。	1　2　3　4　5			
5. 我会和他人分享这段经历。	1　2　3　4　5			

多元能力培养
参加"该教学模式"，我感觉：
对于下面的表述，我感觉：
1—完全不同意，2—不同意，3—不确定，4—同意，5—完全同意。

1. 我的自学能力得到了提高。	1　2　3　4　5
2. 我的领导能力得到了提高。	1　2　3　4　5
3. 我的决策能力得到了提高。	1　2　3　4　5
4. 我的规划能力得到了提高。	1　2　3　4　5
5. 我的组织能力得到了提高。	1　2　3　4　5
6. 我的实践能力得到了提高。	1　2　3　4　5
7. 我的协作能力得到了提高。	1　2　3　4　5
8. 我的自我认识能力得到了提高。	1　2　3　4　5
9. 我的沟通能力得到了提高。	1　2　3　4　5
10. 我的适应能力得到了提高。	1　2　3　4　5
11. 我的创新能力得到了提高。	1　2　3　4　5
12. 我的分析能力得到了提高。	1　2　3　4　5
13. 我的发现能力得到了提高。	1　2　3　4　5
14. 我的模仿能力得到了提高。	1　2　3　4　5
15. 我的科学研究能力得到了提高。	1　2　3　4　5
16. 我的解决问题能力得到了提高。	1　2　3　4　5
17. 我的观察能力得到了提高。	1　2　3　4　5
18. 我的反思能力得到了提高。	1　2　3　4　5
19. 我的表达能力得到了提高。	1　2　3　4　5
20. 我的判断能力得到了提高。	1　2　3　4　5
21. 我的情绪控制能力得到了提高。	1　2　3　4　5
22. 我的总结能力得到了提高。	1　2　3　4　5

请将参加"该教学模式"的感想写在下方，谢谢！

_____

_____

_____

_____

_____

问卷到此结束，谢谢您的填写！

超越与回归——服务性英语学习

附录5：课程满意度调查问卷

日期： 性别：男 女 学号（后四位）＿＿＿＿＿＿＿＿＿

各位同学：

你们好！感谢你能抽出时间来帮我完成这项调查，这份问卷的主要目的是了解各位同学在课程中在个人成长方面的一些情况，同时本学术研究也是为了完成我博士毕业论文的撰写工作。本问卷答案无对错之分，请认真阅读下列问题，依据自己的实际情况给出答案。各位同学的回答将对评估本课程模式实施和进一步改善课程起到关键的作用。感谢各位同学的配合及大力支持！

蔡亮

1. 课程模式满意度	
请您根据自己的日常表现与以下行为做比较，来进行判断。	
1—完全不同意，2—不同意，3—不确定，4—同意，5—完全同意。	
1. 我对本课程模式的教学要求感到满意。	1　2　3　4　5
2. 我对本课程模式的教学方法感到满意。	1　2　3　4　5
3. 我对本课程模式的活动设计感到满意。	1　2　3　4　5
4. 我对本课程模式的教学内容感到满意。	1　2　3　4　5
5. 我对本课程模式的评估方法感到满意。	1　2　3　4　5
6. 我对本课程模式的教师参与感到满意。	1　2　3　4　5
7. 我对本课程模式的学习过程感到满意。	1　2　3　4　5
8. 我接受这种课程模式	1　2　3　4　5
2. 课程学习满意度	
请您根据自己的日常表现与以下行为做比较，来进行判断。	
1—完全不同意，2—不同意，3—不确定，4—同意，5—完全同意。	
1. 我认为本课程模式要求可以增进我的学习效果。	1　2　3　4　5
2. 我认为本课程模式活动充分调动了我的学习主动性。	1　2　3　4　5
3. 我认为我能充分领会本课程模式的活动设计。	1　2　3　4　5
4. 我认为我能充分理解本课程模式的学习内容。	1　2　3　4　5
5. 我认为我能将本课程模式所学到的应用到未来的工作上	1　2　3　4　5
6. 我认为本课程模式学习可以增进我的英语语言学习能力。	1　2　3　4　5
7. 我认为本课程模式学习可以增进我的语言综合应用能力。	1　2　3　4　5
8. 我认为本课程模式学习可以增进我的非语言学习能力。	1　2　3　4　5

请将参加"该教学模式"的感想写在下方，谢谢！

_____

_____

_____

_____

_____

_____

_____

_____

_____

_____

_____

_____

问卷到此结束，谢谢您的填写！

超越与回归——服务性英语学习

附录 6：服务性英语学习 "用声音叙事" 活动调研信

Dear Sir or Madam:

Faculty and students at Ningbo Institute of Technology, Zhejiang University are calling for your attention on the research of Development of overseas-funded enterprises in Ningbo and we are looking forward to your keen concern and earnest participation.

Three years ago, faculty and students at NIT started research on Ningbo expatriates, and in the past four years, we have interviewed approximately 600 Ningbo Expatriates from more than 40 countries, whose affection for Ningbo, together with the constructive suggestions that have inspired us to move forward in creating a better city. Last year, we successfully held A Forum on Ningbo Expa-triates and International Image, which provided a platform for all those who care about Ningbo to share ideas with regard to the promotion of Ningbo's international image.

An ongoing project of this year's research, which is titled Growing with Ningbo: the Development of Overseas-funded Enterprises, aims to explore how overseas-funded enterprises of Small and mediumsized develop in Ningbo, and what major difficulties and problem they may confront during their current development. We also aim to determine what kind of support they may need from the local government or social and cultural organizations. As part of our Service-Learning course, our research will serve as a bridge between overseas-funded enterprises and local government. Members from the project will interview you for half an hour concerning the questions listed above.

Please confirm your participation at your earliest convenience by email: byroncai@sina.com to byroncai, Associate Professor at the University. Again, thank you so much for your great support to our project. We certainly value your input. Best wishes!

Yours Respectfully,

Serving-Learning Project Team from

Ningbo Institute of Technology, Zhejiang University

附录 7: 服务性英语学习"用声音叙事"活动感谢信

Dear Sir or Madam:

Faculty and students at Ningbo Institute of Technology, Zhejiang University, are writing to thank you for your participation on the research of Development of overseas-funded enterprises in Ningbo and your support to this project.

Because of your support, we can accomplish the project smoothly and get a deeper understanding in the current development of overseas-funded enterprises in Ningbo. During the interview, many of you shared your reasons to start business in Ningbo and difficulties your companies confront, as a component of our Service-Learning course, we are so appreciative of your contribution to China education, meanwhile, we will later compose a proposal to local government that overseas-funded enterprises be helped with regard to such issues as competent personnel recruitment, the availability of related preferential policy and building of platform for overseas-funded enterprises, etc.

It's certain that a joint effort from both local institutes and expatriates will make a difference to the development of Ningbo and promotion of soft investment environment. Last year, we successfully held *A Forum on Ningbo Expatriates and International Image*, which provided a platform for all those who care about Ningbo to share ideas with regard to the promotion of Ningbo's international image. Another forum on *the Development of Overseas-funded Enterprises in Ningbo* will be held in our college sometime later, in which your voice will be heard. So your participation is greatly welcome.

As part of our Service-Learning course, our research will provide free Chinese course to Ningbo expatriates from next semester so as to help expatriates adapt to life in Ningbo, for more information about the Project, please contact Jane, project coordinator, by email:ztjean@163. com. If you have any questions concerning our Serving-Learning Project, please email Byroncai, project supervisor and associate professor at the University, on byroncai@sina.com.

Again, thank you so much for your great support to our project. Best wishes!

Yours Respectfully,
Serving-Learning Project Team
from Ningbo Institute of Technology, Zhejiang University

附录8：2011年"用声音叙事"项目团队设计调查问卷

Questionnaire on the Development of Overseas-funded Enterprises in Ningbo

Dear Sir/Madam,

Thank you for your participation in this survey, which is conducted by Ningbo Institute of Technology, Zhejiang University. This survey aims to explore how overseas-funded enterprises of Small and Medium-sized develop in Ningbo, and what major difficulties and problems they may confront during their current development. We also aim to determine what kind of support they may need from the local government or social and cultural organizations. As part of our Service-Learning course, our research will serve as a bridge between overseas-funded enterprises and local government. Please take a few minutes to answer the following questionnaire, just mark the corresponding box. In accordance with relevant state regulations, the answers and information you provide will be kept strictly confidential. Thank you for your cooperation!

Service-Learning Project: Beyond the Voices

Ningbo Institute of Technology, Zhejiang University

July, 2011

Please check " √ " in the boxes ☐:

1. Basic Information	
(1) Name of the enterprise	
(2) The type of business	☐Solely foreign-owned enterprises ☐Sino-foreign joint venture ☐Foreign contractual enterprise
(3) Total amount of investment	
(4) Country of origin	
(5) Field or industry	☐Textile and garment ☐Electronic apparatus ☐Foreign trade ☐Catering trade Other (Please specify)
(6) Location	☐Haishu ☐Jiangdong ☐Jiangbei ☐Yinzhou ☐Beilun ☐Zhenhai Other (Please specify)

(7) **The number of staffs**	☐Less than 50 ☐50-100 ☐100-200 ☐More than 200
(8) **Years in Ningbo**	☐Less than 1 year ☐1-2years ☐3-5 years ☐Over 6 years
(9) **Annual production value**	☐100,000-500,000 RMB ☐500,000-1,000,000 RMB ☐1,000,000-5,000,000 RMB ☐5,000,000-10,000,000 RMB ☐Over 10,000,000 RMB
(10) **What most attracts you to start business in Ningbo? (choose no more than three)**	☐International image ☐Recommendation from friend ☐History and culture ☐Investment environment ☐Preferential policies ☐Geographical position Others (Please specify)
(11) **Employing standard**	☐Bilingual communicative competence ☐Education background ☐Far-sighted ☐Interpersonal skill ☐Loyalty ☐Creativity ☐Problem-solving ability ☐Independent-thinking Others (Please specify)
(12) **Three main difficulties for current development**	☐ ☐ ☐
(13) **Person to contact**	☐Phone Number: ☐E-mail:

The Situation of Development

1. The main market of your company

A. local ☐　　B. domestic ☐　C. Asia ☐　　D. Europe ☐　　E. America ☐

F. Australia ☐　　G. other places ☐

2. Which kind of personnel does your company need most?

A. Technicians ☐　B. Sales men ☐　C. Skillful workers ☐　D. Managers ☐

3. what policy you prefer for development: _____ （Please choose no more than 3）

（1）income tax　　（2）foreign capital policy adjustment　　（3）RMB exchange rate

（4）the auction of industrial land occupancy　　（5）export tax refund policy

（6）purchase equipment tax　　　　　（7）others (Please specify)

4. Do you achieve your investment plan?

（1）Exceeds Expectations　　（2）Reach expectations

（3）Almost reach expectations　　（4）Not reach expectations

5. If it doesn't reach, the reason is _____.

（1）the change of market environment 　　（2）the cause of the investment environment

（3）technology, management, marketing problems 　　（4）others (Please specify)

Difficulty and Problems

1. Major problems that limits the development of your company

A. Lack of financial supports ☐ 　　B. Technology ☐

C. Personnel resource ☐ 　　　　D The price of raw material and energy ☐

2. What is the biggest difficulty the company confronts with when it founded?

A. Sales market ☐ 　　B. Personnel resource ☐ 　　C. Experience ☐

3. Factors that influence your investment in Ningbo are: first_____, second_____, third_____.

（1）production cost 　（2）foreign investment preferential policies 　（3）market potential

（4）location 　（5）industrial supporting conditions 　（6）transportation and logistics conditions 　（7）raw material supply 　（8）the government service efficiency

（9）Life necessary condition 　（10）others (Please specify)

4. Which of the following factors make you feel unsatisfied: （Please choose no more than 3）

（1）common labor wage level 　（2）technical and management personnel salary level

（3）tax policy 　（4）land and real estate prices 　（5）electric price level

（6）financing cost 　（7）logistics costs 　（8）others（Please specify）

Suggestions

1. Your suggestion to improve the investment environment in Ningbo? (Please specify)

2. Compared with the public services/government in your country, in which aspect Ningbo should be improved? (Please specify)

3. If we hold a forum on *the Development of Overseas-funded Enterprises in Ningbo*", are you willing to participate in this activity? ☐Yes 　　☐ No

If yes, would you please let us know your email and contact number?

Email:_____ Telephone or cell phone number: _____

4. If there is a free Chinese course available in my college, would you like to attend it?

☐Yes 　　☐No

附录9：服务性英语学习学习者收获评估表

	学生学习收获			学生服务收获	
	1. 语言交际能力提高、跨文化	2. 文化对比（自我意识、自我身份）	3. 学习动机	1. 服务对象的被关注感	2. 对服务对象意见的反馈
听　说					
阅　读					
写　作					
翻　译					
课堂反思					
可操作计划					

（引用及修正自 Canada & Speck，2001）

超越与回归——服务性英语学习

附录 10："用声音叙事"服务性英语学习个体活动报告选

Manfred: A Journey of Dreams[①]
追梦之旅

Manfred Peter Hall, a gentleman from Canada, is now working on his master courses in Applied Linguistics and English Language Teaching at the University of Nottingham Ningbo, China.

He has rich life experiences before he came to China. Although he has been here for only five months, he has quickly adapted himself to the life in Ningbo and China's splendid culture and history attract him so much that he fell in love with this country. Now he is looking forward to settling down in Ningbo and would like to be an English teacher.

Manfred Peter Hall 来自加拿大，现于中国宁波诺丁汉大学学习硕士课程，主修应用语言学和英语语言教学。

在来中国之前，他有着丰富的生活阅历。虽然他到这里还只有短短五个月，但他很快就适应了在宁波的生活，并且因为中国悠久的历史和灿烂的文化而爱上了这个国家。所以，他希望能在宁波安一个新家，做一名英语老师。

Transcription

【BTV】Morning, Manfred. It's very nice of you to join us.

【Manfred】I'm happy to meet you and talk with you.

【BTV】When I first met you, it's really surprising to know that you are a student at the University of Nottingham. I was very impressed by your resume because you have done a lot of significantly different jobs!

---

① 本附录学习者活动报告选自己出版资料：蔡亮. 用声音叙事：筑梦宁波[M]. 浙江大学出版社，2011：234-245.

【Manfred】 Thank you. Yes, life is crazy, haha.

【BTV】 Well, we'd like to go back to your previous working and learning experience first.

【Manfred】 OK.

【BTV】 You have been a pilot, a driver, a driver trainer as well, and an English teacher. We're most interested in the pilot job.

【Manfred】 You want to know how I became interested in becoming a pilot?

【BTV】 Yes.

【Manfred】 Well, my father was a university professor. When I was 11 years old, my father's sabbatical leave came and my family left for a year in Australia. We went to outside the Pacific Ocean, Winnipeg, Hawaii...beautiful south Pacific islands. Then we went to east Australia. On the way back, we went to Singapore, Bangkok, New Delhi, visited Toronto, back to Winnipeg. So by the time I was 12, I had traveled around the world.

【BTV】 Wow, fantastic!

【Manfred】 So I was wondering how I can have a lifestyle like this, and very interested in becoming a pilot. And I held this dream, and managed to achieve this dream through hard work.

【BTV】 You must have made great efforts to make it.

【Manfred】 Yes. I applied for the Canadian military to be an Air force pilot, but this didn't work out for me. My parents encouraged me to go to a college to be a pilot even it was very expensive. When I graduated from this college, the First Gulf War was blown up and it didn't seem that there were many pilot jobs. So I had a large debt to pay for my education。

【BTV】 That was why you became a truck driver?

【Manfred】 Yeah, for four years. It was a good job. I drove the truck in winter, but did some flying in summer. I was a pilot for parachutists.

【BTV】 To train the parachutists?

【Manfred】 I wasn't training them. I was just flying them. It was really great. I didn't make a lot of money. I mean, 1 dollar, 6 RMB for flying each parachutist who came in the airplane. So if the weather was bad, I didn't make anything or very little. But I made a lot of friends there, and it was very interesting.

【BTV】 It was pretty good.

【Manfred】Eventually, I got a full-time flying job for a company owned by native Canadian Indians.

【BTV】 I think you must be a very brave and confident person, or you can't control an aircraft. What is your most unforgettable experience of being a pilot?

【Manfred】Well, I'm quite lucky that I never had any serious accidents or incidents in an airplane. But as a pilot, we would say flight planning prevents poor performance.

【BTV】Being a pilot is really a very special experience. That's why I'm particularly curious about this. I also noticed that after the year 2002, there was a change of your career. You were working in Trimex Transportation. During that period of time, you not only obtained a Bachelor of Education degree at McGill University, which is famous around the world, but also got TESL Certificate. And you started to work as an English teacher. Why did you make such a big change of career?

【Manfred】You know the disaster in New York City on "9.11" in 2001. That made a lot of pilots redundant. At that time, I wasn't going to find another flying job. The flying I enjoyed, but not all of the people who I have to fly with I liked. And I have never worked for a company that was well managed. What else, you can be away from home for four days at a time. You'll never be at home for holidays because it's the time that people want to travel. So I wanted a more of normal job where I could work from Monday to Friday, from nine to five. I thought I would enjoy being a teacher and It turned out that I love it. So I applied for McGill University to become a teacher in history and geography.

【BTV】It's never too late to learn. I believe it's another special experience going to university as an adult.

【Manfred】Yes, going to university as an adult, I can no longer rely on my parents for my tuition. And I did this by driving a truck.

【BTV】I think you're kind of person who really enjoy your life.

【Manfred】That is the ultimate goal. Enjoy your life; find your happiness and balance. And the reason why I'm enjoying life more now is because when I was a teenager, even in my early twenties, I would get depressed—why is there not a job I enjoyed, why is there not an opportunity that I want. Very unhappy, I spent usually most winter in depression. I refused to do that now. Life is too short and I'm going to enjoy it now.

【BTV】Did your friends tell you something about China or Nottingham in Ningbo before you came to China to continue your studies?

【Manfred】Yeah, now I'm doing a mater's degree. Friends of mine in Oman said that teaching in a foreign country has become more and more competitive, so having a master's degree will be very beneficial. When I learned about University of Nottingham in Ningbo, I thought this is probably the best place to study because the weather here is agreeable. Besides, I studied history and geography that China has more culture and historical interest for me than Malaysia, because these are my interests. So I was very happy to come to China.

【BTV】 Compared with other universities, does the University of Nottingham have some advantages over others in China?

【Manfred】 The University of Nottingham has a beautiful campus, and that's really a strong plus to it. Another plus is that it's a small university, only 7,000 students. There are only 35 of us studying in applied linguistics. So I'm getting a lot more individual attention from my instructors than from going to a large university and a large faculty. The teachers know my name and are interested in my development and make sure that I'm learning the material. If I don't understand something, properly they'll tell me to read some more or explain to me. This is a big plus. And I like Ningbo so much. I think I will try to work as a teacher here.

【BTV】 You seem to have got accustomed to the life in Ningbo now. But have you met any difficulties when you first arrived here?

【Manfred】 No, haha… I'm an accomplished traveler. I generally package well enough that I have what I need. And I get a lot of rich experiences by traveling and starting again.

【BTV】 So you think it's a new start for you to continue to study and live in Ningbo?

【Manfred】 Coming here and studying in Ningbo is one new start. If I work here and stay in Ningbo, it'll be another new start. It won't be a big start as arriving here from a foreign country where I know some people, I know what's expected. I'm looking for a new home in Ningbo. I'm more interested in interacting with young people, teaching them the hard from life lessons that I have learned. We learn more from our failures than we do from our successes. And it's better to try to fail than never to try at all.

【BTV】 Do you have any expectations on your life in Ningbo, like in five or ten years?

【Manfred】 I think it's more of a hope than an expectation. I don't know. But we should always hope for the best and plan for the worst, and accept what happens.

【BTV】 Yes, it's important.

【Manfred】 The more you think, the more your horizons are expanded. So why think little? Think big, but keep your expectations small.

【BTV】 Keep them realistic.

【Manfred】As much as possible. It's still time for dreams and fantasy, but we have to keep in mind what is realistic or unrealistic, and try to improve ourselves. Maybe I'm older and I can give you advice, but I do not doubt that all of you can teach me something.

【BTV】 Foreigners in Ningbo have contributed significantly to the development of Ningbo. Some devote themselves to environmental protection, and some are working in companies to promote Ningbo's economy. I think overseas students like you will definitely

233

超越与回归——服务性英语学习

promote the cultural exchange between China and foreign countries. Thank you for today's interview. We really appreciate it.

【Manfred】It's great! I've enjoyed it.

Group Members: Sheng Fang, Lan Lilulin, Zhu Jianjing, Yu Lianlian

叙事记录

【BTV】早上好，Manfred。很高兴今天您能接受我们的采访。

【Manfred】与你们见面和交流，我也很开心。

【BTV】当我第一次与您见面，得知您是诺丁汉大学的学生时，我有些惊讶。当我阅读您的简历时，更是为您有着那么多不同的工作经历而折服。

【Manfred】谢谢。是的，生活是疯狂的，哈哈。

【BTV】那我们就先聊聊您过去的学习和工作经历吧。

【Manfred】好的。

【BTV】您曾是一名飞行员，也当过司机、驾驶教练和英语老师。我们对您曾经从事的飞行员工作十分感兴趣。

【Manfred】你想知道我为什么会做飞行员是吗？

【BTV】没错。

【Manfred】我的父亲是一位大学教授。我 11 岁时，我们一家人在我父亲休假时一起去了澳大利亚一年。我们旅行到过温尼伯湖、夏威夷，以及美丽的南太平洋岛屿。接着我们去了澳大利亚东部。回来的途中，又游历了新加坡、曼谷、新德里和多伦多，最后回到温尼伯湖。所以，我 12 岁就几乎周游世界了。

【BTV】哇，太棒了！

【Manfred】所以我当时就考虑该怎么做才能维持这种生活方式，然后就对飞行员产生了兴趣。我一直怀着这个梦想，并且通过辛勤努力实现了目标。

【BTV】您肯定付出了很多吧。

【Manfred】是的。我先是向加拿大武装部队提出做空军飞行员的申请，但没成功。我的父母就鼓励我去飞行员学校，尽管那里学费很高。从学校毕业后，第一次海湾战争爆发了，似乎没有太多飞行员的岗位。所以，我还因交学费欠下了一大笔债务。

【BTV】这个是您后来成为卡车司机的原因吗？

【Manfred】对，我做了四年。这工作不错，冬天开卡车，夏天有空还可以驾驶飞机。我当时为跳伞运动员驾驶飞机。

【BTV】训练跳伞运动员吗？

【Manfred】不是训练，只是为他们驾驶飞机。虽然赚到的钱不多，但那感觉棒极了。

我的意思是，我只从每个跳伞运动员那里赚到 1 美元，也就是现在的 6 元人民币。所以，如果天气不好，我只能赚很少的钱或者一点都赚不到。但是我在那里交了很多朋友，非常有趣。

【BTV】有意思。

【Manfred】后来，我终于在一家加拿大土著人的公司里得到了一个全职的飞行工作。

【BTV】我想您肯定很勇敢、自信，不然是驾驶不了飞机的。在飞行员生涯中，您有没有最难忘的经历？

【Manfred】我想我是幸运的，从来没有在驾驶过程中发生过严重的事故。作为一名飞行员，我觉得制订飞行计划对避免事故很有效。

【BTV】飞行员的经历真的很特别，所以我格外好奇。我注意到在 2002 年，您的事业出现了转折。您当时在 Trimex 运输公司工作。期间，不仅在著名的麦吉尔大学拿到了教育学学士学位，并且获得了英语作为第二语言的教学资格证书。您也开始了英语教师生涯。是什么促使您做出这个改变呢？

【Manfred】2001 年的美国"9.11"事件使很多飞行员都丢了饭碗。当时，我不打算再找一份飞行工作。我很享受飞行，但不是所有和我一起飞行的人我都喜欢，也从来没在管理有方的公司工作过。而且，飞行工作常常让我一离家外出就是四天。节假日也不能在家，因为那是人们出门旅行的高峰段。所以，我就希望能有一份稳定点的工作，朝九晚五，从周一到周五。当时想可能当老师感觉不错，结果发现自己真喜欢上了这个职业。因此，我就到麦吉尔大学学习，想成为历史和地理老师。

【BTV】真的是"活到老，学到老"啊！作为成年人在麦吉尔大学学习，肯定又是一次特别的经历吧？

【Manfred】是的。成人后上大学就不能再依靠父母了，所以我通过当卡车司机来支付学费。

【BTV】我觉得您真是个懂得享受生活的人。

【Manfred】那是人生的最终目标。享受生活，找到自己的快乐和平衡点。我现在比从前更懂得享受生活，因为在少年时期甚至二十出头的时候，我曾经十分抑郁—为什么没有自己喜爱的工作？为什么没有自己想要的机会？那段时间真的很不开心，整个冬天都情绪低落。现在我决不会那么做了。生命太短暂，要学会享受生活。

【BTV】在您来中国继续学习之前，是否有朋友告诉过您有关中国和宁波诺丁汉大学的情况？

【Manfred】有。我在阿曼的一位朋友告诉我，在外国教书的竞争压力越来越大了，拥有硕士学位会对我有好处。当了解了宁波诺丁汉大学的情况后，我想这也许是最适合我学习的地方。这里气候宜人，而且之前我在历史和地理中学到，中国的历史文化相比马来西亚更有吸引力。而这些，正是我的兴趣所在。所以，我很高兴来到中国。

【BTV】那么与其他大学相比，诺丁汉大学有什么特殊的地方吗？

【Manfred】诺丁汉大学的校园很美，这点我很喜欢。另一个优势是，它是一个规模较小的大学，只有七千名学生，学习应用语言学的只有 35 人。所以，相对那些老师众多的大规模学校来说，在这里能得到的个人关注度更高。老师知道我的名字，对我的学习进展感兴趣，并确保我认真理解学习材料。如果有任何疑问，他们会告诉我要多阅读，或为我更进一步讲解。这是很强的一个优势。我也很喜欢宁波，想留在这里当一名老师。

【BTV】您现在已经适应了在宁波的生活。刚到宁波时，遇到过什么困难吗？

【Manfred】没有，哈哈。我已经是一个很娴熟的旅行者。通常会仔细整理行装，以确保带上我需要的所有东西。从每次的旅行和出发中，我已经积累了丰富的经验。

【BTV】那您认为这次来宁波学习和生活，也是一次新的开始吗？

【Manfred】来到这里学习是一个新的开始。如果留在这里工作，又是另一个新的开始。但再怎么样也没有比离开故土来到一个新的地方更具挑战，我知道自己想要什么。我想在宁波安一个新家。现在，我很有兴趣跟年轻人交流，并希望教给他们一些我人生中学到的经验。我们在失败中获得的东西往往比在成功中获得的多，而且尝试了之后失败，总比永不尝试好。

【BTV】您对在宁波的生活有什么期望吗，比如未来的五到十年内？

【Manfred】我认为说成"希望"比较确切。我不知道，但是我们应该往好处想，做最坏的打算，并且坦然接受现实。

【BTV】这些的确很重要。

【Manfred】我们思考得越多，视野也就越开阔。那么，为什么局限自己的思维呢？尽情想象吧，但不要好高骛远。

【BTV】怀有实际可行的希望。

【Manfred】对，尽量这样。现在仍是拥有梦想和幻想的时候，但要时刻记住，哪些是实际的，哪些是不切实际的，还要不断提升自己。也许我年纪比你们大，能给你们些建议，但我相信，你们身上也有值得我学习的地方。

【BTV】在宁波的外国朋友为宁波的发展做出了巨大的贡献。有的投身于环保事业，有的在各类公司为宁波的经济发展奋斗。我觉得，正如您一样的外国友人一定能够促进中外文化的交流。非常感谢您参与我们的采访。

【Manfred】很棒，我很高兴接受你们的采访！

团队成员：盛芳 蓝李璐琳 朱建静 于链链

A Journey of Dreams

By Lan Lilulin　Supervised by Yu Xuyan & Cai Liang

Dream is a forever smile, something we should go in for in our lives, something that will make our souls pure. Some of us let our dreams die, but others protect them and never give up; nourish them through bad days until they bring them sunshine and light. This happens to those who sincerely hope that their dreams will come true, and Manfred Peter Hall is one of the dream pursuers.

The first time I met Manfred, I was surprised that he is currently a student doing his master's degree at the University of Nottingham in Ningbo. And his rich experiences really impressed me. He has done several significantly different jobs in the past—attendant, pilot, truck driver, driver trainer, English teacher...This makes him a fairly modest and friendly person, willing to share his highs and lows with us.

Manfred's first dream was to be a pilot when he was 12 years old. By then, he had traveled almost around the world due to the influence of his parents who are fond of travelling. He loved that kind of lifestyle and became very interested in becoming a pilot. "It's neither easy nor very difficult to be a pilot." Manfred said, "But a safe pilot needs to be well-trained. You must make sure your aircraft is well maintained, do your flight planning, and check the weather." Eventually, he got a full-time job flying an airplane for a company. He made a lot of friends there and really enjoyed it.

In the year 2002, Manfred made a big change of his career. He wanted a normal job and thought he would enjoy being a teacher, which turned out to be his second dream. Even though his dream has changed, his faith in pursuing his dream never faded away. Therefore, he studied history and geography at McGill University in Canada and then came to China to realize his dream of being a teacher.

Studying in the University of Nottingham at his age makes him a bit special, but he likes Nottingham very much, mainly for two reasons: One is that the university is a small one, so that he can get more individual attention from his instructors than at a large university; the other is that he really loves the beautiful and big campus of Nottingham as well as the cultural atmosphere of Ningbo.

I have learnt a lot from Manfred through this interview. Just as Woodrow Wilson, the 28th President of the United States said: "We grow great by dreams. All big men are dreamers." I believe that Manfred is one of these great dreamers, who have no fear of going anywhere for his dream. China's culture and history appealed to him and finally

超越与回归——服务性英语学习

brought him to China, because these are his interests. I believe that he is a fighter, ready at any moment to fight against the barriers standing in the way of his dreams. He had made great efforts to achieve the goal of being a pilot in spite of the difficulties before this dream came true. For instance, because of lack of money, he had to be a truck driver for four years to make a living. But he grasped every opportunity to get closer to his dream instead of giving up. And it is the same with his dream of being a teacher. I believe that he is a persistent pursuer, who has always been clinging to his interests and a meaningful life. His change of career, in my opinion, is not a matter of courage, but a matter of fulfilling his dream as well as an interesting life. He learnt from his depression during a winter in Canada when he was a teenager, alone, not going out with friends and complaining why there wasn't a job he wanted. So he spent a very unhappy time that winter. Now he won't do that again and tries to enjoy his life.

The world is changing so fast, and there will always be challenges during different stages of our life. We must always keep an open mind to look for opportunities to learn something from others. Manfred has taught me to think big, but keep in mind to base our dreams on reality. Moreover, it's crucially important to find what we're really keen on and hold on to our dreams, though sometimes it may be difficult.

Currently, a great number of foreigners are sparing no effort on the journey to their dreams in China, and Manfred is just one of them. I'm convinced that all of us, both foreigners and Chinese in Ningbo, will try to build a better Ningbo and its international image, not only to make our dreams come true but also contribute a great deal to the cultural exchanges between China and foreign countries!

追梦之旅

文 蓝李璐琳　　指导教师 喻旭燕 蔡亮

梦想是一个永恒的微笑，它不仅使我们的灵魂纯洁，更是我们生命中的追逐。有些人让梦想悄然逝去，有些人却一直坚守永不放弃，甚至在生命低潮时仍然守护它们，直到看到太阳和光明。而这些只属于那些真诚希望实现梦想的人，Manfred Peter Hall 就是这样的追梦人。

第一次和 Manfred 见面时，我没有料到他现在是一名在宁波诺丁汉大学攻读硕士的学生。而他之前所参与过的工作和丰富的阅历更令我惊叹不已——军队医护人员、飞行员、卡车司机、驾驶教练、英语老师……这些经历使他成为一个特别谦虚和友善的人，并且十分乐意与我们分享他人生中的跌宕起伏。

Manfred 在他 12 岁时就有了第一个梦想——做一名飞行员。因为他的父母热衷于旅游和冒险，在他们的影响下，Manfred 在 12 岁之前就几乎环游了世界。当时的 Manfred 就迷上了这种生活方式，所以对飞行员很感兴趣。"成为飞行员不是件轻而易举的事，可也没有想象的那么难。"Manfred 说，"但是，优秀的飞行员是训练有素的。他们必须确保飞机正常维修，制订飞行计划，并且检查天气情况。"后来，Manfred 在一家公司获得了一份全职的飞行工作，并在那里认识了许多朋友。那是一段快乐的时光。

2002 年，Manfred 在事业上有了一个很大的转变。他希望自己得到一份平凡些的工作。他觉得自己会喜欢当一名老师，这也成为了他的第二个梦想。尽管他的梦想改变了，但他追梦的坚定信念从未动摇。因此，他在加拿大麦吉尔大学学习了历史和地理后，来到中国继续他的教师之梦。

以成年人的身份在诺丁汉大学学习，Manfred 在那里显得有些与众不同。但是他很喜欢这所大学：一是诺丁汉大学的规模不大，因此相对其他大学校来说，他可以从指导老师那儿得到更多的关注；二是他爱上了美丽宽敞的校园和宁波的文化气息。

在这次采访中，Manfred 的经历令我受益匪浅。正如美国第 28 届总统伍德鲁·威尔逊所说："我们因为梦想而变得伟大。所有伟人都是梦想家。"我相信，Manfred 就是这些梦想家中的一员，为了梦想，无所畏惧。正因为他对文明的热爱，中国灿烂的历史文化深深地吸引了他，也指引他来到了中国。我相信，他是一位勇敢的战士，时刻准备着与清除梦想途中的绊脚石。尽管之前遇到过很多困难，可他坚持不懈的努力使他实现了飞行员之梦。例如，为了支付学费，他曾当讨四年的卡车司机以谋生。他从未放弃做飞行员，而是抓住每一个机会，一步步走近自己的梦想。同样，他也会这样坚持他的教师梦。我更相信，他是执着的追求者，永远追逐着自己热爱的事物和有意义的人生。在我眼里，他事业上的转变，无关勇气，而是他对自己梦想的坚守，对充满乐趣的生活的追求。这些真谛，是他少年时期领悟到的。曾经有一段时间，他觉得自己很孤独，成天抱怨没有自己想要的工作，也不和朋友相约出门。所以，那个冬天他很不快乐。现在的他，已经不会再做那么傻的事了，他会努力享受人生。

这个世界千变万化，人生的不同阶段都充满着挑战。我们要学会寻找机会，虚心向他人学习。Manfred 让我明白，要敢于想象，但必须牢记于心的是：将梦想建立在现实之上；找到我们真正热爱的事物并坚持自己的理想是至关重要的，即使有时会困难重重。

现在，许多在中国的外国友人全力投入，行走在他们的追梦之旅中，而 Manfred 只是一个缩影。我坚信，所有在宁波的中国人和外国友人会使这座城市及其国际化形象更美好。我们不仅能完成我们的追梦之旅，也能为中外交流作出更多的贡献！

239

超越与回归——服务性英语学习

附录 11：浙江省教育厅副厅长致信"用声音叙事"影印件

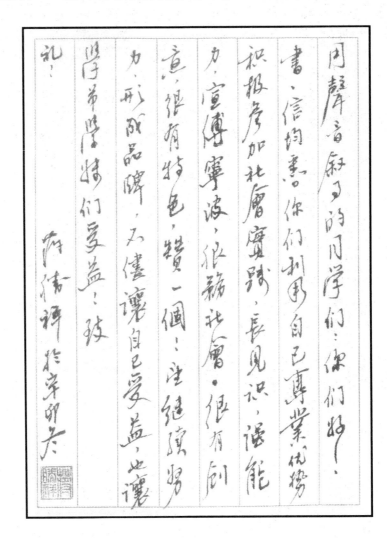

附录 12：教育部关于"用声音叙事"活动简报
［2012 年第 16 期（总第 997）］

教育部加强和改进大学生思想政治教育

工 作 简 报

2012 年第 16 期（总第 997 期）

教育部　　　　　　　　　　　二〇一二年四月一日

浙江大学宁波理工学院开展"用声音叙事"实践活动
积极推动中华文化交流与传播

　　浙江大学宁波理工学院在特色实践教学体系建设中，注重依托专业学科优势，组织师生开展"用声音叙事"系列实践活动，积极推动中华文化交流与传播，取得良好成效。

　　依托专业优势，丰富实践活动。"用声音叙事"实践活动以外语专业教师为指导，以在甬外籍人士为对象，发挥外语专业学生的专业特长，组织学生走进涉外企业、走访外籍人士，在"走、访、谈、录、感、叙"的过程中，了解外籍人士的需求，解决外籍人士的困难，开展外籍人士语言培训，提供外籍人士信息服务，推广外籍人士科技成果。先后开展了外籍人士系列调研与访谈、在甬外籍人士与宁波国际化形象论坛、公益汉语课堂、中华文化体验等活动，共吸引了 700 余名外籍人士参与。

　　搭建公益平台，传播中华文化。"用声音叙事"实践活动以语

241

超越与回归——服务性英语学习

言为媒介，将语言文化学习与中国文化交流的实境相结合，搭建了在校学生与外籍人士交流沟通的互动平台，反映了外籍人士在宁波寻梦、圆梦的真实故事，提供了外籍人士学习汉语知识、了解中国传统文化的公益服务，帮助在甬外籍人士更好地了解和学习源远流长、博大精深的中华文化，推动中华文化的进一步交流与传播，增强了中华文化的国际影响力。

注重积累总结，固化实践成果。4 年多来，先后有 400 多位师生参与"用声音叙事"系列实践活动，整理形成了 100 余万字的文字材料和大量现场采访的影音资料，公开发表了师生实践作品与研究论文 20 余篇，实践成果《用声音叙事：筑梦宁波》一书已经正式出版。《用声音叙事：我的企业在宁波》和《用声音叙事：我要学汉语》也正在筹划出版中。

"用声音叙事"实践活动受到了学校师生的一致好评和广泛欢迎。机电与能源工程学院一名教师说："'用声音叙事'实践活动把专业实践融入社会实践，表明当社会实践与专业教师结合、与课程实践结合、与学生的成长成才结合起来的时候，教育活动最终会转化为人才培养的加速器"。外国语学院一名教师说："和同学们一起参加'用声音叙事'实践活动，了解了他们的所想所需，认识了经济社会发展的深刻变化，丰富了课堂教育的鲜活素材，为教学工作的开展带来深刻启示"。2008 级英语专业一名学生说："参加公益汉语课堂有效地提升了我的专业知识水平，每次给外籍人士授课之前，我都要查阅大量资料，三年下来，我感觉自己的知识储备得到了极大丰富、口语应用技能得到了极大锻炼"。2009 级旅游管理专业一名学生说："参与中华文化体验活动，在向外籍友人传播中国文化，帮助他们认识宁波、融入宁波的同时，我们也重新认识了中国文化的伟大，中国文化的优秀"。

—2—

报：长春、云山、延东同志，中央宣传思想工作领导小组

送：各民主党派中央、中宣部、教育部、共青团中央领导

抄送：中宣部、教育部、共青团中央有关部门

发：各省、自治区、直辖市教育工作部门，教育部直属高校

—3—

附录 13：《中国教育报》2012 年 2 月 6 日 "用声音叙事" 活动报道

超越与回归——服务性英语学习

后 记

2008 年的一次学术交流活动中，我就如何在英语教学中应用"真实性原则"向束定芳老师求教，当时我谈了一些自己的实践和困惑，束老师以"少有人为，可为"鼓励我继续实践，这也似乎在冥冥之中为自己今后的学术方向留下了伏笔。

我的困惑是如何在中国外语教学环境下实践真实性原则，虽然在课堂教学中我不断地从文本到活动尝试让语言学习变得更真实自然，但是在缺乏语言交际环境的条件下，单纯的课堂学习让"真实"显得奢侈和遥远。在感受课堂教学的美妙时我也感到了一种无形的羁绊，这种束缚来自体制的约束更来自自身的局限，虽然有一个更大"课堂"就在我们的语言世界存在，但是一直都没有引起作为教育者的足够重视，更没有将之与思维世界的培育结合起来。

直到一天我装着底气十足地鼓动我的学生走出"围墙"，走进城市，走进真实的语言世界，他们的任务就是依据课本中的对话策略去采访宁波的外籍人士，了解他们对宁波和中国的真实感受，然后制作成三分钟的视频重新回到课堂进行讲解展示。这个带有实验性质的活动是根据学校 P³ 实践教学体系建设开展，该体系强调在课程、专业和产业（行业）三个层面培养学生的实践能力。在这里我要感谢最早一批和我一起实践的学生们，英语 2007（6）和中美 2007（1）班的同学们，是你们震撼的作业让我思考应该有一种教学方法可以在课本与生活之间、学校与社会之间、当下与未来之间、个体与群体之间、思想与行动之间、学术与实践之间建立起紧密的关联。这种学习方法融学习和服务为一体，融经历和反思于一体，融课堂与社会为一体，融语言习得到与思想成长为一体——这就是"服务性学习"。

在 2009 年的时候，这个概念在我脑海里开始清晰起来，于是我以教学改革的形式开始实践这种方法，重新修订教学大纲，制订教学计划，策划教学实验，组织活动开展，反思学习过程，提升实践成果，这也就有了"用声音叙事"的诞生，这个体现了"服务性学习"思想的主题活动伴随着学生的成长在一次次的突破中前行。在这里感谢学校所倡导的实践教学体系和社会服务体系、文化建设工程，让实验在三者之间找到结合点；我要感谢浙江大学宁波理工学院外国语学院的领导给我一个开放和宽松的教学环境，让我可以实践这种全新的教学理念，并且不断地给我提供帮助和支持；感谢在浙江大学宁波理工学院召开的第四届服务性学习国际会议，让我与来自世界各地的同道交流实践心得和感想，从而也更加坚定了自己的教学实践。

当我再次带着自己的学术构思找到束定芳老师的时候已经是 2011 年，话题的切入依然是"真实性原则",当束老师答应作我导师的时候,我悬着的心落地了;之后,束老师对论文方向给出调整建议的时候,我落地的心又要跳出来了;然而又是与束老师一次次的面谈中,纠结的心又逐渐舒缓下来,几次关键的点拨让论文在几乎停滞的时候重新进入轨道,自主性学习与服务性学习进行比较的建议最初让我头疼不已,但是也正是这个建议让服务性学习作为一种全新的学习方法在中国外语教学环境下有了参照系,有了让更多人理解和接受的可能。之后,老师又将我引荐给他的博士生和访问学者团队,让我在倾听和表达中感受收获和分享的快乐,在互相关心中感受到学习团队的力量,双城间奔波的辛苦在交流的快乐中化解,这个过程将注定成为我整个博士论文创作中难忘的回忆。

同样,我要感谢上海外国语大学博士课程班担任专业课教学任务的许余龙教授、梅德明教授、俞东明教授和乔国强教授。各位老师以自己的人格魅力和学术风范激励我在学术道路上不断探索,各个学科的知识成为实验开展和博士论文写作中的必要养分。同时,感谢开题报告答辩中戴伟栋教授、郑新民教授对实验思路的肯定和完善论文的建议,这对论文的撰写有很大的帮助。

回首 2007 年至今的博士课程班经历,那些帮助我的人的形象就出现在眼前,浙江大学博士生导师庞继贤教授坚定地支持我参加上海外国语大学博士课程班项目,并在"用声音叙事"实验活动开展和论文撰写的过程中给了我巨大的支持和指导,艰难时的问候,迷惘时的指点都让我倍感温暖;同样的温暖来自外国语学院谌晓煜老师,我称您为老师,是因为在我抱怨和沮丧时,您就是那个给我思想以方向的人,您让我把一件"小我"的事情做到"大我"的格局,于是"用声音叙事"不再是一个单纯的博士论文实验,而是把那么多人凝聚在一起的服务社会的项目。如果没有以下同事和朋友的参与,我的实验将随时面临巨大的困难,俞峰、陈印昌、李炜,你们都是没有在团队名单中的团队成员;张振梅、杨黎霞、喻旭燕、何静、汪维老师,在关键时刻的关心让我有更多的时间撰写论文,还有包括"用声音叙事"文稿修改的同事们,谢谢你们不计得失的参与,让学生参与创作的两部作品最终出版。

我的 2008(5)班、2009(3)班的学生们,感谢你们参与了一个美丽的实验,当你们拿到印有自己作品的书时,那些曾经的付出更显得珍贵。同样感谢 2009 级"跨文化交际课程"的同学们,因为论文结构的问题,你们参加的"公益汉语课堂"、"中华文化大讲堂"的数据在论文中没有采用,但是对你们的感谢不打折扣。数据收集过程中杨文龙、王琴、邬金、陈凝玲、章则枫、高秋思等同学都付出了很大的劳动,在此表示感谢。

感谢浙江省及宁波市领导对"用声音叙事"实验活动的高度肯定;感谢宁波市外事办、宁波市宣传部、宁波市教育局等部门的大力支持;感谢那些接受我们采访的外籍人士;感谢那些采访和报道"用声音叙事"活动的媒体朋友。特别要感谢支持"用声音叙事"实验活动和我博士论文创作的浙江大学宁波理工学院各位领导,是你们的鼓舞和激励让一个学术实验获得了如此巨大的社会关注，如果"用声音叙事"有一点成绩，那也是因为学校政策这只大手在不断推动着，这种行动最终会"提升学生的价值"。

　　我的两位授业恩师兼挚友兼同学：周启加、崔义平，你们的鼓励让我在关爱中不断成长；"要把博士论文当成生命中最后一件重要的事情来做"，谢谢你的鼓励，石云霞大姐；感谢我的朋友胡志文博士；感谢胡加圣、杨劲松、罗永胜、张春芳、陈奇敏、高红云等同学，和你们的每一次交谈都让我感到鼓舞。

　　感谢我的家人，尤其感谢我的爱人徐志敏，我撰写论文的过程中你承担起照顾孩子的全部责任，使我能够安心地完成论文的写作。感谢我的岳父徐振华在宁波陪伴我们整整5年，在生活上给我们很大的帮助；感谢我的儿子蔡皓宣同学，你的可爱和能量让我知道生命中有你是快乐的，看着你酣睡的面庞我可以获得生命的力量。

　　谨以此文献给我的母亲，一别七载，天地两隔，岁月悠悠，儿心悠悠。

　　感谢我论文引用到的所有参考文献的作者，以及对完成本文给过帮助却未能提及的所有亲人和朋友，感谢你们为本人论文的完成所作出的不可或缺的贡献。

索 引

B

本族文化   107~109，117~118

C

参与意识   83
成长意识   70，134~136，141~142，170
持续性反思   179~180
创新意识   83
词语的文化内涵   106~109

D

Dewey   8，17~21，25，27~28，30，34，75，
                           171，182~183
定量研究   47，63，71~72，168
定性研究   47，63，71，168，188
多元能力培养   10，70，143
多元文化   38~39，41，106~108，117~118，157，
                           177~179

E

ESL   8~9，33，40~43，173
ESP   31
二语习得   31，40，42，173

F

反馈机制   20
反思   3~6，9~11，13，17~18，20~21，25，
                           27~29，33~34，37，41~43，59
非语言能力   9，14，59，64，69~70，131，151

服务性学习	1，4～14，17～18，20～21，27～29
服务性英语学习	4，8～14，17，33～35，42，47～48
服务研习	3，43，141
复合型外语人才	3

G

纲要	3，5，171，178，182
高等教育	3，5，17，28，40，43，75，158，178～179，185，188
个体成就感	168
公民意识	8，37，70，131～134，141，170，189
国家与社区服务法案	35

H

合作意识	79，83
核心研究	13，63～64，68～69，71，142，167
后现代认识论	10
互动原则	18
互惠式学习	17
互惠性	11，62，69

J

建构意识	80，83，96，168
建构主义	8，22，28，85，97
交际法教学	29～30，32，75，175
交际能力理论	9，13，17，29，34
交际式	6，119，173
交际性	11，31，62，69，78，80～82，84～85，96，99
教育环境	10，17，23～25
教育环境的动态性	24
教育环境的对话性	25
经验教育	9，17～18，21，30，34，75，85，145
经验主义	8，18，21

K

可行性　　　　　　　4，10，13，44，47，49，64，153
课程模式　　　　　　42，70，120～121，123，132，136，
　　　　　　　　　　144～151
课程融合度　　　　　167～168
课堂　　　　　　　　4～7，9～13，17～20，31～38，75
控制组　　　　　　　10，44，63～66，68
跨文化交际意识　　　106～109，168

L

连续原则　　　　　　18

M

母语文化　　　　　　38，117～119，164，168，174，177
目标语　　　　　　　6～7，12，37，39，100，110～113
目标语文化　　　　　39，100，107～108，110～113，177～178

N

内在动机　　　　　　70，120，122～123，169

Q

前导研究　　　　　　13，47～49，58～59，63～64，71，142，
　　　　　　　　　　168，171
情感策略　　　　　　128
情感态度　　　　　　49，54～56，58，70，100，110～114，
　　　　　　　　　　118，157
情境　　　　　　　　6，22，28，86，144

R

融会策略　　　　　　125～126，128，130，170

S

Service Learning　　1，17
社会适应度　　　　　59，187

社区服务   4，9，17～18，21，27，35～37，185

生态环境   24

生态系统理论   8，13，17，21～25，27～28，173～174

实验组   10，49

T

TESL   42

弹性   95～96

体验学习   20～21，34，36，85，171，174，185

W

5C 标准   38

Wingspread 原则   27，179

外系统   22～23

微系统   22～23，26～28

文化认知   9～10，39，40，72

文化意识   24，70，100，106～110，117，168

X

需求分析   21，31～32，119

学科价值   70，120，122，127，169

学习策略   3～4，8～12，33，36，60，64，70，114，119～120，123～129，131～132，156～157，168～170

学习动机   4～5，9～10，12～14，30，33，41，54，58，64，69～70，119～123，127～128，131，168～169

学习过程   9，14，23，30，33，44，48，50，69～70，75～80

学习环境   5，8，14，23，33，60，64，69～70，75～76，82，85～95，97～99

学习者共同体   28，174

Y

言表能力   114，117

英语专业实践教学　　　　　　　　　13，186
用声音叙事　　　　　　　　　　　　13，44，48，61，64，68～69，76，96，
　　　　　　　　　　　　　　　　　115～116，146，153～164

语言交际能力　　　　　　　　　　　7，34，41，48，144，188
语言经验　　　　　　　　　　　　　30，168
语言实践能力　　　　　　　　　　　4～5，38，64，187
语言熟练度　　　　　　　　　　　　5，7，37，78，128，188
元认知策略　　　　　　　　　　　　123，127～128，130

Z

真实性语料　　　　　　　　　　　　32
真实性原则　　　　　　　　　　　　12～13，31，33，47
真实语言交际环境　　　　　　　　　7，156，168，173
直接策略　　　　　　　　　　　　　128
中系统　　　　　　　　　　　　　　22～23，26，28
自主性语言学习　　　　　　　　　　5，9
自主意识　　　　　　　　　　　　　66，83
自我效能　　　　　　　　　　　　　29，70，120，122～123，128，131
综合应用能力　　　　　　　　　　　9～10，14，64，99～100，149～151，
　　　　　　　　　　　　　　　　　168，187

组织化策略　　　　　　　　　　　　129，169

超越与回归——服务性英语学习

图书在版编目(CIP)数据

超越与回归：服务性英语学习 / 蔡亮著.—杭州：
浙江大学出版社，2014.5
ISBN 978-7-308-13174-2

Ⅰ. ①超… Ⅱ. ①蔡… Ⅲ. ①服务业－英语 Ⅳ.
①H31

中国版本图书馆 CIP 数据核字(2014)第 094498 号

超越与回归——服务性英语学习
蔡 亮 著

责任编辑　诸葛勤(zhugeq@126.com)
封面设计　俞亚彤
出版发行　浙江大学出版社
　　　　　　（杭州市天目山路 148 号　邮政编码 310007）
　　　　　　（网址：http://www.zjupress.com）
排　　版　浙江时代出版服务有限公司
印　　刷　富阳市育才印刷有限公司
开　　本　710 mm × 1000 mm　1/16
印　　张　17
字　　数　370 千
版 印 次　2014 年 5 月第 1 版　2014 年 5 月第 1 次印刷
书　　号　ISBN 978-7-308-13174-2
定　　价　39.00 元